學前融合教育
課程架構

以全方位學習（UDL）為基礎
支持幼兒成功學習

Eva M. Horn, Susan B. Palmer, Gretchen D. Butera, &
Joan A. Lieber——著

盧明、劉學融——譯

Six Steps to Inclusive Preschool Curriculum

A UDL-Based Framework for Children's School Success

by

Eva M. Horn, Ph.D.

Susan B. Palmer, Ph.D.

Gretchen D. Butera, Ph.D.

and

Joan A. Lieber, Ph.D.

with invited contributors

目次

Section I **基礎概念篇**

作者介紹

● **Eva M. Horn 博士**　特殊教育學系教授、幼兒教育和學前特殊教育聯合師培學程統籌負責人；聯絡地址：School of Education, Joseph R. Pearson Building, University of Kansas, Lawrence, Kansas 66047。

　　Eva Horn 博士是堪薩斯大學（University of Kansas）特殊教育學系教授、幼兒教育和學前特殊教育聯合師培學程統籌負責人。Horn 博士的研究專長為支持幼兒發展和學習之有效策略，具有嬰幼兒照顧與教育、學前特殊教育社群、大學任教的 38 年工作經歷。Horn 博士的研究焦點著重於發展遲緩與身心障礙嬰幼兒及其家庭的有效教學策略；研究範圍包括有效課程與教學策略設計，以擴增所有幼兒在自然情境、真實世界中完全參與的機會和正向的學習成果。另外相關的研究範圍則包括教師職前和在職專業發展、支持教師視自身為終身學習者，並運用實證本位（evidence-based）的決定歷程，強化所有幼兒和其家庭的有效介入和學習支持。Horn 博士為 *Young Exceptional Children* 專業人員期刊的編輯，亦擔任 *Focus on Exceptional Children* 期刊的共同編輯，並持續擔任其他重要幼兒教育期刊的編輯委員。

● **Susan B. Palmer 博士**　研究教授；聯絡地址：Beach Center on Disability, Life Span Institute, Haworth Hall, University of Kansas, Lawrence, Kansas 66045。

　　Susan Palmer 博士於堪薩斯大學之終身機構（Life Span Institute）所屬的畢區身心障礙中心（Beach Center on Disability）及發展障礙中心（Kansas University Center on Developmental Disabilities, KUCDD）擔任研究教授，同時擔任特殊教育學系禮任教授（courtesy professor）。Palmer 博士主要的工作為參與經由經費補助的學校本位研究，亦指導碩士、博士研究生的論文研究。Palmer 博士的研究興趣包括為所有學生提供具可及性的課程、幼

兒教育課程、智能障礙和發展障礙兒童與青少年之自我決策技能發展。在進入堪薩斯大學工作、成為研究計畫主任和美國方舟計畫國家辦公室（the national office of The Arc of the United States）幼兒專家之前，Palmer 博士在德州達拉斯市為出生至三歲的嬰幼兒及其家庭提供服務。Palmer 博士的學歷如下：賓夕法尼亞州立大學（Pennsylvania State University）、新羅契爾學院（College of New Rochelle）、德州大學（達拉斯校區）（University of Texas at Dallas）。Palmer 博士的著作包括超過 70 篇的期刊論文、全國性的演講或報告，並且是身心障礙學生在普通教育課程中自我決策和融合相關書籍的共同作者。

● **Gretchen D. Butera 博士** 特殊教育學系教授；聯絡地址：School of Education, W. W. Wright Building, Indiana University, Bloomington, Indiana 47405。

　　Butera 博士為印地安那大學（Indiana University）教育學院特殊教育學系教授，研究領域包括早期療育之有效實務、身心障礙幼兒及其家庭、特殊教育有效師資教育。她曾擔任由聯邦經費支持研究所等級優質特殊教育人才培育計畫（SPEDFIST）的主持人，同時亦研究鄉村地區貧窮對於學校情境的影響。Butera 博士持續關注啟蒙方案（Head Start programs）對身心障礙幼兒和其家庭所提供的服務。她為兒童在校成功學習精進計畫（the Children's School Success Plus project）共同主持人，此計畫之主要研究目的是為學習有困難的高危險群幼兒實施有效的課程。

● **Joan A. Lieber 博士** 諮商、高等教育與特殊教育學系教授；聯絡地址：College of Education, Benjamin Building, University of Maryland, College Park, Maryland 20742。

　　Lieber 博士為馬里蘭大學（University of Maryland）教育學院特殊教育學系教授。她的研究興趣包括身心障礙幼兒與學習困難高危險群幼兒的課程發展。Lieber 博士在學前特殊教育領域耕耘 40 年，具有公立學校和大學的服務經歷，並主持許多示範研究、人才培育和研究計畫。近年來 Lieber 博

士和馬里蘭大學幼兒教育學系合作成立了結合幼兒教育及學前特殊教育的證照學程，此學程規劃在每一門課程中涵括全方位學習（universal design for learning）、差異化（differentiation）與個別化（individualization）。

其他參與者

- **Audra Classen 博士** 畢業於堪薩斯大學特殊教育學系,現任南密西西比大學(University of Southern Mississippi)課程與教學、特殊教育學系助理教授。她的研究興趣和專長包括支持幼兒情緒素養的發展、發展社會－情緒課程與介入、提供現場工作者評量技術的教學。此外,Classen 博士亦積極參與投入為軍人家庭和其子女發展文化回應服務的研究。

- **Jill Clay 碩士** 於 2014 年 12 月過世之前,Clay 女士是印地安那大學特殊教育學系的博士班學生。她是一位資深的特殊教育老師,曾在印地安那州布魯明頓(Bloomington)的費爾富幼(Fairview)小學任教 12 年。Clay 女士的研究興趣為幼兒早期讀寫發展、幼兒閱讀困難的有效師資培育。

- **Debra Drang 博士** 為馬里蘭州洛克費爾(Rockville)私立特殊學校的行政人員。她有超過 15 年的特殊教育經驗,並擔任多種專業角色:教師、教學輔導、訓練者／教練和研究者。Drang 博士對於將當前研究本位實務應用於日常教室生活方面,具有深厚的經驗。她的研究興趣包括融合、全方位課程設計、多層教學／介入、班級經營及學習進步情形的監測。

- **Amber Friesen 博士** 現為舊金山州立大學(San Francisco State University)特殊教育與溝通障礙學系、學前特殊教育學程之助理教授。她的研究焦點為支持高危險群或身心障礙幼兒及其家庭。Friesen 博士教授早期發展、家庭夥伴關係、學前介入等研究所課程。在成為助理教授之前,Friesen 博士曾擔任教師及類專業人員(paraprofessional)。

● **Jean Kang 博士** 取得堪薩斯大學幼兒教育暨學前特殊教育（early child-hood unified education）博士學位，並曾是特殊教育學系訪問學者。現職為北卡羅萊納大學（格林斯伯勒校區）（University of North Carolina at Greensboro）特殊教育學系、出生至幼兒園學程之助理教授。提升幼兒學校準備能力、增進家庭的教育參與為 Kang 博士的研究興趣。

● **Alina Mihai 博士** 為印地安那大學（柯柯模校區）（Indiana University Kokomo）特殊教育學系助理教授。Mihai 博士具有一般幼兒和特殊需求幼兒的教職經驗，她的研究和教學主要範圍是發展遲緩和身心障礙幼兒的有效策略，特別針對增進早期讀寫發展的教學實務。她的研究興趣還包括如何支持幼教教師以發展合宜的態度，有效地實施實證本位的實務，以及將研究的發現轉化為學前特殊教育的優質教學實務。

● **Potheini Vaiouli 博士** 為普渡大學（Purdue University）教育學院講師。Vaiouli 博士自印地安那大學取得特殊教育博士學位，紐約大學（New York University）取得音樂治療碩士學位。她有多種特殊教育領域專業角色：教師、督導，並結合音樂本位的學習支持學生成長；主要的研究興趣是透過音樂和音樂治療介入，增進特殊需求幼兒和其家庭的參與投入及學習。

譯者簡介

● **盧　明**（負責第一至七章的翻譯）

　　學歷：美國南卡羅萊納大學幼兒教育博士

　　　　　美國奧瑞岡大學早期療育進修

　　經歷：國立嘉義師範學院（現嘉義大學）特殊教育學系副教授

　　　　　私立基督教中原大學特殊教育學系副教授

　　現職：國立臺北教育大學幼兒與家庭教育學系副教授

● **劉學融**（負責第八至十二章的翻譯）

　　學歷：國立嘉義大學幼兒教育學系碩士

　　　　　國立臺東大學幼兒教育學系學士

　　經歷：苗栗縣特殊教育資源中心學前巡迴輔導教師

　　現職：臺南市東區復興國小學前特教巡迴輔導教師

譯者序

走在融合教育的路上，我們期待每位幼兒皆獲得適性的學習經驗，並且如其所是的成為班級的一員。藉此真正落實教育機會均等的公平正義。

若要適切回應幼兒的學習需求，需要方法。本書第一譯者看見教學現場的需求，陸續翻譯實務書籍。從以幼兒為中心，將學習目標融入日常活動的《活動本位介入法：特殊幼兒的教學與應用》（2001）、回應幼兒能力差異的課程調整策略《學前融合教育課程建構模式》（2008），至今著重全方位設計、同時關注差異化與個別化課程規劃的本書（2020）。此進程反映幼兒教育和特殊教育實務的轉變：關注焦點從身心障礙幼兒擴展到全體幼兒，並在普通教育環境中提供多層支持系統（multi-tiered systems of support）來回應幼兒的差異化和個別化需求。

當前臺灣推行《幼兒園教保活動課程大綱》，而本書作者提出的課程架構正有助我們思考在實踐幼兒園課綱時，如何通盤考量幼兒的需求，並提供具學習意義的課程和連續性的支持系統，讓每位幼兒皆有成功學習的機會。這值得後續更多的實作討論與經驗分享。

最後，與讀者分享本書第二譯者赴德國參加幼兒教育研討會時，攝於柏林施普雷河畔的分子人（Molecule Men）雕塑作品。他們三人相互倚靠，對照過去柏林分裂的歷史脈絡，有著同心共融的意涵。其實，這和我們努力推動的融合教育有著相似性。期待在夥伴齊心協力下，達到更廣的融合願景 —— 共創融合的社會。

前言

　　兒童在校成功學習精進計畫（Children's School Success Plus, CSS+）所發展出的課程架構逐漸成為 21 世紀幼兒教育課程發展的重要趨勢。此課程回應了現今幼兒教育的多樣情境，以及多樣能力、文化情境和幼兒家庭的樣貌。再者，此課程顯示了一個重要的事實，亦即一個有效的幼兒教育系統，必須奠基於準備充分和專業技能之上；而教學實務必須有科學的根據。CSS+ 的發展參與者，薈萃他們近 20 年來關於融合和幼兒教育的研究，做為 CSS+ 的建構基礎。

　　21 世紀的幼兒教育本質已有別於過往，不再僅只於社區幼兒照顧方案和地方啟蒙方案提供照顧和教育的服務。如同本書作者所言，幼兒教育的範疇包括公立學校、州級幼兒教育方案，以及其他多樣化的幼兒教育情境。此外，21 世紀的幼兒教育方案還包括為來自非英語家庭、非傳統主流文化家庭、身心障礙、不同社經背景的幼兒提供服務。幼兒教育模式逐漸朝向提供多元需求的方向發展，然而尚未見有意圖地將學習和成果結合入小學後學校學習。而 CSS+ 的價值即在於結合多元學習需求和有意圖地連結入小學後的成功學習。

　　結合幼兒教育方案的過程是 CSS+ 的特質。雖然作者們可能會推薦某一種課程是實證本位的課程，但並沒有選擇特定課程做為單一的模式架構。作者們著重描述教育環境和課程內容必須加以組織的過程。他們設計清晰明確的多層支持系統，同時以豐富的實例和工具增強執行的可行性。專業人員經常討論全方位學習（UDL）可用於多元學習需求的課程設計，然而 CSS+ 是截至目前為止，唯一完整描述如何在幼兒教育情境中規劃和實施全方位學習的模式。

　　作者群強調 CSS+ 除了提供幼教現場老師實際課程規劃時使用之外，亦可成為師資培育的課程。本書以成人學習為出發點，詳盡地說明如何將 CSS+ 運用在幼教現場和師資培育課程中——清晰明確的原則、廣泛範圍的具體實例、課程規劃的工具。本書適用於幼兒教育和（或）特殊教育師資培育教材教法的

課程。隨著章節內容，實務部分的內容可成為教學實習的練習，以增進未來幼教教師理論與實務結合的有效學習。作者群亦將過去相關研究整理成回應幼教現場專業挑戰的重點文獻，並提出和其他幼兒教育工作者建立正向專業合作關係的實務運作。

　　CSS+ 模式的要素源自於近 25 年之前，由特殊教育計畫辦公室（the Office of Special Education Programs）經費支持的「混合方案」（Project BLEND; Brown, Horn, Heiser, & Odom, 1996）示範計畫。該方案建立了學前融合教育系統，並成為日後融合教育發展的重要啟示。之後，學前融合教育研究組織（the Early Childhood Research Institute on Inclusion）將此方案推廣至全國，讓我們檢視融合教育的促進和限制因素，並發展出支持幼兒學習的課程調整策略（詳見《學前融合教育課程建構模式》一書；Sandall & Schwartz, 2008）和嵌入式學習機會（Horn, Lieber, Sandall, Schwartz, & Li, 2002）。如作者群所言，原先的兒童在校成功學習方案（Children's School Success, CSS）已延伸成為適用於更廣的情境、更多元能力的幼兒和家庭、更多研究合作者參與的方案。而此方案亦提供教育人員更廣範圍的知識，啟示我們在融合教育中對於能力差異的幼兒，什麼是有效的課程與教學策略，什麼是較難有效支持幼兒學習的策略。上述實務策略的建構是基於多年研究成果和其啟示而成，集體智慧的確成就了課程模式，然最主要且重要的貢獻在於作者群在近期 CSS+ 的研究和發展中，系統性地型塑一個獨特、優質的幼兒教育模式。我們預期本書的課程模式將有助於增進幼兒的學習和生活，同時嘉惠他們的家庭和老師。

Samuel L. Odom, Ph.D.
北卡羅萊納大學教堂山分校
法蘭克波特蔦爾漢兒童發展機構主任

Marci J. Hanson, Ph.D.
舊金山州立大學
特殊教育學系學前特殊教育教授

Karen E. Diamond, Ph.D.
普渡大學
人類發展與家庭研究榮譽退休教授

● 參考文獻

Brown, W.H., Horn, E.M., Heiser, J.G., & Odom, S.L. (1996). Project BLEND: An inclusive model for early childhood services. *Journal of Early Intervention, 20*, 364–375.

Horn, E.M., Lieber, J., Sandall, S., Schwartz, I., & Li, S. (2002). Supporting young children's IEP goals in inclusive settings through embedded learning opportunities. *Topics in Early Childhood Special Education, 20*, 208–223.

Sandall, S.R., & Schwartz, I.S. (2008). *Building blocks for teaching preschoolers with special needs* (2nd ed.). Baltimore, MD: Paul H. Brookes Publishing Co.

序言

　　幼兒教育工作者（以下簡稱幼教工作者）在規劃和實施一系列完整的課程活動時面臨了挑戰。對幼兒而言，學習必須是有趣的、有參與投入的經驗，並回應幼兒不同程度的需求，亦關注幼兒重要的早期學習成果和日後入小學的學業成就（Grissmer, Grimm, Aiyer, Murrah, & Steele, 2010）。書面計畫是課程規劃中必要的工作，計畫中須清楚地描述幼兒學習的內容為何（what），如何運用學習經驗、素材、教學與評量策略（how），以達成學習效果（National Center for Quality Teaching and Learning, 2012）。為發展和實施完整的計畫，幼教工作者和相關教育人員需要可依循的課程架構，作為促進幼兒學習成果之教學與學習歷程中指引決定的引導。

　　本書介紹兒童在校成功學習精進計畫所發展出的課程架構（Children's School Success Plus Curriculum framework, CSS+ framework），此架構提供幼教工作者規劃適合所有幼兒的課程指引（包括高危險群、發展遲緩、身心障礙幼兒），以促進幼兒在具挑戰性課程中產生有意義的進步。幼教工作者可運用書中所呈現的步驟化實證本位實務策略，增進具挑戰性全方位課程（universally designed curriculum）的實施，支持幼兒在校學習的成功經驗。本書提供符合幼兒生理年齡和發展合宜的策略以發展具挑戰性的全方位課程內容、透過課程調整產出差異化內容的方法、個別化（支持幼兒獨特的學習成效之策略和計畫），以及監測幼兒進步情形的步驟。此外，本書亦強調課程實施中家庭角色的重要性，以及與家庭及其他專業人員合作的指引。綜言之，本書提供幼教工作者規劃公平可及的有趣、具統整性的學業和社會課程內容，同時強調幼兒獨特的學習需求。

● 參考文獻

Grissmer, D.W., Grimm, K.J., Aiyer, S.M., Murrah, W.M., & Steele, J.S. (2010). Fine motor skills and early comprehension of the world: Two new school readiness indicators. *Developmental Psychology, 46*(5), 1008–1017.

National Center for Quality Teaching and Learning. (2012). *Choosing a preschool curriculum.* Retrieved from http://eclkc.ohs.acf.hhs.gov/hslc/tta-system/teaching/docs/preschool-curriculum.pdf

Section I
基礎概念篇

學前融合教育課程架構

緒論

Eva M. Horn, Susan B. Palmer, Gretchen D. Butera, and Joan A. Lieber

　　《學前融合教育課程架構：以全方位學習（UDL）為基礎支持幼兒成功學習》（*Six Steps to Inclusive Preschool Curriculum: A UDL-Based Framework for Children's School Success*）主要是以實證本位（evidence-based）的課程架構，作為發展一般幼兒和特殊需求幼兒的課程依據。本書作者群提供以理論為基礎的實務內容，這些實務源自於不同性質和課程取向的幼兒教育、學前特殊教育（early childhood special education, ECSE）現場——啟蒙方案（Head Start）、公立幼兒園、運用同儕楷模（peer models）的學前特殊教育方案、社區本位的幼兒教育方案；亦經過研究證實其有效性。本書除可提供幼兒教育工作者（以下簡稱幼教工作者）規劃課程、實踐課程、評量幼兒的參考之外，亦期能成為職前教師培育以及在職教師專業發展的課程內容。

　　特殊需求幼兒能否獲得和一般幼兒同等品質的教育，向來是關心融合教育者所關注的議題之一。本書之目的即在於提供幼教工作者以兒童在校成功學習精進計畫所發展出的課程架構（Children's School Success Plus [CSS+] Curriculum framework，以下簡稱 CSS+ 課程架構）為基礎，為一般幼兒和特殊需求幼兒發展有趣又統整學業、社會領域，同時兼顧幼兒獨特學習需求的優質課程。書中所述的實務策略包括具挑戰性和全方位設計的課程內容、透過課程調整的差異化教學、個別化學習，以及監測幼兒進步情形的步驟。

　　幼教工作者可將 CSS+ 課程架構嵌入不同課程內容、方案或主題、幼兒學

習內涵和評量標準中，支持幼兒在統整性課程中學習。教師運用實證有效的教學策略支持所有幼兒（包括高危險群幼兒、發展遲緩幼兒、身心障礙幼兒）的學習和發展，公平獲得優質的幼兒教育。

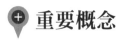
重要概念

以下內容是關於 CSS+ 課程架構的重要概念說明。

● 包括所有幼兒（Including All Children）

融合（inclusion）一詞通常用來表達的信念是：包括所有幼兒。其背後的哲學思維是所有幼兒及其家庭均有權享有學習機會和歸屬感。特殊兒童協會（CEC）幼兒分部（Division for Early Childhood, DEC）和國家幼兒教育協會（National Association for the Education of Young Children, NAEYC）在聯合聲明中將幼兒融合教育定義為：

> 學前融合教育體現其價值、政策和實務，以支持所有的嬰幼兒和他們的家庭，不論嬰幼兒的能力如何，他們都被視為家庭、社區和社會的一員。融合的優質樣態是讓一般嬰幼兒、特殊需求嬰幼兒和其家庭能有成員歸屬感、正向的社會關係和友誼、發展和學習發揮潛能的機會。融合的定義特徵包括可及性、參與度和支持程度，可以此作為評價優質幼兒教育方案和服務的指標。（2009, p. 1）

我們認同聯合聲明中所述的融合定義，並強調專業人員對幼兒提供的融合服務須建立高期望值，亦即專業人員提供幼兒具有學習挑戰性的課程，積極支持幼兒的發展和學習，而非因特殊需求幼兒發展的遲緩或障礙特質，預設幼兒發展和學習的侷限。特殊兒童協會幼兒分部和國家幼兒教育協會（DEC/NAEYC, 2009）建議教師須透過經常性的反思，檢視個人對於融合教育之教與學的哲學思維和信念，在多元的活動情境中，運用專業知能觀察和評量幼兒。

教師的反思與觀察應貫穿於支持幼兒學習的歷程之中，並對幼兒的學習抱持一定程度的高期望。

「普通教育課程的可及性」（access to the general curriculum）係指 2004 年美國身心障礙者教育增進法案（Individuals with Disabilities Education Improvement Act, IDEA 2004；即 108-446 公法）所述：每一位兒童均應參與以及獲得和所有兒童一樣的教學、活動與經驗；享受公平的參與機會，以及適時得到支持。這是描述融合服務的一個簡單方式。換言之，每一位幼兒都有機會參與具挑戰性的課程、所有幼兒的學習被賦予高度期望、提供幼兒需要的支持和教學，以使所有的幼兒達到有意義的學習成果，確保所有的幼兒享有公平的機會和經驗的可及管道。

● 幼兒主動參與投入（Active Child Engagement）

幼兒具有主動、自主學習的發展特質，在有意義的真實情境中透過操作的具體經驗，建構知識和技能。Vitiello、Booren、Downer 和 Williford 曾言：

> 幼兒大部分的能力發展源自於他在教室中的經驗，透過和教師、同儕及學習任務的主動、正向互動，較少負面、衝突的互動，可增進幼兒在教室中的學習和發展。（2012, p. 211）

幼兒在參與鼓勵他們選擇、試驗、問題解決和反省的活動中，獲得建構知識的機會。

● 統整性課程內容（Integrated Curricular Content）

連貫性、統整性的資訊可增進幼兒的學習。幼兒從統整性的課程內容中較容易了解知識概念，也較能將不同領域的內容加以連結。如果教師呈現的是片段、單科（領域）的課程內容，幼兒較難理解和記得知識概念的意義和類化所學（NAEYC, 2009）。Schickedanz（2008）提出：「增加多元內容領域的學習及多樣性的教學情境，可以幫助我們有更佳的時間管理，使教學更有力，對幼

兒的學習更有意義」（p. 1）。

● 有意圖的教學（Intentional Teaching）

有教學意圖的教師會將幼兒和學業、社會學習成果的目標，納入幼兒發展和學習的教學計畫中（Epstein, 2014）；並有意圖、目的性地在經過設計的環境中，結合學習目標、策略來設計學習活動。幼兒主動引發的活動機會不可或缺，但仍需在活動中加入成人的引導。成人引導的活動設計主要是希望在活動中增進幼兒的參與和選擇。有教學意圖的教師經常同時使用幼兒引發和成人引導的互動搭建學習平台。幼兒的最佳學習平台應包括成人引導、幼兒引發的活動，同時教師亦需和幼兒有敏銳的、溫暖的互動，以及回應性的回饋。

● 專業合作（Collaboration）

專業合作不只是不同專業背景的專業人員一起團隊工作，而且是在過程中相互分享專業訊息、辨別幼兒個別化的學習需求和目標、發展解決問題或議題的策略，以及工作反思。有效的專業合作運作包括以下的要素：充分的開會時間、成員尊重彼此的貢獻、互相信任以及有效的溝通。

● 家庭夥伴（Family as Partners）

家庭是幼兒發展和學習最重要的老師，因此持續的家庭參與和發展家庭夥伴關係，是任何一個優質幼兒教育機構的重要課題（Horn & Kang, 2012）。家庭和專業人員的夥伴關係能使幼兒、家庭和專業人員三方受益。幼兒可獲得多元觀點和資源的助益，家庭和專業人員的夥伴關係則有助於以多元觀點和資源來解決問題，提供有效的學習機會給幼兒和家庭（Turnbull, Turnbull, Erwin, Soodak, & Shogren, 2015）。

幼教工作者的介紹

書中以四位幼教工作者、幼兒和家庭的故事，讓讀者了解如何在真實情境

中實踐 CSS+ 課程架構。以下說明不同職務和角色的定義：

- **教師／老師**（teacher）指教育工作者，主要職責是規劃教室中的課程。
- **助理教師／助理老師**（assistant teacher）主要工作是協助教師教學、支持教室中所有的幼兒。
- **學前特殊教育巡迴輔導教師**（itinerant ECSE teacher）提供在不同課程取向教室（啟蒙方案、公立幼兒園、社區本位幼兒照顧方案）的教師有關高危險群幼兒、發展遲緩幼兒和身心障礙幼兒學習與教學的諮詢服務。
- **相關專業人員**（related services providers）指語言治療師（SLPs）、職能治療師及物理治療師。

▶ 高危險群幼兒就學的公立幼兒園

　　Kevin 老師和 Becky 助理老師任職的幼兒園是學區裡 10 個公立小學附設學前班之一，班上有 24 位 4 足歲的幼兒（8 月 31 日前滿 4 歲）。課程設計以提供幼兒優質的早期學習經驗為目的，為幼兒上幼兒園大班做準備。如同學區內其他的學前班，幼兒一星期上四天的半天課，早上 12 位幼兒上三小時的課，下午另外 12 位幼兒上三小時的課。其中二位上午班的幼兒和二位下午班幼兒有個別化教育計畫（individualized education program，以下簡稱 IEP），依據 IDEA 法案 B 部分的規定，學區須提供額外的支持服務。其他 20 位幼兒都符合一項或多項州定義的高危險條件（例如：經濟弱勢、英語學習者 [English language learner, ELL]、單親家庭、未成年家長、移民家庭、發展落後）。上午班有三位幼兒仍以非英語的母語溝通。

　　Kevin 老師和 Becky 助理老師已共事三年，Becky 助理老師亦和前任的老師共事過二年。Kevin 老師有三年的教學經驗，他有幼兒教育和學前特殊教育學士學位，具備出生至幼兒園州級教師證照。Becky 助理老師畢業於社區大學，取得嬰幼兒照顧與教育副學士學位。其他進入班級的相關

專業人員包括巡迴輔導教師、語言治療師、職能治療師、視力專家、物理治療師，他們提供有關幼兒個別化學習需求的專業諮詢和建議，支持班級老師落實幼兒的 IEP。Kevin 老師在高中時修了三年的西班牙語，可以了解西班牙語的基本詞彙和句子，但是仍需要精通西班牙語的類專業人員入班協助早上的課程。

二位老師為幼兒安排設計了大團體和小組活動、動態和靜態活動區域，以及不同的學習區。幼兒全人發展的概念貫穿於班級活動設計，包括身體健康與動作發展、社會－情緒發展，以及和學習有較直接關係的好奇心、堅持度、語言發展，以及認知發展和一般知識等面向。班級課程的範圍、課程目標的順序和幼兒評量，主要是依據州級嬰幼兒學習標準中讀寫發展、數學、科學和其他領域的內涵。主題教學活動以跨領域內容設計為主，活動設計以一個領域為核心，例如數學、早期讀寫能力，但亦包括其他領域的學習。幼兒個別化的學習需求嵌入、落實在每日的例行性活動、計畫性活動之中。

Kevin 老師和 Becky 助理老師利用中午空檔和下午放學後的時間規劃課程，並和相關專業人員諮詢討論。星期五則視情形備課、家訪、參加專業研習、拜訪幼兒之後的就學機構、專業團隊諮詢討論、參與 IEP 會議。

▶ 啟蒙方案

Sharniece 老師和 Anna 助理老師共同經營於社區多功能中心設立的全日制啟蒙方案班級，班級共有 20 位 3 至 4 歲的幼兒。其中五位幼兒有 IEP，學區亦提供額外的支持服務給這五位幼兒。班上 20 位幼兒就學資格均符合啟蒙方案低收入家庭的條件，其中有六位幼兒來自母語非英語的家庭。

Sharniece 老師自己的小孩亦就讀啟蒙方案。Sharniece 老師和 Anna 助理老師是將近五年的合班同事，而 Sharniece 老師已有 15 年的工作經驗，七年前成為啟蒙方案的助理老師，二年之後成為正式教師。她完成了啟

蒙方案專業發展繼續教育的培育課程，近期取得兒童發展的學士學位。Anna 助理老師具備社區大學兒童發展助理證照。語言治療師和巡迴輔導老師每週入班，替五位有 IEP 的幼兒提供相關專業服務，並和二位班級老師討論幼兒個別化學習需求在活動中的實施情形。此外，社區心理健康專家每週至班級提供幼兒挑戰行為的諮詢建議。

啟蒙方案主要以《學前創造性課程（第五版）》（*Creative Curriculum for Preschool, Fifth Edition*; Dodge et al., 2010）作為課程活動設計和幼兒評量的架構。啟蒙方案辦公室每月提供的課程主題和活動建議，成為二位班級老師設計班級課程和幼兒學習評量的參考依據。例行性活動包括早餐、午餐、生活自理（洗手、潔牙、如廁）。老師會利用餐點時間鼓勵幼兒嘗試不同的食物、和幼兒話家常。老師將幼兒的語言和讀寫發展、數學、科學、藝術和其他領域的學習，統整在不同的課程活動中，並支持幼兒在不同活動中持續發展社會—情緒能力。如果天氣許可幼兒進行戶外活動，則安排一天二次的戶外活動時間。戶外活動時間除提供幼兒大肌肉活動和遊戲的機會，老師亦利用戶外活動鼓勵幼兒一起遊戲，引導幼兒參與主題性的戶外遊戲，並鼓勵幼兒分享玩具和遊戲設施。

▶ 學前特殊教育班級

Sherry 老師擔任公立小學附設學前特殊教育班級的教師，該小學有二班學前特殊教育班級和二班大班幼兒班級。學區將 Sherry 老師的班級規劃為提供 3 至 5 歲身心障礙幼兒逆回歸（reverse mainstreaming）模式學前特殊教育服務的班級。班級主要教學者是 Sherry 老師，搭配一位或多位助理老師。Ann 和 Bob 目前擔任班級的助理老師。一般幼兒在班級中扮演語言和社會行為的楷模角色。班級中身心障礙幼兒人數以不超過 50% 為原則。Sherry 老師負責的班級是 3 至 4 歲半天班，每週上課四個半天（上午或下午班）。上午班的 10 位幼兒包括：二位去年入學的 4 歲特殊需求幼兒、一位從早期療育服務方案轉銜入學的 3 歲新生、一位剛開始接

受特殊教育的幼兒以及六位一般幼兒。下午班共有九位幼兒：六位一般幼兒、一位去年入學的身心障礙幼兒、二位從早期療育服務方案轉銜入學的3歲幼兒。學期期間 Sherry 老師的班級可能會有轉銜個案、期中鑑定個案入班就讀。

　　Sherry 老師經營此班級五年，和 Ann 與 Bob 二位助理老師共事三年。Sherry 老師有幼兒教育和學前特殊教育學士學位，具備幼兒教育（學前至小學三年級）和學前特殊教育（出生至幼兒園）教師證照。Ann 助理老師具備健康照顧支持副學士學位，曾擔任五年中學特殊教育助理員，三年前轉任 Sherry 老師的助理老師。Bob 助理老師三年前取得心理學學士學位，近期開始非全時的碩士在職進修，以利日後取得學前特殊教育教師資格。七位特殊需求幼兒中有五位幼兒有 IEP，並提供他們職能治療、語言治療、物理治療相關專業服務。

　　Sherry 老師、Ann 助理老師和 Bob 助理老師為全班幼兒共同計畫每週的教學活動，並與其他班老師一起規劃戶外活動和音樂活動，提供所有幼兒的互動機會。Sherry 老師以州課程標準為依據，並以全方位學習（universal design for learning, UDL）原則為全班幼兒設計融合教育情境中的課程活動。課程範圍和內容與 3 至 4 歲一般幼兒的課程相同，包括語言和讀寫發展、數學、科學及其他領域。

▶ 學前特殊教育巡迴輔導教師

　　Marie 老師和 Shannon 老師擔任學前特殊教育巡迴輔導教師，提供學區內公立幼兒園、社區啟蒙方案、社區嬰幼兒教保方案的特殊需求幼兒服務。雖然二位老師分別在不同學區服務，但是她們的教學角色很相似。Marie 老師在學期初接到 10 位 3 歲、4 歲、5 歲的個案，通常學期中之後會增加期中鑑定、需要特殊教育服務的個案。Shannon 老師學期初共有 12 位個案，但學期末之前亦有可能增加個案。

　　Marie 老師具備小學教育學士學位和教師證照，曾經擔任幾年一年級

老師，正在進修學前特殊教育碩士學位和教師證照。擔任巡迴輔導教師的這六年，她很喜歡工作中的挑戰，每週在不同幼兒教育現場替有 IEP 的幼兒提供服務。Kevin 老師班級中的幾位幼兒目前是 Marie 老師服務的個案。

Shannon 老師有幼兒教育學士學位，最近才完成學前特殊教育師培課程和實習，取得學前特殊教育教師證照。在擔任巡迴輔導教師之前，她曾在啟蒙方案任教三年。雖然 Shannon 老師擔任巡迴輔導教師才二年，但是她很熱愛在不一樣的幼教現場工作，包括之前啟蒙方案的班級。

Marie 老師和 Shannon 老師須與其他相關專業人員（如：語言治療師、物理治療師）、幼兒的家庭合作，以保障幼兒獲得專業團隊合作的服務。與幼教現場的幼教老師進行合作諮詢，是特殊教育巡迴輔導教師的主要角色。專業合作的目的在於提升特殊需求幼兒參與課程活動、有系統地將幼兒的 IEP 目標嵌入在課程活動和例行性活動中。二位老師定期到園提供多元的策略來達到前述目的。她們有時會在入園時分享幼兒需求的資訊及進步情形、建議可行的活動和策略。另外，定期和班級老師討論如何支持和促進幼兒在例行性活動、課程活動中發展和學習，亦是她們的工作重點。

巡迴輔導教師的工作不僅忙碌，每天的工作內容也不固定。例如 Shannon 老師到 Sharniece 老師的啟蒙方案班級中參與活動，提供後續活動的建議。接著去社區學前機構中進行小組共讀故事活動，小組中有二位幼兒是 Shannon 老師目前的個案。接著她和家長、班級老師討論幼兒的進步情形。又例如 Marie 老師和語言治療師一起到高危險群幼兒就讀的班級，和班級老師討論運用視覺提示增進幼兒語言表達的策略。之後約了一位個案媽媽到幼兒照顧中心，一起討論如何處理幼兒的挑戰行為。

讀者可從本書中理解到許多幼教工作者在不同幼教現場和高危險群幼兒、身心障礙幼兒工作的樣態。書中所述的例子並不能包括所有幼教工作者的工作樣態，例子中的重點在於課程與教學、相關人員對幼兒學習的支持。這群幼教

工作者的實務案例，將分別呈現於本書不同的篇章中。

幼兒教育課程與 CSS+ 課程架構之研究成效

有關 CSS+ 課程架構的研究和發展已超過 10 年。此研究的執行經費來自於「兒童在校成功學習計畫」（Children's School Success, CSS; Odom et al., 2003）以及「兒童在校成功學習精進計畫」（Children's School Success Plus, CSS+; Horn, Palmer, Lieber, & Butera, 2010）。

CSS 課程研究（2003-2009）

第一階段的 CSS 研究計畫由美國教育部（U.S. Department of Education）特殊教育計畫辦公室（Office of Special Education Projects, OSEP），以及國家衛生研究院（National Institutes of Health, NIH）國家兒童健康與人類發展部（National Institute of Child Health and Human Development, NICHD）共同支持。此國家型多據點實驗研究，主要鎖定日後可能有學業學習困難的高危險群 4 歲幼兒，探究適合他們的幼兒教育課程；研究目的旨在針對經濟弱勢、貧窮或在其他危險因子環境中成長的幼兒，減少其所接受教育的落差（Odom et al., 2003）。計畫主持人 Sam Odom 邀請幼教工作者、學前特教工作者和統計專家組成研究團隊，成員包括：Joan Lieber（馬里蘭大學）、Gretchen Butera（印地安那大學）、Karen Diamond（普渡大學）、Eva Horn、Susan Palmer、Janet Marquis 和 Kandace Fleming（堪薩斯大學）、Marci Hanson（舊金山州立大學）。此一橫跨五州以實證為本位的縱貫研究，總共蒐集和分析了 783 位幼兒和許多老師執行課程的資料。

CSS 課程具操作性、完整性，並包含實證本位的學業和社會元素。學業元素包括讀寫（引自 Adams, Foorman, Lundberg, & Beeler, 1998 和 Powell, Diamond, Burchinal, & Koehler, 2010）、科學（引自 French & Conezio, 2011-2014）和數學（引自 Clements & Sarama, 2003; Copley, 2000, 2010），並結合社會性問題解決（social problem solving）的內容（引自 Webster-Stratton,

1999）。雖然無法大規模的推論研究成效，但是相較於沒有接受 CSS 課程的幼兒，接受完整 CSS 課程的幼兒，在字母知識、數學、詞彙和社會性問題解決的能力，都有明顯增長。然而，由於參與研究計畫的身心障礙幼兒為數不多，而未能說明 CSS 課程對於身心障礙幼兒教育成效的影響。此外，研究發現參與計畫的教師對於實施適性的課程調整，仍未具有充足的信心。

● CSS+ 課程發展研究計畫（2010-2014）

CSS+ 研究計畫之目的除了延續 CSS 課程研究之外，主要著重支持幼教工作者有效地實施適合所有幼兒（包括特殊需求幼兒）的挑戰性課程。本研究計畫主持人 Horn 與研究團隊（2010）獲得美國教育部教育科學院（U.S. Department of Education's Institute of Education Sciences）之國家特殊教育研究中心（National Center for Special Education Research）的獎助。第一年和第二年參與計畫的三個不同區域幼兒教育機構（分別為：都會區啟蒙方案、鄉村區啟蒙方案、都會近郊區啟蒙方案）分布於堪薩斯州、印地安那州和馬里蘭州。根據研究團隊所蒐集的觀察資料顯示，教師需要修改或調整 CSS 課程的理由如下：

- 合作幼兒園本身使用的課程指引有既定的範圍和課程活動重點（例如：啟蒙方案課程指引中有數學或其他領域的課程、特定的例行性活動）。
- 合作幼兒園所在區域有安排特定的到園活動（例如：學校心理師每週提供社會－情緒教學活動、固定的音樂活動、校外圖書館時間）。
- 合作幼兒園本身有幼兒評量工具，或是需要配合各州的嬰幼兒學習標準進行幼兒評量（即：啟蒙方案學習成果 [Head Start outcomes]）。
- 許多老師表示，沒有相關的知識或是工具支持他們為身心障礙幼兒的學習設計合宜的課程活動。

基於上述理由，研究團隊著力於和現場老師及督導建立合作夥伴關係，以完整的課程架構支持老師為不同發展需求的幼兒設計課程。此課程架構包含：運用發展合宜策略來規劃具有學習挑戰、符合全方位設計理念的課程內容；透過課程調整規劃差異化教學；運用個別化策略和計畫來支持幼兒達成獨特的學

習成效；以及監測幼兒學習進步情形的步驟。計畫第一年和第二年的成果主要是以合作幼兒園的每日作息活動來發展和實踐本計畫的課程架構。課程架構使老師能：（1）使用全方位學習的方法為所有幼兒設計課程；（2）規劃統整性課程（如：將社會、科學和數學結合讀寫教學，或是在讀寫和科學課程中進行社會－情緒活動）；（3）運用發展合宜策略進行挑戰性課程內容的教學；（4）透過課程調整規劃差異化教學；（5）以個別化教學支持幼兒個別化的學習需求；（6）鼓勵家庭參與幼兒園的學習活動；（7）使用進步情形的監測來了解幼兒成效。

　　第三年的計畫以老師在班級實施 CSS+ 課程，團隊提供回饋為主要的計畫執行內容；至第四年的計畫期間才蒐集幼兒成效。連續四年的計畫重點在於探討課程架構的可行性，並探討教師實施 CSS+ 課程的真實情形，以及關於課程影響幼兒成效的正向效果。總共有 12 位教師參與計畫，其中七位是啟蒙方案的老師，另外五位是學前特殊教育老師以及他們的幼兒園團隊。73 位參與計畫的幼兒年齡層從 36 個月至 61 個月，平均年齡是 50.89 個月，標準差為 6.30。

　　CSS+ 研究結果顯示幼兒的學業和社會學習成效，和讀寫、數學、科學及社會－情緒活動相關。本研究以前測、後測實驗法所得的結果，不宜推論至不同課程取向的幼兒學習成效。整體而言，幼兒在學業和社會－情緒領域的跨三層次支持下，隨著時間而有進步。多重回歸統計結果顯示，三組幼兒在學業、社會－情緒學習的後測分數上都有進步。教師表示經由參與研究，提升了他們運用 CSS+ 架構和為幼兒設計有意義課程的熟練程度。

CSS+ 課程架構

Eva M. Horn, Susan B. Palmer, Gretchen D. Butera, and Joan A. Lieber

　　優質幼兒教育對於幼兒（包括發展遲緩幼兒）的重要影響，已成為教育工作者、政策制定者、研究者共同關注的議題（Brown, Knopf, Conroy, Googe, & Greer, 2013; Epstein & Barnett, 2012）。此外，幼兒教育對日後可能有學業學習困難的高危險群幼兒（經濟弱勢、文化刺激不利、其他不利條件幼兒）具提升幼兒能力發展的效果（Halle et al., 2009）。研究資料顯示，對於身處不利環境的幼兒，雖然環境條件無法在短時間內改變，接受適性的幼兒教育可增進、改善他們的能力發展（NAEYC, 2009）。許多高危險群幼兒自 3 或 4 歲進入幼兒園接受適性教育，可預防他們日後學習可能產生的困難或障礙。

　　一些存在於幼兒教育的迷思，影響了老師教什麼、如何教。首先，發展合宜教學實務（developmentally appropriate practice, DAP）指引修訂版中提及，教師應平衡地提供由幼兒引發和由教師引導的學習經驗（Copple & Bredekamp, 2009），許多老師將此指引的內容解釋為幼兒知識的建構應由幼兒主動建構為主要方式，教師在幼兒學習歷程中應提供幼兒最少量的引導（Bowman, Donovan, & Burns, 2000）。然而，研究指出教師若能根據當前的學習任務、學習情境，以及幼兒的先備知識和幼兒對於學習內容的理解程度，合宜地選用明示或內隱的教學策略，將對幼兒的學習帶來正面影響（Hong & Diamond, 2012）。

　　再者，某些老師認為幼兒的發展尚未成熟到可學習複雜的內容，因此課程

活動宜簡單、單純。然而此種信念和研究證據並不相符。幼兒園的教學包括關鍵學業的教學——讀寫、語言、科學、數學，幼兒能從中獲得學習的益處（Downer & Pianta, 2006）。因此，為增進幼兒學習和發展，幼兒園應提供幼兒具有挑戰性的「跨領域統整性課程」（NAEYC, 2009, p. 21）。

許多幼教老師面臨為 3 至 5 歲幼兒規劃及實施完整、統整性學習活動的困難。幼兒的學習經驗必須回應幼兒的興趣，使他們有參與的動機，亦須包含不同年齡層的重要學習經驗，以及為幼兒準備、銜接上小學的學業學習能力（Grimm, Steele, Mashburn, Burchinal, & Pianta, 2010）。一份課程計畫涵括幼兒的學習內容（學什麼），以及用來達成學習成效的學習經驗、素材、教學與評量策略（如何學）（National Center for Quality Teaching and Learning [NCQTL], 2012）。

IDEA 法案強調普通教育課程的可及性（access to the general curriculum），亦即重視身心障礙學生在普通教育課程中的參與程度和進步情形，讓他們在普通教育課程中達成其學習目標（Federal Register, 2006）。法案中特別明訂每一位學生的 IEP 均須描述該生的障礙特質如何影響其參與普通教育課程、訂定在普通教育課程中可測量的具體目標，並依據學生需求調整課程，支持他們參與普通教育的課程活動。由此可知，教育工作者不僅應提供具有學習挑戰的課程，亦須提供有意義的學習經驗和學習成果（Agran, Alper, & Wehmeyer, 2002）。

為了發展和後續實施完整的課程，幼教老師需要一個課程架構，指引他們做教學決定，並使所有的幼兒在學習歷程中達到最佳成果，CSS+ 課程架構能協助老師對所有的幼兒進行有效教學。幼教老師透過此課程架構指引來計畫課程，讓幼兒在具有挑戰性的課程內容中，持續有意義的進步。本章將逐一介紹 CSS+ 課程架構的元素，以及實施課程的步驟，使讀者能夠了解 CSS+ 課程架構的元素和其彼此之間的動態關聯，透過系統化的課程建構歷程，引導教師實施優質的幼兒教育適性課程。

• 了解 CSS+ 課程架構的要素，以及如何整合運用這些要素，作為實施優質幼兒教育的動態系統指引。

• 介紹課程建構的系統化歷程。

增進所有幼兒可及性和學習的架構

　　教師通常會面臨為班級中能力差異幼兒規劃和實施課程的難題。課程架構可引導教師為所有的幼兒做教學決定，並考慮幼兒在活動中有最大程度的參與和學習。就如同建築師依照藍圖蓋房子，最後的成品須符合設計的期待和品質的要求；教師所規劃的課程，須回應幼兒的獨特學習需求和家庭、社區的期望。目前已有許多多層教學支持模式（multitiered models of instructional support），旨在提供優質教育以支持所有幼兒的發展，包括可能需額外介入的特殊需求幼兒（Coleman, Buysse, & Neitzel, 2006; Greenwood et al., 2008）。其中較完整的模式包括：課程建構模式（Building Blocks Model; Sandall & Schwartz, 2008）、金字塔模式（Pyramid Model; Fox, Dunlap, Hemmeter, Joseph, & Strain, 2003）、教學反應：學前介入反應模式（Recognition and Response: Model of Response to Intervention [RTI] for Pre-K; Buysse et al., 2013）、幼兒介入反應中心（Center on Response to Intervention in Early Childhood, CRTIEC）的早期讀寫和語文介入反應模式（RTI in Early Literacy and Language; Greenwood et al., 2012）。這些模式強調的重點有所不同（如：社會能力、普通教育課程中的主動參與程度、讀寫），然其重點都在於引導教師規劃回應幼兒需求的課程。

　　經過設計、實驗及修訂的歷程，CSS+ 課程架構為教師在融合情境中的課程規劃提供了一個統整性課程、多層教學支持的完整架構（見圖2.1）。本架構的基本理念在於教師對幼兒學什麼、如何學的教學決定必須建立在幼兒的需求之上，也須關注幼兒連續學習歷程的成功經驗。教師以全方位學習（UDL）的原則進行多層次的教學，使所有的幼兒都在最大程度下主動參與學習活動，特殊需求幼兒亦能達成其個別化目標。CSS+ 架構也提供教師監測幼兒進步情形的方法，強調專業團隊合作以及家庭和專業人員的夥伴關係，是影響課程實施和幼兒學習成效的重要因素（見圖2.1）。以下章節將詳細說明具挑戰性課程的元素，後續章節中亦有詳細的描述。

CSS+ 課程架構

具挑戰性的課程內容

全方位學習		
多元的 表徵方式 參與方式 表達方式	**差異化**	
	調整 內容：活動簡化、幼兒喜好 過程：同儕支持、成人支持、 　　　隱性支持 學習環境：特殊器材、環境 　　　支持、素材調整	**個別化** **嵌入式學習機會** **和幼兒焦點教學** 支持幼兒達成獨 特學習成果的策 略和計畫

進步監測

團隊合作　　　　　　　　　　　　　　　家庭－專業人員
　　　　　　　　　　　　　　　　　　　　夥伴關係

図 2.1　CSS+ 課程架構

● 具挑戰性的課程內容（Challenging Curriculum Content）

　　如前述內容，課程內涵應包括教什麼（學習內容、範圍）、何時教（以連續發展和學習為基礎的重要順序）（DEC, 2007）。課程亦須包括支持所有幼兒參與學習的教學策略，以及系統性評量幼兒學習情形的方法。決定幼兒教育課程內容時，除了考量幼兒發展和學習需求之外，亦須考慮幼兒入小學的學習能力發展，增加他們能銜接上小學後學業學習的能力。

　　幼教工作者逐漸關注幼兒園中小班的教學結合大班至小學三年級課程標準的重要性（Conley, 2014）。CSS+ 課程架構以語言和讀寫、數學、科學、社會－情緒能力和藝術為課程領域，課程內容亦融入了國家級專業組織建議的課程標準、州級的課程標準、不同課程模式的課程內容、範圍、順序和策略，使教師在運用課程架構時能「整合幼兒不同領域或跨領域的學習（包括語言、讀寫、數學、社會、科學、社會能力）」（NAEYC, 2009, p. 21）。

● 全方位學習（Universal Design for Learning, UDL）

全方位學習（以下簡稱 UDL）強調在開始設計學習環境時，即考量到學習者的多元差異，而非事後才根據個別幼兒的需求大範圍地調整和改變學習環境（Conn-Powers, Cross, Traub, & Hutter-Pishgahi, 2006）。亦即，所有的幼兒都能在多元活動中習得、建構知識和技能。UDL 包括三項主要的原則：（1）多元表徵（multiple means of representation）：提供學習者多元取徑和方法習得學習訊息和內容；（2）多元參與（multiple means of engagement）：提供多樣化的方式引起和維持學習者的學習興趣；（3）多元表達（multiple means of expression）：提供學習者多樣化的方法表達所學所知（Center for Applied Special Technology [CAST], 2009）。綜言之，UDL 的架構讓幼教老師思考如何在課程活動中結合多元的方法，增進所有幼兒主動、專注地參與和維持學習，並且知道和表達所習得的知識和技能。

● 差異化（Differentiation）

運用 UDL 原則結合普通教育課程設計之後，了解幼兒能力的差異是教師在設計課程時的下一個關注焦點。差異化教學策略可支持幼兒盡可能參與和學習普通教育課程（Hall, 2002）。差異化教學的原則是教師在了解幼兒能力發展現況和潛能、學習風格和興趣的基礎上，調整或改變教學策略（Tomlinson, 2003）。差異化教學策略可運用於內容、過程和／或學習環境的調整（Tomlinson, 2003）。Sandall 和 Schwartz（2008）提出八種類型的課程調整：同儕支持、成人支持、隱性支持、活動簡化、幼兒喜好、環境支持、素材調整、特殊器材。在 CSS+ 課程架構中，將此八種課程調整類型歸類在差異化策略的範圍（見圖 2.1）。

● 個別化（Individualization）

UDL 和差異化教學策略雖然能支持幼兒主動參與課程活動，但是不足以確保幼兒有機會學習 IEP 目標，老師仍須進一步規劃和實施嵌入式學習機會

（embedded learning opportunities, ELOs; Horn, Lieber, Sandall, Schwartz, & Li, 2002），透過這種跨活動情境的簡短教學時段，針對幼兒的個別化學習需求和學習成果提供直接指導，以滿足幼兒的個別化學習需求。基本上，提供普通教育課程的可及性就足以協助許多幼兒達成學習目標，但是老師有時仍須透過示範、口語提示、肢體引導等教學方式，引導部分幼兒在普通教育課程和幼兒園學習環境中學習新的或較複雜的知識和技能（亦即運用 ELOs 進行教學）。

● 團隊合作（Collaborative Teaming）

有效地執行 CSS+ 課程架構需要專業團隊成員彼此持續的合作。團隊成員的合作能為幼兒提供跨專業的課程內容，將幼兒個別化的學習需求整合在課程活動中，避免幼兒的學習被切割成不連貫的經驗。專業人員互相分享不同專業領域的目標和策略，合作協助幼兒達成個別化學習目標。

● 進步監測（Progress Monitoring）

持續的評量和監測幼兒的學習表現，是 CSS+ 課程架構另一個重點面向。幼兒的進步監測需要老師持續蒐集幼兒學習改變或進步情形的資料，以檢視幼兒的學習表現是否達到目標。幼兒學習表現和成果的評量資料，成為老師調整、改變課程及教學策略，以及後續評量資料蒐集的依據。幼兒的連續性學習評量監測過程，應被視為有價值的結果，並且是老師和督導共同付出時間與心力的結果。

● 家庭－專業人員夥伴關係（Family-Professional Partnerships）

在 CSS+ 課程架構中，家庭和專業人員的夥伴關係對幼兒、家庭和專業人員三方均有利。家庭和專業人員彼此交換對幼兒學習的觀點和資源，提供幼兒優質的適性學習機會，一起解決幼兒在學習上的難題（Turnbull et al., 2015）。家庭透過計畫性的活動參與課程，有助於建立家庭和專業人員互相信任和尊重的夥伴關係，亦有助於家庭和專業人員協力增進幼兒的發展和學習。

📍 CSS+ 課程規劃步驟

執行 CSS+ 課程架構的步驟分為如表 2.1 的六項步驟和行動策略。每一個步驟分別於第三至第七章中詳細描述，第八章則整合所有步驟，引導讀者在每日學習活動中經營和組織 CSS+ 課程架構的元素。

表2.1　CSS+ 課程規劃步驟

實施步驟	工作內容
步驟一：發展／確認課程範圍和順序	• 摘述重要的課程內容。 • 決定在年度內完成的課程內容。 • 確認教學的順序。
步驟二：強化課程的連貫性和統整性	• 從有趣或幼兒感興趣的主題或單元**或**從主題取向的教學來決定組織課程的策略。 • 確認主題或單元活動之間的連貫順序。 • 確認主題或單元活動能統整於每日作息之中。 • 規劃跨日或跨主題、跨單元的統整性課程。
步驟三：發展 UDL 原則的活動計畫以支持所有幼兒的學習	• 發展多元表徵的活動計畫。 • 發展多元參與的活動計畫。 • 發展多元表達的活動計畫。
步驟四：檢視活動計畫以回應幼兒的差異化和個別化需求	• 找出需要額外學習支持的幼兒，以增進他們在課程中的參與投入和學習。 • 依據幼兒需求發展課程調整計畫。 • 找出需要特定學習機會的幼兒，以利他們達成獨特的學習目標和成果。 • 依據幼兒的個別化學習需求和學習成果，規劃跨活動的簡短教學時段（嵌入式學習機會）。
步驟五：連結課程範圍和順序來監測幼兒的進步情形	• 發展蒐集幼兒課程目標進步情形監測資料的計畫。 • 發展蒐集個別幼兒個別化學習目標監測資料的計畫。
步驟六：反思課程活動的實施情形以作為日後課程活動規劃的依據	• 規劃團隊反思課程活動實施情形和調整活動計畫的時間和歷程。 • 規劃團隊定期檢視幼兒進步情形和調整活動計畫的時間和歷程。

學前融合教育課程架構

具挑戰性課程內容之基礎

Joan A. Lieber, Amber Friesen, Susan B. Palmer, Debra Drang, Alina Mihai, Jill Clay, and Potheini Vaiouli

自 1990 年代末以來，幼兒教育領域對於課程的觀點有了重大變革。過去強調提供豐富刺激的環境，並實施以幼兒為引導的課程取向和由幼兒引發的活動（Hatch, 2012, p. 43）；現今則鼓勵老師提供幼兒具有學習挑戰和統整性的課程——統整幼兒在不同領域的學習，包括語言、讀寫、數學、社會和科學（NAEYC, 2009, p. 21）。本章主要以 NAEYC 的建議來說明 CSS+ 課程架構中具有挑戰性的課程領域和內容。首先說明每一個課程領域對日後學校成就的重要性，並詳細描述每一個課程領域的內容。雖然老師可強調許多課程的重要範圍，但本章僅著重於語言和讀寫、數學、科學、社會－情緒能力及藝術等幼兒教育課程領域。

Sherry 老師正利用午休時間整理下週的活動計畫。這所學校的老師們可利用每週三學生放學後的時間參加教師專業發展進修、相關會議，或是準備教學。Sherry 老師擔任學前特殊教育班級的教師，搭配有二位助理老師，助理老師主要的工作在協助需要較多照顧的幼兒。每年年初學區會安排助理老師的訓練；Bob 和 Ann 老師已經和 Sherry 老師共事三年，他們經常和其他新進助理老師分享經驗。

Sherry 老師經常利用週三下午放學後和二位助理老師討論課程。她先

使用課程內容檢核表（Curriculum Content Checklist）（見圖 3.1）草擬下週的課程內容，接著和助理老師共同腦力激盪有助達成課程目標的教學策略，並根據幼兒的個別化學習需求來調整課程活動。Sherry 老師雖為主要的課程規劃者，然不可忽視二位助理老師共同參與討論的重要性，因為他們須對某些幼兒獨特的學習需求提供協助。

附件 3A 為空白的課程內容檢核表。

附件 3A・課程內容檢核表 `CSS+`　　　　　　　　（第一頁，共三頁）

指引：教師可使用此表來訂定涵蓋各課程領域的教學週計畫。在活動完成後填寫檢核表來評鑑活動，以及決定是否或何時需要重複或延伸活動。

課程要素	日期及特定使用的要素	在班級的使用情形？	
		可？佳？	需要重複、改寫或重做
語言和讀寫			
符碼本位的早期讀寫能力			
字母知識			
字母字形			
字母名稱			
字母聲音			
字母書寫	名字的字首字母		
文字覺識	辨認自己的名字		
音韻覺識			
環境中的聲音	書本和社區出現的狗叫聲		
字（詞）			
音節			
押韻	狗（pup）押韻的字（詞）		
聲母－韻母			
音素			

圖 3.1　課程內容檢核表示例

課程要素	日期及特定使用的要素	在班級的使用情形？	
		可？ 佳？	需要重複、 改寫或重做
語言和讀寫（續）			
語言和著重意義的早期讀寫能力			
語意	與寵物相關的語詞 幼兒飼養寵物的經驗		
語法			
詞態			
音韻			
語用			
數學			
數和運算			
數的理解			
數數	數算每一種寵物的數量		
數的比較	哪一種動物最多？		
辨認數字	寵物數量和數字的配對		
分數			
運算的理解	如果有位幼兒多養一隻狗，那麼現在是狗比較多還是貓比較多？		
部分－全體的關係			
代數			
歸類、分類、序列	歸類幼兒帶來的寵物照片		
型式	小組活動時依型式排列動物玩具		
轉換			
幾何			
形狀的特質和屬性			
空間			

課程要素	日期及特定使用的要素	在班級的使用情形？	
		可？佳？	需要重複、改寫或重做
數學（續）			
測量			
資料分析和機率			
提問	有關寵物數量和種類的問題		
蒐集、組織和呈現資料	圖示呈現寵物的種類		
分析資料	狗比較多還是貓比較多？		
根據資料做預測			
科學			
物理科學			
生命科學	生物和非生物——寵物 寵物的需求和照顧方式		
地球和太空科學			
機械、科技和應用科學			
社會—情緒能力			
自我調節和情緒調節	討論 *"Let's Get a Pup!" Said Kate*（Graham, 2003）書中的家人感受 討論故事中家人對寵物死亡的感受 討論對於某些事件的同情表達		
社交技巧和友誼			
社會性問題解決			
藝術			
音樂	歌唱「王老先生有塊地」的旋律，替換動物名稱為寵物名稱 模仿寵物的動作		
美勞	用紙盤做寵物		

課程標準與績效責任

採用具挑戰性幼兒教育課程的原因之一，是美國逐漸重視課程標準和幼兒教育方案的績效責任。美國於 2010 年發佈數學和語文領域的各州共同核心標準（Common Core State Standards, CCSS），共有 46 州採用 CCSS。雖然各州共同核心標準是為幼兒園大班至 12 年級兒童而訂定的學習核心內容，但也影響幼兒園中小班課程。

幼兒園中小班課程與大班至三年級課程

幼兒園中小班課程是大班至小學課程的基礎。幼兒的學習建立在能力發展的連續性上，因此幼兒園中小班課程可視為垂直銜接大班至小學課程的必要課程。

語言和讀寫與在校成功學習的重要關係

幼兒自出生開始，從每日生活環境中的聲音、口語、詞彙、文字，逐漸發展語言和早期讀寫的能力，幼兒教育目標應包括幼兒的早期讀寫發展（Goldstein, 2011）。幼兒需要早期讀寫能力支持他們習得生活中的知識、語詞和口語能力（Goldstein, 2011）。讀寫能力是幼兒了解故事和敘事及成為流暢閱讀者的必要工具，也是進入小學的學習基礎（Neuman & Dickinson, 2011; Whitehurst & Lonigan, 1998）。

研究證實早期讀寫發展和學習困難有預測性的關聯（Dickinson & Porche, 2011; Fiester, 2010）。在一年級和二年級有讀寫困難的兒童，其困難會延續至中高年級（Torgesen, 2002）。大多數在四年級之前即有閱讀障礙的兒童，其閱讀障礙的情形會延續至高中，而這些閱讀障礙學生也有較其他學生高的輟學率（Scarborough, 2009; Storch & Whitehurst, 2002）。綜言之，兒童在學時的讀寫困難通常會持續存在或惡化（Duncan et al., 2007）；讀寫能力發展較弱的幼兒，通常在進入小學後也難發展出接近同齡兒童的能力，有可能被轉介為特殊教育服務的對象（Scarborough, 2009）。

幼兒教育是提供幼兒早期讀寫經驗並支持其能力發展的重要階段。在例行性活動中有系統地教學和引導，像是重述故事、覺察環境中的聲音、展開師生之間的口語互動，都可支持幼兒的早期讀寫發展（Mihai et al., 2014）。

● 21 世紀的關鍵能力：科學、科技、工程和數學能力

國家科學基金會（National Science Foundation）所提出的 **STEM** 教育方案含括了科學（science）、科技（technology）、工程（engineering）和數學（mathematics）（Moomaw, 2013）。STEM 的提出和國家教育發展有直接的關係：（1）美國的學生和世界其他國家的學生相比，數學知識和科學知識較顯不足；（2）美國的教育較少關注學生 STEM 的學習；（3）現在和未來的許多工作需要 STEM 的知能；（4）STEM 的知識和美國的科學領導及經濟成長有關（Moomaw, 2013）。幼教老師應將數學和科學統整在課程內容之中（Butera et al., 2014）。

數學

多數幼教老師只著重數量的學習，例如：數數看今天有幾個同學來上學、有幾位同學缺席。一對一對應也是幼兒園中常見的活動，例如：在點心時間請小幫手發給每個人一個杯子和一張餐巾紙。其他關於幼兒數概念的學習也不可忽略，包括測量、空間關係、幾何，甚至代數和資料分析（Butera, Palmer, Lieber, & Schneider, 2011; Butera et al., 2014）。

科學

幼兒進入大班之前已經具備了關於自然世界的概念：因果關係；生物和非生物的差異；人們的信念、目標、欲望和行為的關係；物質和其特性。這些知識領域和物理、生物、心理和化學的概念有關（Butera et al., 2014; National Institute for Early Education Research [NIEER], 2009）。

科學和數學與學校準備及學業成就之關係

從學校準備和學業學習成就的研究分析中發現，兒童入學時的數學能力和日後數學及閱讀學業成就有高度相關（NIEER, 2009, p. 4）。尤其值得留意的是，早期數學知識和日後數學學業成就的關聯性，大約是早期閱讀學業成就

和日後閱讀學業成就的關聯性的兩倍以上（Diamond, Justice, Siegler, & Snyder, 2013）。

> 低收入家庭的兒童和中產家庭或高收入家庭的兒童相比，在剛入學時較缺乏數學知識，而且會持續落後。和其他學科學習相較，低收入家庭兒童的數學落後情形最為嚴重。（Diamond et al., 2013, p. 20）

目前尚未有研究顯示幼兒的科學技能和日後學業成就的關係。

● 語言、讀寫、數學與科學的關係

統整語言、讀寫、數學和科學的課程，有助於幼兒整合不同領域的學習，獲得相輔相成的學習效果。例如：在科學和數學的課程中，幼兒有機會在有意義的情境中，認識和了解新的語詞和其意義（NIEER, 2009, p. 4）。和幼兒討論不在眼前的事物、過去或未來的事件，可增進幼兒抽象推理的發展，且這類對話與讀寫能力有關；幼兒科學內容知識的發展，和他們的語言發展有相互影響的關係。在數學與科學遊戲活動中，鼓勵幼兒談論他們的觀察、想法和推理，不僅有助於幼兒發展數學語言，亦有助於他們發展溝通技巧與覺知自己的思維。數學和科學遊戲的探索，也可支持幼兒的讀寫發展，例如：與數學和科學有關的文學類、資訊類書籍，可成為幼兒和成人討論關於數學、科學概念和想法的媒介（Butera et al., 2014; NIEER, 2009）。

● 社會－情緒能力的關鍵角色

幼兒的社會－情緒能力是整體的發展結果，代表幼兒能與班上同儕和成人進行有效的社會互動（Landy, 2009）。幼兒的社會－情緒能力也會影響家庭中的互動情形，甚至影響家庭參與社區活動的情形。幼教老師通常會關注幼兒和他人分享、替他人著想、幫助他人、相互溝通、關心他人的狀況（如受傷、生病）等利社會行為發展。Epstein（2009）提出社會－情緒的學習包括：情緒自我調節、社會性的知識、一般習俗或習慣的了解；而社交技巧則包括和他人互

動的技巧、對他人與個別差異有關的特質和性情的了解。其他和社會－情緒能力發展與學習有關的面向包括：整體的自我管理、運用語言和他人相互溝通、和他人一起玩扮演遊戲的能力，以及道德發展的意識（Landy, 2002）。

學前階段不只是幼兒發展正向學習態度和行為的重要階段（Tomlinson & Hyson, 2009），也是幼兒學習自我管理、情緒調節、利社會行為、友誼和社會性問題解決的重要時期。而幼兒的社會－情緒能力直接影響這些正向的學習態度和行為。

通常 3 歲幼兒已從平行遊戲進入合作性的社會扮演遊戲階段，進行較簡單而未經計畫的角色扮演。4 歲幼兒的扮演遊戲就較為複雜，他們會協商或指定角色，也會依據腳本玩扮演遊戲。3 至 5 歲幼兒通常有能力表達情緒、分享玩具、習得更貼切的詞彙來表達想法、模仿和遵從主導者、結交朋友、維持社會互動和了解規則。

幼兒生活中的成人——父母、主要照顧者、老師及其他成人，在幼兒社會－情緒的發展和學習上都扮演著重要的角色（Mann, Powers, Boss, & Fraga, 2007）。自嬰兒期開始，成人和幼兒的互動即直接影響幼兒心智健康的發展。成人對幼兒社會－情緒的觀察、調適和支持介入，以及增進幼兒正向行為、改善挑戰行為的介入，都是支持幼兒社會－情緒能力發展的方式。

● 藝術領域

音樂和美勞活動提供了讓幼兒發揮創意、探索環境和主掌學習的情境。幼兒園的音樂和美勞活動的範圍不僅限於單純的調色遊戲、形塑建構、唱歌跳舞、聽音樂、表演活動。教師將幼兒的學習目標結合於音樂和美勞活動中，透過活動鷹架幼兒的學習，可增強幼兒在不同類型活動中的統整學習（Hallam, 2010）。

研究指出，音樂和美勞活動能增進幼兒的情緒調節能力（Lobo & Winsler, 2006），提升幼兒的想像力和創造力（Eisner, 1998），並能增進幼兒數學、早期讀寫的知識（Brown, Benedett, & Armistead, 2010）。事實上，在 STEM 加入藝術，擴展為 STEAM 課程的架構之下，教師更能將音樂和美勞活動結

合在課程活動中，使之成為幼兒的學習途徑（Butera, Horn, Palmer, Friesen, & Lieber, in press）。具體操作的藝術活動可讓幼兒參與多元活動的學習，也提供了幼兒多元表達的機會（Brown et al., 2010）。而經由設計，教師可將幼兒的先備經驗和家庭文化結合在美勞和音樂活動中，連接學校和家庭的經驗（Scripp, 2007）。

具挑戰性課程的內容

Sherry 老師考量班級主題是有關社區生態，可使用 *"Let's Get a Pup!" Said Kate*（Graham, 2003）作為班級共讀的圖畫書。那是有關一個家庭認養社區流浪動物之家流浪犬的故事。班級中許多家庭有養寵物，Sherry 老師打算發通知單給家長，請家長提供家裡寵物的照片，讓孩子製作成班級寵物書，將寵物書作為鼓勵幼兒口語發表的媒介。班級共讀具有韻律的文本，亦可增進幼兒對押韻字、字母和名字（寵物名字）的認識。Sherry 老師在課程內容檢核表中標示科學（生命科學）、語言和讀寫（語意、押韻、字母知識、文字覺識）領域的課程內容，作為下一步規劃課程的依據。

● 語言和讀寫

幼兒的早期語言和讀寫發展與學習，二者有著密切的關係。早期讀寫能力包括兩大類別：符碼本位（code-based）和著重意義（meaning-focused）的能力，我們可就這兩類別來認識幼兒的語言和讀寫能力發展（Dickinson, Golinkoff, & Hirsh-Pasek, 2010; Goldstein, 2011; Whitehurst & Lonigan, 1998）。

● 符碼本位的早期讀寫能力（Code-Based Early Literacy Skills）

幼兒的符碼本位技巧是他們理解書面文本內容的重要能力，亦是幼兒開始探索語言及解碼字母和單字的基礎能力；符碼本位的早期讀寫能力不需要

很多知識即可習得，例如：認識英文 26 個字母即可成為符碼本位能力的基礎（Paris, 2005, 2011）。Sherry 老師運用 *"Let's Get a Pup!" Said Kate*（Graham, 2003）引導幼兒認識押韻字和字首字母，以培養符碼本位的早期讀寫能力。

以下分別敘述符碼本位的早期讀寫能力——字母知識、文字覺識、音韻覺識。

字母知識（Alphabet Knowledge）

幼兒對字母的熟悉程度是早期讀寫發展的關鍵。英文 26 個字母知識包括以下的層面，此四個層面對幼兒字母知識的建構互有關聯（Bradely & Jones, 2007）。

字母－字形知識（Letter-Shape Knowledge）　此指幼兒能辨別字母的視覺特徵、字母和字母之間的差別，包括字形（如：直線、曲線、點）、方向。

字母－名稱知識（Letter-Name Knowledge）　知道每一個字母都是一個單獨的符號並有其名稱，這是字母知識的第二種元素。幼兒展現此能力的表現還包括了解字母有分大寫和小寫，但都有同樣的名稱。

字母－聲音知識（Letter-Sound Knowledge）　此指幼兒發展一個字母配對一個聲音的能力，這個能力是幼兒後續發展不同字母可能會有不同聲音的基礎。

字母－書寫知識（Letter-Writing Knowledge）　最後一個字母知識是幼兒了解字母是可以用來書寫和溝通的符號。此時幼兒可能開始嘗試書寫不同的字形並讀出所寫的內容。

文字覺識（Print Awareness）

當幼兒熟悉了字母，他們開始覺察文字，包括覺察和認出環境中常見的文字。Sherry 老師讓幼兒認識自己的名字即是文字覺識的表現之一。幼兒一旦開始了解文字的溝通意義及其和口語語言的不同，也是他們發展書本相關知識的開始（Pullen & Justice, 2003）。幼兒對於文字的覺識還包括了解由左而右閱讀文本的方式、自上而下的頁面編排、留白是字和字之間的區隔。

音韻覺識（Phonological Awareness）

音韻覺識指的是辨識字的聲音結構的能力。幼兒了解一個字是由不同字母

組成，而不同字母的聲音組成了字的聲音，這是日後讀出或解碼單字的基礎能力（Mihai et al., 2014; Phillips, Clancy-Menchetti, & Lonigan, 2008; Schuele & Boudreau, 2008）。音素是語言發展的最小單位，音素組合從簡單到複雜的聲音，幼兒的音韻覺識發展面向包括了環境中的聲音覺識、字（詞）覺識、音節覺識、押韻覺識、聲母－韻母覺識、音素覺識。

環境中的聲音覺識（Environmental Sound Awareness） 幼兒的音韻覺識發展始於覺察所聽見的聲音和環境中生物或非生物的關係。例如：狗發出汪汪的叫聲。Sherry 老師讀故事當中，在狗的角色圖畫出現時，可引導幼兒模擬狗的叫聲。戶外遊戲時，Sherry 老師也可引導幼兒注意偶爾出現的狗叫聲。Sherry 老師在課後將課程內容檢核表裡的「環境中的聲音」一項打勾，並反思上午班和下午班的教學。

字（詞）覺識（Word Awareness） 幼兒對字的覺識從辨識單獨一個字的聲音開始發展。例如：「The dog barked.」（小狗叫），包括了三個字。之後逐漸發展由多個字所組成的語詞，例如：「doghouse」（狗屋），分別有二個字，但組合成一個名詞。

音節覺識（Syllable Awareness） 音節覺識是一種將聽到的字分辨出音段的能力。例如：dogsledding 有三個音節，dog/sled/ding。

押韻覺識（Rhyme Awareness） 押韻覺識是一種辨識字尾有相同韻腳的能力。例如：bark 和 park 的尾音相同。押韻覺識的發展有著個別差異，押韻覺識不一定是每位幼兒語言發展和學習的首要元素。

聲母－韻母覺識（Onset-Rime Awareness） 此種能力是指幼兒能分辨單音節字當中的字首聲音（聲母）和字尾聲音（韻母）。唸謠活動中，選定一個韻母，搭配不同聲母組合出一系列的押韻字（如：pup、cup、up），有助於幼兒發展聲母－韻母覺識的能力。

音素覺識（Phonemic Awareness） 這是一種辨識語言聲音中最小音素單位的能力。音素覺識可能是音韻覺識中最複雜的元素，幼兒學習辨識不同的字母有不同的聲音（如：dog 包括 /d/ /o/ /g/ 三個聲音）及認識字母聲音的組合（如：stick 包括 /st/ /i/ /ck/ 三個音素的組合）。

● 語言和著重意義的早期讀寫能力（Language and Meaning-Focused Early Literacy Skills）

著重意義的早期讀寫能力包括廣泛的口語能力，這些能力隨著幼兒生活經驗和知識背景的擴充而增長。著重意義的能力是幼兒理解文本、發展聽覺理解能力和成為流暢閱讀者的基礎（Clarke, Truelove, Hulme, & Snowling, 2014; Goldstein, 2011; Nation, 2005; Tompkins, Guo, & Justice, 2013）。幼兒的理解技能發展有助於他們使用語言來思考和理解，增能他們成為終身的學習者（Lennox, 2013）。Sherry 老師運用故事連結幼兒在家飼養寵物的經驗，讓幼兒知道自己可以用語言分享經驗。以下分別說明幼兒口語能力發展的關鍵範圍——語意、語法、詞態、音韻、語用（Roskos, Tabors, & Lenhart, 2009）。

語意（Semantics）

語意是指了解字的意義。當幼兒對字的意義有所了解，他們才能理解更多所聽到的訊息意義，並豐富他們使用語言時的詞彙。

語法（Syntax）

語法或稱**文法**是指了解字與字連結的規則。例如：形容詞通常放在名詞前，用來形容名詞。幼兒了解語法規則，會說「這是白色的兔子」，而不是說「這是兔子白色的」。

詞態（Morphology）

詞態發展能力是指操弄語言中最小單位意義的能力，包括字根、詞綴、語言中的部分意義。例如：英文動詞加上 -ing 字尾，表示動作的進行式。

音韻（Phonology）

如同幼兒必須發展音韻覺識作為符碼本位能力來了解文本，音韻亦是口語發展的重要元素。幼兒了解語言的聲音結構，有助於他們辨識所聽到的不同聲音，並在口語表達中使用這些聲音。

語用（Pragmatics）

了解社會情境中如何使用語言，稱之為**語用**。例如：在對話情境中，每個人輪流說話和傾聽；語用包括禮貌、打招呼和一般禮儀的知識。

支持幼兒發展早期的語言和讀寫能力時，須並重符碼本位和著重意義的讀寫能力。讓幼兒在有意義的情境中學習，有助於幼兒語言和讀寫能力發展。早期的能力發展是日後閱讀和書寫能力發展的基礎（Mihai et al., 2014）。

● 數學

Sherry 老師在規劃課程時，一併思考了如何將數學統整在不同的活動中。例如：大團體活動時，讓幼兒歸類家長所提供的家中寵物照片，數算不同寵物的數量，哪一種多？哪一種少？統計寵物數量後，讓幼兒將正確的數字卡放在長條柱上方，以練習辨認數字；或是在小組活動時，讓幼兒依型式排列動物玩具。之後 Sherry 老師在課程內容檢核表裡勾選數學領域的「蒐集、組織和呈現資料」、「辨認數字」、「型式」等項目。

幼兒的數學概念發展包括五大內涵：數和運算、代數、幾何、測量、資料分析和機率（National Council of Teachers of Mathematics [NCTM], 2010）。國家數學教師協會（NCTM）網頁中載有幼兒數學概念的詳細說明（http://www.nctm.org）。另外在 NAEYC 的網頁中載有與 NCTM 的聯合聲明，補充有關幼兒數學概念發展的資訊（http://www.naeyc.org/positionstatements/mathematics）。

● 數和運算（Number and Operations）

許多幼兒在上大班之前就學會數數，數數雖然重要，卻只是數和運算概念中的一小部分。幼兒會從生活情境的探索中逐漸發展出對數和運算的理解。數和運算概念包括了解數和了解運算二部分。例如：幼兒運用數字做加法和減法的運算（NCTM & NAEYC, 2010）。

數的理解（Understanding Numbers）

幼兒了解數字的能力包含數數、運用數字符號、了解數字和數量的關係。

數數（Counting）　幼兒從唱數開始學習數數，隨著他們有更多的數概

念，逐漸發展數字和數量的配對能力。

數的比較（Magnitude of Numbers） 幼兒從了解一個數與另一個（或另一些）數之間的關係中，發展出「比較多」、「比較少」的比較概念。Sherry 老師引導幼兒使用長條圖來判斷哪種寵物比較多。

辨認數字（Number Recognition） 幼兒會辨認數和數字之後，辨認數的能力即隨之發展。

分數（Fractions） 幼兒學習使用簡單的分數代表全體與部分之間的關係，例如：1/4、1/3、1/2，並學習如何運用分數的概念。

運算的理解（Understanding Operations）

加法、減法是幼兒階段的基本運算能力。老師在活動中可以使用提問的方式，提供幼兒加法或減法的運算機會。例如：Sherry 老師問幼兒：「如果家裡已經有三隻狗，生日時爸爸又帶一隻狗回家，當作你的生日禮物，那麼現在家裡共有幾隻狗呢？」

部分－全體的關係（Part-Whole Relationships） 此指幼兒了解部分是從分解整體而來。例如：4 可以分成 2 和 2，也可以分成 1 和 3。部分－全體關係的概念是加法和減法運算的基礎。

● 代數（Algebra）

早期的型式和轉換是幼兒時期代數概念發展和學習的基礎。幼兒學習辨認型式，使用符號表徵來解決問題、分析變換（Copley, 2010）。

歸類、分類、序列（Sorting, Classifying, and Ordering）

生活中有許多機會讓幼兒學習歸類、分類、序列的概念。事實上，許多老師在規劃教室環境時，就是在為幼兒示範如何歸類和分類。像是在教室設置不同的學習區（如，娃娃家、積木區、寫作區等），並將各區的素材分門別類排放（如，將相同形狀的積木放在同一層架上、將同樣的筆放在同一個筆筒中）。幼兒在學習區遊戲和收拾的時候，即可運用分類和歸類的能力。Sherry 老師讓幼兒將全班同學家中的寵物照片分類，即是一個將數學概念融入在活動中的例子。

型式（Patterns）

　　幼兒從重複的順序中建立型式的概念。顏色、形狀、聲音、字母都是型式中的元素，重複性型式如 a-b、a-b、a-b；a-a-b、a-a-b、a-a-b 等。另外一種型式為遞增型式，係指以特定數量的物品為起始點，再以可預期的方式增加物品數量。最簡單的遞增型式是從較小的數字為起始點，往上遞增 1（Taylor-Cox, 2003），例如：從數字 1 開始，之後出現的數字是前一個數字加上 1。

　　幼兒可以用許多方式表徵型式，如身體動作的型式，跳－跳－拍手、跳－跳－拍手；聲音的型式，小聲－大聲、小聲－大聲；使用積木顏色的視覺型式表徵，紅－藍－紅、紅－藍－紅（Copley, 2010）。

轉換（Change）

　　轉換是代數思考的概念之一。在數學和科學活動中，幼兒通常有機會看到轉換，並學習用來描述轉換的語詞，包括一般性的描述，例如：我的紙飛機飛得比你的遠；或是以更精確的語詞描述轉換的概念，例如：我比你高 3 英寸。

● 幾何（Geometry）

　　幼兒從形狀的命名（圓形、正方形、三角形）開始建立幾何的概念，再逐漸發展其他的幾何概念，像是形狀的改變（變形）、辨識生活中的形狀，以及了解空間關係。

形狀的特質和屬性（Characteristics and Properties of Shapes）

　　除了形狀的辨識和命名之外，畫形狀、描形狀、使用積木等建構素材創作形狀，並使用這些創意作品來比較和歸類形狀，對幼兒而言都是建構形狀概念的機會。幼兒在探索特定形狀後，可進階到組合兩個形狀並預測結果。例如：正方形可以由兩個三角形組成。幼兒對於形狀的認識，讓他們逐漸發現生活中的形狀，像是交通號誌是有不同形狀的組合。幼兒的二度空間和三度空間形狀概念和學習，是數學領域中重要的發展能力。

空間（Space）

　　幼兒的空間思考是指幼兒可以看見形狀的不同位置，想像移動形狀後的位置，使用語詞表達空間概念，與方向有關的語詞包括**向上、向下、向前、向後**

和周圍；與距離有關的語詞包括近和遠；與地點和位置有關的語詞包括放在⋯上面、從⋯拿下來、上方、下方、前面、後面、旁邊和之間。操作形狀、使用地圖、聽懂和表達與物件位置有關的語詞，都是幼兒發展空間概念的機會（Copley, 2010）。

● 測量（Measurement）

當幼兒開始測量生活中的物體，他們學習依據物體的長度、容量、重量進行比較和排序（Cutler, Gilkerson, Parrott, & Bowne, 2003），也開始對時間和溫度產生概念。他們學習使用標準的測量工具來測量物體（如：尺、磅秤），或使用手邊物品進行非標準化的測量（如：腳步、積木）。

● 資料分析和機率（Data Analysis and Probability）

提出問題並透過蒐集資料、組織資料、呈現資料來解決問題，是幼兒學習資料分析和機率的方式（NCTM & NAEYC, 2010），分述如下：

提問（Formulating Questions）

提問是蒐集資料的第一步。老師可藉由和幼兒討論所提出問題的細節，支持幼兒蒐集資料來解決問題。老師的提問示範有助於幼兒學習提問。舉例而言，老師在例行點名中問幼兒當天來上學的人數、沒有來上學的人數、有多少小朋友是走路上學、多少小朋友是爸爸或媽媽開車帶他們上學。Sherry 老師打算問問班上幼兒家中的寵物共有幾種、每一種寵物共有幾隻，引導幼兒討論寵物。

蒐集、組織和呈現資料（Collecting, Organizing, and Displaying Data）

老師提問之後可示範如何整理和呈現所蒐集的資料，例如 Sherry 老師在幼兒計算寵物的數量和種類後，以長條圖呈現統計資料。根據上述的例子，老師每日對班級出席和缺席的提問，幼兒可將所蒐集、整理的資料，以圖表的方式呈現一星期的出席和缺席情形。

分析資料（Analyzing the Data）

幼兒透過計算、摘要的方式分析資料。當幼兒越來越熟練資料分析的方法

後，他們也學習比較資料。承上例，幼兒比較圖表中一週出席人數情形，可分析出哪一天出席人數最多或最少。

根據資料做預測（Making Predictions Based on Data）

資料分析之後，幼兒可依據所得到的結果來預測之後可能會發生的情形，並檢核所預測的情形是否符合資料分析的結果。

● 科學

. . . .

Sherry 老師想到有些幼兒家中沒有養寵物，可能在參與討論時較難和其他家中有寵物的幼兒對話。她決定讓家中沒有寵物的幼兒帶一個動物的玩偶，延伸主題活動討論「有生命和無生命」的科學概念；要如何照顧有生命的動物、維持生命的條件有哪些？因為沒有班級寵物，所以照顧寵物的活動無法在教室中進行或實驗，Sherry 老師請幼兒回家問問爸爸媽媽有關寵物需要的食物、水和習性。

內容與過程是科學領域的基本範圍。Sherry 老師和班級幼兒一起探究有關生命科學的議題。

● 科學內容（Science Content）

科學領域的內容包括四項範圍：物理科學、生命科學、地球和太空科學，以及機械、科技和應用科學（National Academy of Sciences, 2011）。

物理科學（Physical Sciences）

物質、運動、穩定性、能源科學是幼兒物理科學知識概念的主要範圍（National Academy of Sciences, 2011）。幼兒從探索固體、液體和氣體中建構對物質概念的認識。觀察冰塊的製作、融解過程，讓幼兒了解水的物態變化。遊戲中的探索和觀察讓幼兒有許多機會了解物品的移動（運動）和穩定性，例如：不同大小的彈珠在積木建構的彈珠軌道上溜滑的速度不同（Bosse, Jacobs, & Anderson, 2009）。藝術創作時，觀察不同粗細滴管滴出水滴的速度不同（French & Conezio, 2015）。玩手電筒的光影遊戲，探索光和影子的關係；觀

察一天不同時間中自己影子的變化；從混合顏色的遊戲中觀察顏色的變化等，可讓幼兒從中學習光和色彩。

生命科學（Life Sciences）

生態、遺傳、生物是幼兒階段生命科學的主要議題（National Academy of Sciences, 2011）。幼兒藉著探索周遭生活環境，發現環境中的生命，像是觀察在公園、學校、住家社區中的鳥、松鼠、昆蟲、蚯蚓的棲息地和習性（Bosse et al., 2009）。老師藉著觀察和討論引導幼兒對於遺傳的概念：家庭成員外貌相似、不同的比較，動物和植物外觀相似、不同的比較。種植植物的活動可成為幼兒觀察生物成長和變化的真實經驗（National Academy of Sciences, 2011）。

地球和太空科學（Earth and Space Sciences）

對幼兒的科學概念發展而言，地球和太空科學領域知識範圍著重在地球科學。天氣的主題是幼兒園有關地球科學概念的常見主題。每日觀察天氣和其變化，以及預測天氣，可增進幼兒了解天氣的概念。Bosse 等學者（2009）建議老師也可設計活動讓幼兒帶不同的石頭來班級中，討論岩石的生成和質地（p. 13）。另外，Bosse 等學者認為幼兒在玩沙、玩水的遊戲中亦可探究地球上物質的特性。

機械、科技和應用科學（Engineering, Technology, and the Applications of Science）

此領域包括機械、科技、應用機械與科技的主題（National Academy of Sciences, 2011）。幼兒的生活中常可接觸電腦、平板等 3C 產品，而有些特殊需求幼兒，也須使用科技產品與人溝通和學習（如：溝通板）。透過操作簡單的工具，像是削皮刨刀、計時器、天平等，可使幼兒有認識機械基本概念的機會（Bosse et al., 2009）。

● 科學過程（Science Processes）

國家科學教師協會（National Science Teachers Association [NSTA], 2014）在立場聲明中描述科學家使用的科學過程，並提出教師應為幼兒規劃學習科學

的機會，讓幼兒提問、計畫調查、記錄和討論其發現。French（2004）運用前述科學過程進一步提出循環式科學推理過程，包括：反思和提問、計畫和預測、行動和觀察、報告和反思四項要素，引導幼兒在科學活動中探究科學現象和議題（見圖 3.2）。Sherry 老師引導幼兒從家中寵物的真實經驗出發，進而探討有生命物和無生命物，顯示她了解幼兒需要由具體到抽象，逐漸建構科學概念。

反思和提問（Reflect and Ask）

幼兒從反思和提問中了解問題背後的概念。老師藉由提問讓幼兒理解問題，鼓勵幼兒思考問題中已知和未知的部分，例如：「如果……會發生什麼事？」或「假如……？」（French, 2004）。

計畫和預測（Plan and Predict）

French（2004）建議老師示範如何根據問題而計畫，並鼓勵幼兒自己計畫解決問題的步驟。計畫過程中，老師亦可引導幼兒思考執行計畫後可能的結果。

行動和觀察（Act and Observe）

幼兒在行動和觀察中，執行計畫並驗證其預測（French, 2004）。老師可藉由日常生活情境中的現象或事件提出問題，鼓勵幼兒觀察和提出問題，支持幼兒計畫具體解決問題的方法。

報告和反思（Report and Reflect）

透過報告和反思，幼兒將所觀察和思考的內容和其他人分享。French（2004）認為報告有許多種的方式——口頭報告、圖像表徵、圖表呈現、文字紀錄、編兒歌等。然而，科學推理過程不是在報告後就結束了。當老師與幼兒反思他們所學及從結果中提出新問題，此過程會再次展開。此科學過程與 NCTM 和 NAEYC（2010）提出的數學領域資料分析有雷同之處。

圖 3.2　科學推理過程的四項要素

資料來源：French, L. (2004). Science as the center of a coherent, integrated early childhood curriculum. *Early Childhood Research Quarterly, 19*, 138-149; adapted by permission.
圖片設計者：Connie Fitzpatrick

● 社會－情緒能力

Sherry 老師班級中有幾位特殊需求幼兒在社會－情緒能力發展方面有明顯的需求，而她發現有關自我調節和情緒調節的教學，對於其他六位一般幼兒亦有所幫助。Sherry 老師認為幫助幼兒認識自己和他人的情緒是幼兒目前最重要的學習面向；情緒面向的學習有助於其他方面的學習。因此在課程規劃時，Sherry 老師盡可能將社會－情緒能力的學習融入在不同的活動中。舉例而言，Sherry 老師在團討活動時運用布偶，引導幼兒參與討論他們和同儕之間發生的社會互動問題、對事件的感受、對同儕的感受。Sherry 老師也準備了手繪漫畫，引導幼兒以漫畫情境討論如何解決問題。*"Let's Get a Pup!"Said Kate*（Graham, 2003）圖畫書中的情境也可成為引導幼兒討論感受和問題解決方式的文本，或是角色扮演的腳本。例如請幼兒口語表達對於家中寵物過世的感受、角色扮演寵物過世後家人的感傷情緒。幼兒從表達和理解自己的情緒中，亦有機會同理或同情他人的情緒。此部分的課程屬於課程內容檢核表中的社交技巧和友誼領域。

● 自我調節和情緒調節（Self-Regulation and Regulation of Emotions）

老師可藉由建立班級的行為和互動規範，逐步引導幼兒學習自我調節。老師在學期初教導幼兒這些規範，並在教室張貼視覺提示。而老師和幼兒處理某個問題後，有時會增添新的規範。老師可以使用直接教學加上增強策略，引導幼兒學習合宜的社會行為和情緒表達。不同情境中的社會互動經驗，影響幼兒社會行為和情緒調節的學習；幼兒可從班級規範中來學習調整自己的行為。教師往往需要容許幼兒因為自己的行為表現和班級中期待行為的落差而產生像是哭泣、吵鬧的情緒，情緒事件過後，事件的本身可成為和幼兒討論情緒表達和調節的依據。

情緒是社會能力發展的重要基礎。幼兒從情緒的命名，如：喜歡、高興、生氣、難過、傷心、害怕等開始萌發對於情緒的理解。讀寫活動、數學活動、

科學活動都有可能將情緒調節的學習納入當中。情緒調節包括理解和控制二個面向，和個人的特質有關。有些幼兒需要比較長的哭泣時間來調整情緒，有些幼兒興奮的情緒維持時間很長，有些幼兒比其他幼兒容易生氣，而且生氣的時間也比其他幼兒長。

社交技巧和友誼（Social Skills and Friendship）

人際互動的情境是幼兒學習利社會行為（或稱社交技巧）的機會。利社會行為的表現源自於對他人情緒和想法的察言觀色和理解。「同理是一種觀點取替的表現，包含對情緒的回應」（Riley, San Juan, Klinkner, & Ramminger, 2008, p. 53）。幼兒能夠覺察他人的情緒，或是看見情境中他人的需要（例如：需要幫助），這即是正向社會的理解。老師可以藉由日常活動中的事件，運用提問的方法引導幼兒學習同理別人——「剛才安安跑步的時候，摔了一大跤，膝蓋受傷了。你有什麼感覺呢？」圖畫書中的故事也可成為引導幼兒思考和學習觀點取替的文本。

社會性問題解決（Social Problem Solving）

老師可運用社會性問題解決步驟直接教導利社會行為。在 CSS+ 課程架構中所運用的問題解決步驟如下：（1）問題是什麼？（2）我們對問題所知為何？（3）我們可以用什麼方法解決問題？（4）這些方法的結果為何？老師可以直接在班級中強調這些行動步驟、引導幼兒發現問題、鷹架幼兒想出解決方式，並協助幼兒獨立解決問題，這象徵了幼兒能展現自我調節的能力。

● 音樂和美勞（Music and Art）

規劃課程的過程中，Sherry 老師想到像是「王老先生有塊地」有關動物或寵物的兒歌。幼兒熟悉歌曲中的動物，其中模擬動物叫聲的狀聲詞可引發幼兒參與活動的興趣。而一邊唱歌一邊模擬動物的動作，也是幼兒喜歡的活動。Sherry 老師提供幼兒紙盤作為創作動物或家中寵物的素材。

音樂和美勞活動是促進幼兒投入學習和增進幼兒學校準備能力的重要活

動。例如：幼兒和同儕一起唱歌、律動，可增進幼兒社會互動和遵循指令的能力。繪畫和形塑形狀的活動可增強幼兒的數學概念。跟著兒歌節奏打拍子，可以增進幼兒對聲音音節和聲音的熟悉度。兒歌內容若是和社會行為表現有關，則可讓幼兒拉近生活和社會行為之間的關係。而幼兒在參與各種活動中也學會主動學習。

　　教師有意圖地提供幼兒多元的音樂和美勞活動，讓幼兒在多元感官活動中增強學習不同領域的課程內容。例如，Sherry 老師在進行有關社區生態環境和動物的主題活動時，可讓幼兒以肢體律動的方式表現不同動物的行走動作、畫動物的圖畫，或是使用多元素材創作動物。Sherry 老師亦可有意圖地選擇兒歌童謠、故事書來增強和教學目標的連結，以及了解幼兒對概念理解的情形。這些活動可安排在週間重複進行，老師在重複活動中可運用增加活動的複雜性、調整幼兒參與投入的程度、多元表徵（視覺、聽覺、身體動作）的方式來增進幼兒的學習。

　　綜而言之，幼兒從參與藝術活動中增進他們的學習。將美勞和音樂活動融入在課程中，使幼兒有機會以視覺、聽覺、動覺的多元方式表徵他們所習得的知識。音樂和美勞活動可成為增進幼兒不同領域發展能力的教學媒介。

具挑戰性課程內容的範圍

　　Sherry 老師和助理老師發現使用課程內容檢核表有助於檢視課程內容的完整性和統整性，也可以成為不同學習需求幼兒的課程規劃參考。Sherry 老師接下來將針對幼兒的個別化需求進行課程調整，她和兩位助理老師以《學前融合教育課程建構模式》*（*Building Blocks for Teaching Preschoolers with Special Needs,* 2nd ed. ; Sandall & Schwartz, 2008）書中提出的課程調整方法為藍本，設計符合幼兒個別化需求的課程調整方法。

---

* 編註：原書第一版的中文版由盧明、魏淑華、翁巧玲（2008）翻譯，心理出版社出版。

本章介紹課程內容的範圍——讀寫、數學、科學、社會能力及藝術。這些課程領域和小學教育階段的課程範圍有直接的關係（像是數學領域——數和運算、幾何、代數、測量、資料分析和機率），甚至和高中的科學課程有關。第四章將介紹如何進行跨課程領域的統整和順序的安排。

重點摘要

許多因素促使「提供幼兒具有學習挑戰的課程」成為幼兒教育課程發展的趨勢：

- 幼兒園中小班課程須銜接大班至三年級課程，而幼兒園大班至 12 年級已採用各州共同核心標準（CCSS）。
- 早期的語言、讀寫和數學能力會影響幼兒日後的學習成效。
- 具備社會－情緒能力的幼兒能有效地和成人及同儕互動。

當幼教老師了解如何設計不同領域內容的活動，以及留意活動的順序，即能將具挑戰性的內容貫穿在每日作息活動中。另外，老師可結合全方位學習、差異化與個別化之元素，為班級所有幼兒設計具可及性的課程（詳見第五章和第六章）。

指引：教師可使用此表來訂定涵蓋各課程領域的教學週計畫。在活動完成後填寫檢核表來評鑑活動，以及決定是否或何時需要重複或延伸活動。

課程要素	日期及特定使用的要素	在班級的使用情形？	
		可？ 佳？	需要重複、 改寫或重做
語言和讀寫			
符碼本位的早期讀寫能力			
字母知識			
字母字形			
字母名稱			
字母聲音			
字母書寫			
文字覺識			
音韻覺識			
環境中的聲音			
字（詞）			
音節			
押韻			
聲母－韻母			
音素			
語言和著重意義的早期讀寫能力			
語意			
語法			
詞態			
音韻			
語用			
數學			
數和運算			
數的理解			
數數			
數的比較			
辨認數字			
分數			

取自：盧明、劉學融（譯）（2020）。學前融合教育課程架構：以全方位學習（UDL）為基礎支持幼兒成功學習（原作者：Eva M. Horn, Susan B. Palmer, Gretchen D. Butera, & Joan A. Lieber）。新北市：心理。

課程要素	日期及特定使用的要素	在班級的使用情形？	
		可？佳？	需要重複、改寫或重做
數學（續）			
運算的理解			
部分－全體的關係			
代數			
歸類、分類、序列			
型式			
轉換			
幾何			
形狀的特質和屬性			
空間			
測量			
資料分析和機率			
提問			
蒐集、組織和呈現資料			
分析資料			
根據資料做預測			
科學			
物理科學			
生命科學			
地球和太空科學			
機械、科技和應用科學			
社會－情緒能力			
自我調節和情緒調節			
社交技巧和友誼			
社會性問題解決			
藝術			
音樂			
美勞			

取自：盧明、劉學融（譯）（2020）。學前融合教育課程架構：以全方位學習（UDL）為基礎支持幼兒成功學習（原作者：Eva M. Horn, Susan B. Palmer, Gretchen D. Butera, & Joan A. Lieber）。新北市：心理。

具挑戰性課程內容之統整

Eva M. Horn, Joan A. Lieber, Gretchen D. Butera, Jean Kang, and Susan B. Palmer

　　幼教老師在規劃跨領域統整性課程或是統整性活動時，通常會面臨「教什麼」、「如何教」的難題。Hatch（2012）指出，即便幼兒教育領域推崇發展理論和發展合宜教學實務（DAP），幼教老師仍應優先關注幼兒「學什麼」的本質。第二章介紹了落實 CSS+ 課程架構的六項步驟，這些實務操作的步驟適用於不同課程模式的幼兒園。表 4.1 摘要說明此六項步驟。

　　步驟一（發展／確認課程範圍和順序）及步驟二（強化課程的連貫性和統整性）為本章的主要內容。這二步驟和老師思考「教什麼」有關。有哪些重要的知識、主要的概念和技巧需要被教給幼兒，接著思考這些內容的順序如何安排（步驟一）。而這些學習內容須從全人兒童（whole-child）的觀點加以組織（步驟二）。本章引導幼教老師：

- 選定重要的課程內容。
- 確認可在一年內完成的課程內容，並決定發展合宜的教學順序。
- 理解每一個課程領域的教學內容必須在各樣活動、跨活動或例行性活動中加以統整之重要性。
- 運用量身打造、具體操作和貼近生活經驗的活動，在有意義的情境脈絡中呈現具統整性和連貫性的學習內容。

表 4.1 CSS+ 課程規劃步驟

步驟
步驟一：發展╱確認課程範圍和順序。
步驟二：強化課程的連貫性和統整性。
步驟三：發展 UDL 原則的活動計畫以支持所有幼兒的學習。
步驟四：檢視活動計畫以回應幼兒的差異化和個別化需求。
步驟五：連結課程範圍和順序來監測幼兒的進步情形。
步驟六：反思課程活動的實施情形以作為日後課程活動規劃的依據。

🔵 發展╱確認課程範圍和順序

　　幼兒教育課程是大班幼兒幼小銜接和小學低年級課程的基礎。幼兒「學什麼」必須以幼兒連續性發展的觀點來思考，學前階段的學習基礎和日後學校正式學習的成功與否有直接的關係。周全的課程內容著重幼兒全人發展（包括語言和溝通、社會－情緒發展、學習取向、身體動作與健康），並建構讀寫、數學、科學、社會和藝術等領域的知識和技能（參見第三章）。這突顯了學習內容（即：課程內容）的重要性。幼兒對於真實世界的認識和了解——自然界發生的現象、人們的言行，乃是他們日後能否有成功的學業學習的重要指標（Grissmer, Grimm, Aiyer, Murrah, & Steele, 2010）。

　　課程**範圍**和**順序**提供在一段時間內實施課程的藍圖，以及如何架構不同概念的概覽（DEC, 2007）。舉例來說，有關兒童學習閱讀的研究詳列兒童在不同時間點和不同情境中會習得的閱讀知識和技能，小學老師即依據各年級的閱讀成就標準設計閱讀課程（學習範圍），並將閱讀技能依序規劃在課程中（順序）。然而，老師會體認到兒童在各個發展領域或課程領域的知識和技能上的學習歷程其實不盡相同（NAEYC & National Association of Early Childhood Specialists [NAECS] in State Departments of Education [SDE], 2003）。如同小學老師，幼教老師亦須留意避免以單一、僵化的方式規劃課程的順序。課程規劃中學習目標的順序對幼兒的學習很重要（即：先學什麼概念、再學什麼概念）。不同學習範圍和內容順序的重要性有所差異，例如：字母的組合和聲音

是閱讀的先備學習，然而幼兒不需先學會辨認數字，才能夠記錄同學們喜歡的顏色。一般而言，雖然讀寫和數學領域的內容具有清楚的順序性，但是老師仍應在確認課程順序時考慮幼兒的先備經驗和興趣。

自 2000 年代中期之後，陸續有研究指出學前階段的學習和技能發展，是日後學習及學業成就的基礎（Neuman, 2006）。研究者以從研究中所得對幼兒學習的了解，建立了一系列完整、連貫的學習目標（NCTM & NAEYC, 2010; National Early Literacy Panel, 2008; National Institute of Child Health and Human Development [NICHD], 2000; National Research Council [NRC], 2009）。根據上述的學習目標，全美 50 州和六個美國境外領域已發展大班之前幼兒的學習標準（或稱為學習指引），並繼而發展嬰兒與學步兒的學習標準（National Center on Child Care Quality Improvement, 2014）。某些州依據 CCSS 進行跨年齡層學習標準的後續修訂。學習標準／學習指引是幼教老師發展課程的重要工具，亦是檢視課程範圍和順序的重要依據。

幼教老師執行 CSS+ 課程架構步驟一時，應思考下列的基本問題：哪些課程領域或次領域是課程的範圍？這些課程領域和次領域的年齡和發展合宜順序為何？老師在思考和回應問題的過程中，也需要思考：

- 學習領域的重要性和相關性。
- 學習標準／學習成果彼此之間的關聯。
- 學習內容和技能的建議教學順序。
- 特定學習內容和技能的學習機會和／或教學時數。

● 何處開始著手？

了解和掌握課程指引以及課程期望，是老師著手規劃課程範圍與內容的首要工作。以啟蒙方案班級的老師來說，除了要了解國家級課程指引的內涵，亦須掌握啟蒙方案課程的元素和內容。幼教老師的專業責任即是「了解任教幼兒園的教育目標為何，以及如何透過課程達成目標」（NAEYC, 2009, p. 18）。而公立幼兒園和社區本位幼兒園的老師除了需要了解州級的嬰幼兒學習標準之外，也須結合國家級專業組織所訂的標準來決定課程範圍與幼兒學習的順序。

不同課程模式之下，老師著手規劃課程的起始點可能會有所不同。以下分別根據三種課程模式說明規劃課程的步驟（參見表 4.2）。

綜合性課程（Comprehensive Curriculum）

許多公立幼兒園和啟蒙方案使用綜合性課程（Early et al., 2005; Zill, Sorongon, Kim, Clark, & Woolverton, 2006），如：《高瞻學前課程》（*High Scope Preschool Curriculum*; Epstein & Hohmann, 2009）、《學前創造性課程》（*Creative Curriculum for Preschool*; Dodge et al., 2010）、《心靈幫手》（*Tools of the Mind*; Bodrova & Leong, 2007）。綜合性課程強調幼兒全人發展，以及全面性課程領域——數學、讀寫、科學、社會、藝術。使用綜合性課程的老師，規劃課程時應著重於確認課程涵蓋所有發展領域和課程領域（參見表 4.2）。

多元的焦點性課程（Multiple, Focused Curricula）

某些幼兒園選用以特定領域為主的課程，例如：讀寫課程（如：*Opening the World of Learning*; Schickedanz & Dickinson, 2005）、數學課程（如：*Building Blocks*; Clements & Sarama, 2007）、社會－情緒課程（如：*Second Step*; Committee for Children, 1991）。焦點性課程以單一課程領域為主，提供老師在此領域中幼兒學習該領域技能的細節，以及將技能學習分為小單位進行教學的策略。老師除了對焦點性課程內容和幼兒學習順序的了解之外，亦須思考需要增加哪些發展領域或是課程領域（參見表 4.2）。

一般取向的幼兒教育課程（General Approach to Early Childhood Education）

一般取向的幼兒教育課程指的是以幼兒學習和發展為基礎的課程，像是發展合宜教學實務（DAP）取向、方案（課程）取向、萌發課程或是應用行為分析取向。這些課程提供老師課程的方向和原則，但並未提供具體的課程內容、範圍和順序。舉例來說，發展合宜教學實務取向強調全人發展，而詳細的課程內容和範圍並未在指引中陳述。應用行為分析取向強調幼兒的行為和技能學習，必須和他們生活環境有關且具有功能性意義。運用應用行為分析取向來規劃課程的老師應尋求相關資源來協助訂定適切的學習範圍（目標、學習成果或學習指標）及達成預期學習成果的教學順序。許多幼兒教育課程內容都會參照州級嬰幼兒學習標準、國家級專業組織標準或是各發展領域的發展任務順序。

表 4.2 確認課程範圍和順序檢核表

起始點 1：綜合性課程

1. 確認此課程取向之幼兒學習理論觀點及其與幼兒園教育目標的符合程度。
2. 確認課程領域與／或發展領域。
3. 確認課程領域與／或發展領域的適用年齡層。
4. 確認每一個課程領域與／或發展領域的範圍（目標、學習成果或指標）和順序（一般性的學習順序）。
5. 確認有沒有未被強調的課程領域與／或發展領域，若是有則：
   • 決定是否需增加。
   • 確認其範圍和順序的來源（如：專業組織的標準）。
6. 確認課程範圍和順序（包括在步驟 5 新增的範圍和順序）符合州級嬰幼兒學習標準及課程期望。

起始點 2：焦點性課程（採用多套焦點性課程）

1. 確認每一個焦點性課程：
   • 其採用的幼兒學習理論觀點。
   • 其與幼兒園教育目標的符合程度。
2. 確認每一個焦點性課程：
   • 課程領域與／或發展領域。
   • 課程領域與／或發展領域的適用年齡層。
   • 課程領域與／或發展領域的範圍（目標、學習成果或指標）和順序（一般性的學習順序）。
3. 確認有沒有未被強調的課程領域與／或發展領域，若是有則：
   • 決定是否需增加。
   • 確認其範圍和順序的來源（如：專業組織的標準）。
4. 確認課程範圍和順序（包括在步驟 3 新增的範圍和順序）符合州級嬰幼兒學習標準及課程期望。

起始點 3：一般取向的幼兒教育課程（如：發展合宜教學實務 [DAP]、發展互動取向——河濱街、建構主義、方案取向、萌發課程、應用行為分析）

1. 確認此課程取向之幼兒學習理論觀點。
2. 確認課程領域與／或發展領域的來源（如：專業組織標準、發展順序、嬰幼兒學習標準）。
3. 確認每一個課程領域與／或發展領域的範圍（利用之前的資源來確認目標、學習成果或指標）和順序（一般性的學習順序）。
4. 確認有沒有未被強調的課程領域與／或發展領域，若是有則：
   • 決定是否需增加。
   • 確認其範圍和順序的來源（如：專業組織的標準）。
5. 確認課程範圍和順序（包括在步驟 4 新增的範圍和順序）符合州級嬰幼兒學習標準及課程期望。

教師在規劃一般取向幼兒教育課程範圍和順序時可參考表 4.2 的步驟。

　　具有挑戰性的課程對於幼兒，包括特殊需求幼兒的學習而言甚為重要，幼教老師不論選擇何種取向的課程，都需顧及幼兒的全面性發展和學習，提供所有幼兒統整性、有學習挑戰的課程。

強化課程的連貫性和統整性

　　檢視幼兒園或學校行事曆和班級活動安排是規劃課程的第一項事務。老師根據幼兒園或學校行事曆規劃、調整計畫性的教學活動，以確定課程與學習活動的連貫性：

- 確認課程範圍重要的領域和次領域。
- 計畫跨時間的課程順序。
- 依課程順序安排合宜的重複性活動。
- 建立嚴謹節奏、高期望的課程執行基礎。

　　研究顯示，連貫性和統整性課程能使幼兒獲得最佳的學習（Bransford, Brown, & Cocking, 2000）。連貫性和統整性強調幼兒的先備經驗是後續學習經驗的一部分；部分的經驗對幼兒而言並非有意義的學習經驗。將主題或單元活動以連貫性和統整性取向加以組織，幼兒更有機會從活動中發現學習的興趣或動機，也可增進幼兒參與活動的程度或學習探究的深度（Drake & Burns, 2004）。

連貫性

　　透過多元的連貫性活動，幼兒可有較長的時間加深概念的探究。連貫性課程的每日活動是以前一天的活動為基礎，並且作為後一天活動的基礎。然而老師經常會忽略課程的連貫性。舉例來說，老師預定每週介紹一個英文字母，其中一天讓幼兒探索與鳥類（birds）相關的書籍和素材、另一天用香蕉（bananas）做點心，還有一天用音樂鐘（bells）演奏。雖然每個活動都符合幼兒的發展，而且幼兒也樂在其中，但幼兒在這些活動中的共通學習卻只有字

母 B 而已（Conezio & French, 2002）。老師可使用教室評量系統（*Classroom Assessment Scoring System*®, CLASS®）的觀察量表檢視概念和活動彼此之間的連貫性（Pianta, La Paro, & Hamre, 2008, p. 67），以增進幼兒學習經驗的連貫性和統整性。

幼教老師和幼兒共同萌發主題時，可以選擇較能讓幼兒深入探究概念的主題，這樣在主題之下較有發展多元、有挑戰性、含括重要概念活動的學習機會（Copple, 2012）。想想以玩具熊（如：泰迪熊）和活生生的熊（如：台灣黑熊）為主題的差別（Bredekamp, 2014），雖然幼兒可能很喜歡泰迪熊，但是台灣黑熊的主題較具探究的深度和廣度。

統整性

課程的統整性是指「在領域內或跨領域中統整幼兒的學習」（NAEYC, 2009, p. 21）。統整性課程強調幼兒的學習同時發生在多元學習領域和課程內容中（Schickedanz, 2008）。例如：閱讀有關情緒或友誼的圖畫書，其中包含讀寫和社會－情緒的學習。研究顯示科學和讀寫教學的整合性活動，可增進幼兒對科學活動的興趣（Diamond et al., 2013）。幼兒的學習特質傾向在有意義的統整性活動中了解概念和學習技能。「統整性課程強調幼兒在教育環境中的學習經驗必須和他們的生活有關，包括教室內和教室外的學習經驗」（New, 2005, p. 1）。

許多幼兒園的班級課程內容偶爾會出現令人擔憂的分割現象（參見第二章），原因可能是幼教老師曾有分科學習經驗，因而以小學、中學學科領域的分科方式進行教學，尤其是數學、科學、讀寫領域的教學最常以分科的方式進行。另外也有可能是老師將一連串的活動視為課程（如：晨圈活動、學習區活動），而非以課程內容和教學來思考課程發展。這兩種教學觀點有違幼兒的學習方式。研究已經告訴我們，幼兒的學習要連結他們的先備知識或經驗，才會有最佳的學習成效。雖然從發展的觀點來看，幼兒的學習會依循發展階段和順序，然而知識或是複雜技能仍需透過在具有挑戰性課程中連貫性、統整性的學習經驗而逐漸發展和建構。統整性課程的觀點並不容易落實於教學實務，但是研究結果顯示其重要性不容忽視，亦是政策訂定者所認同的教育價值

（NAEYC & NAECS/SDE, 2003）。

● CSS+ 課程示例

　　CSS+ 課程架構主要依據兩套焦點性課程：科學（*ScienceStart!*; French & Conezio, 2015）、社會－情緒領域（*Incredible Years*; Webster-Stratton, 2001）。這兩套課程的成效均獲研究證實，且課程單元之間具有連貫性，幼兒所學的知識概念和技能會逐漸加深。這兩套課程均涵蓋中小班幼兒的學習內容，並詳列課程領域的範圍和順序。在確認表 4.2 起始點 2 的第 1 點及第 2 點後，我們繼續檢核第 3 點。亦即，我們尋索資源以選用合宜的讀寫、溝通和數學課程內容。我們參考專業組織的標準和研究本位的資訊，來確認讀寫、溝通和數學課程內容的範圍和順序（參閱第三章之詳細說明）。接著檢核第 4 點，我們使用對照表來確認課程內容的範圍和順序符合州級嬰幼兒學習標準。

　　完成步驟一：發展／確認課程範圍和順序，則進入步驟二來設計連貫性和統整性的活動。本書作者決定選擇幼兒園常用的主題為示例：上學了、這就是我、探索我們的世界、我們的社區；並決定每一個主題的次主題。課程發展歷程中，我們確認要嵌入各主題的學習成果，並確認所有領域和內容皆充分著墨（參見表 4.3）。我們接著決定課程將為期多久，並開始發展活動。

● CSS+ 課程架構活動計畫表之介紹

　　附件 4A 為 CSS+ 課程架構活動計畫表的空白表格（參見第 59-60 頁）。活動計畫內容由一系列活動所組成：一個大團體活動、二個讀寫活動（閱讀、音韻覺識、字母知識）、二個小組活動（其中一個小組活動延伸自大團體活動，另一個小組活動則以數學為焦點內容）。每一個活動分別安排在一個時段或某一天中進行。附件 4B 以「這就是我」的主題、「居住和學習的地方」的次主題為例，說明如何使用活動計畫表。活動計畫表的內容包括課程目標、教學所需的素材與器材、重要語詞、活動歷程描述。填寫其餘欄位時，可參考後續章節內容：第五章介紹融合教育情境中 UDL 策略的運用；第六章說明差異化教學和嵌入式學習機會的運用；第七章介紹如何監測幼兒的學習進步情形。

表 4.3 CSS+ 課程架構主題課程規劃

主題	次主題	嵌入主題的學習成果	領域
上學了	我們的朋友 我們的教室 班級規範 聆聽的技巧 專注力 遵循指令	介紹和認識朋友的社交技巧 對於班級規範的自我調節、幫助他人、聆聽與等待、遵循指令	社會－情緒 語言和讀寫
這就是我	情感探索 我家和你家 生日	數學和科學：測量；圖示生日日期、家庭型態、幼兒身高；比較不同大小和味道的蘋果；測量幼兒跳躍的距離；判斷教室空間大小 社會－情緒：有關情感、文化覺知的學習	語言和讀寫 社會－情緒 數學 科學 社會 藝術 物理科學
探索我們的世界	建築工地 交通工具 天氣 社區中幫助我們的人	數學和科學：使用積木和其他素材來建構、測量、使用工具、探究天氣現象、認識物質形態——固體、液體、氣體 社會－情緒：解決社會性問題	語言和讀寫 社會－情緒 數學 科學 社會 藝術 物理科學
我們的社區	生物 植物 昆蟲 鳥 魚 哺乳類	科學：探索生物、愛護地球 數學：學習五個數學領域 讀寫：學習英文 26 個字母和聲音	語言和讀寫 社會－情緒 數學 科學 藝術 物理科學

重點摘要

　　CSS+ 課程架構之步驟一、步驟二提供老師規劃連貫性課程時循序漸進的參考步驟。

　　步驟一：發展／確認課程範圍和順序。

- 摘述重要的課程內容。
- 尋索課程內容範圍的參考來源，例如：課程指引和州級嬰幼兒學習標準。

　　步驟二：強化課程的連貫性和統整性。

- 決定在年度內完成的課程內容。各領域的要素則可參考嬰幼兒學習指標。
- 如果沒有建議的課程順序，需確認現有課程和主題指引的教材順序。
- 以連貫性和統整性為原則，組織幼兒有興趣、對他們有意義、和主題有關的學習活動。

　　CSS+ 課程架構主要是為融合情境中所有幼兒的學習而設計，並且在專業合作（參見第十章）和家長－專業人員夥伴關係（參見第十一章）的基礎上，於課程中實踐 UDL 原則（參見第五章）、依據幼兒的個別需求提供差異化和個別化的支持（參見第六章），以及監測幼兒的進步情形（參見第七章）。

活動名稱

課程目標／學習標準

學習成果

素材與器材

重要語詞

活動內容

（詳述活動內容，強調如何透過師生互動行為的順序安排來支持幼兒主動投入活動。提供活動細節，作為班級的助理老師或代理老師等人實施課程之參考。）

取自：盧明、劉學融（譯）（2020）。學前融合教育課程架構：以全方位學習（UDL）為基礎支持幼兒成功學習（原作者：Eva M. Horn, Susan B. Palmer, Gretchen D. Butera, & Joan A. Lieber）。新北市：心理。

適合全體幼兒的 UDL 重點

（列出實踐 UDL 原則的特定策略。）

1. 表徵方式

2. 參與方式

3. 表達方式

適合個別幼兒的差異化重點

（依據幼兒參與活動時所需的支持，選擇合適的差異化策略，如：環境支持、素材調整、活動簡化、幼兒喜好、特殊器材、成人支持、同儕支持、隱性支持。簡述如何運用策略支持幼兒。）

適合個別幼兒的嵌入式學習機會（ELOs）

（列出嵌入活動的個別化教學目標。簡述如何依據 ELO 概覽表，將個別幼兒的學習目標嵌入在活動中。）

監測進步情形的機會

（針對進步情形監測工具中的特定技能／目標，找出適合蒐集幼兒學習表現資料的時機。簡述如何蒐集資料。）

取自：盧明、劉學融（譯）（2020）。學前融合教育課程架構：以全方位學習（UDL）為基礎支持幼兒成功學習（原作者：Eva M. Horn, Susan B. Palmer, Gretchen D. Butera, & Joan A. Lieber）。新北市：心理。

系列活動範例：
這就是我

- 主　　題：這就是我
- 次 主 題：居住和學習的地方
- 主要語詞：家庭、家人姓名
- 主要字母：字母 S（第四天）
- 活動素材：(1) 家庭照片；(2) 書籍：《家庭》（*Families*; Morris, 2000）；(3) 男人、女人、小孩、寵物的圖片，或是幼兒的家人、寵物照片；(4) 各色的生日蠟燭；(5) 紙盤；(6) 幼兒和蠟燭與生日蛋糕的合照

課程計畫包含：

- **大團體活動**：製作家庭圖表
- **讀寫活動 1**：閱讀——第一次閱讀《家庭》（Morris, 2000）
- **讀寫活動 2**：押韻和字母覺識（字母 S）（第四天）
- **小組活動 1**：介紹我們的家庭
- **小組活動 2**：數數家裡有幾個人

活動出處：Center on the Social and Emotional Foundations for Early Learning (2013), ScienceStart! (2008), and The Incredible Years (2003).

活動名稱

製作家庭圖表

課程目標／學習標準

M.MD.p4.4：依類別蒐集資料回答簡單問題。（堪薩斯州嬰幼兒學習標準；Kansas State Department of Education, 2014）

學習成果

幼兒會製作家庭圖表。

素材與器材

- 家庭照片、大張的紙、彩色筆
- 活動準備：製作班級老師（可包括助理老師）的家庭圖表

重要語詞

家庭、媽媽、爸爸、祖母（外婆）、祖父（外公）、姊姊（妹妹）、哥哥（弟弟）、姑姑（阿姨）、叔叔（舅舅）、堂（表）兄弟姊妹、寵物、一樣、不一樣

活動內容

（詳述活動內容，強調如何透過師生互動行為的順序安排來支持幼兒主動投入活動。提供活動細節，作為班級的助理老師或代理老師等人實施課程之參考。）

1. 反思和提問

   問問幼兒有關家庭的想法，將幼兒所說的繪製成以「家庭」為中心的網狀圖。問問幼兒家庭中有哪些人。討論家庭活動有哪些，強調家庭的多元性。

2. 計畫和預測

   問問幼兒想要如何呈現家人。可以用圖表的方式呈現嗎？圖表呈現的方式可能是什麼樣子？展示預先以家人照片製作的家庭圖表。和幼兒討論如何閱讀圖表。提示幼兒利用他們的家庭訊息在小組中製作家庭圖表。

適合全體幼兒的 UDL 重點

（列出實踐 UDL 原則的特定策略。）

1. 表徵方式
   - 以口語說明、動作示範和步驟圖示的方式呈現活動步驟。
   - 討論預測並以圖或表記錄。
   - 提供圖示的視覺提示並討論其內容。

2. 參與方式
   - 使用問答技巧引導幼兒投入活動。
   - 連結幼兒的經驗。
   - 記錄幼兒的回應以確認其參與情形。

3. 表達方式
   - 讓幼兒齊聲回應和個別回應，利用口語和肢體回應。
   - 停頓或延長時間，讓幼兒有更多時間構思其回應。
   - 讓某些幼兒在同儕回答之後接著回答，以獲得同儕示範。
   - 讓幼兒有選擇的機會。

適合個別幼兒的差異化重點

（依據幼兒參與活動時所需的支持，選擇合適的差異化策略，如：環境支持、素材調整、活動簡化、幼兒喜好、特殊器材、成人支持、同儕支持、隱性支持。簡述如何運用策略支持幼兒。）

適合個別幼兒的嵌入式學習機會（ELOs）

（列出嵌入活動的個別化教學目標。簡述如何依據 ELO 概覽表，將個別幼兒的學習目標嵌入在活動中。）

（參閱第六章的指引和示例。）

監測進步情形的機會

（針對進步情形監測工具中的特定技能／目標，找出適合蒐集幼兒學習表現資料的時機。簡述如何蒐集資料。）

列表描述每位幼兒了解整理（組織）和分類訊息的現況能力。將評量資料轉化至進步情形監測工具。

活動名稱
閱讀——第一次閱讀《家庭》（Morris, 2000）

課程目標／學習標準
CL.SL.p4.2：提問和回答與重要細節有關的推理問題（如：為什麼、如何）並釐清尚未清楚了解的內容，藉以確認自己了解朗讀出的文本內容或口語訊息；CL.F.p3.2a：分辨聲音的相同和不同（如：環境聲音、動物聲音、音素）；CL.SL.p4.5：在成人提示和支持下，嘗試使用自己在對話、閱讀、聽故事和回應文本時所學到的新語詞和片語。（堪薩斯州嬰幼兒學習標準；Kansas State Department of Education, 2014）

學習成果
幼兒能辨識不同家庭的照片，討論家庭組成成員，以及家庭的特別之處。

素材與器材
《家庭》（Morris, 2000）

重要語詞
家庭、照片、親戚

活動內容
（詳述活動內容，強調如何透過師生互動行為的順序安排來支持幼兒主動投入活動。提供活動細節，作為班級的助理老師或代理老師等人實施課程之參考。）

1. 書籍介紹
   a. 介紹書中的主要概念。家庭是由一群彼此相愛和關心的人所組成。家庭有許多不一樣的型態。
   b. 介紹封面、封底、書名和精選內頁。數數封面、封底中家庭照片裡的人數，討論每個家庭所做的事。強調每個家庭的成員看起來不一樣，會一起做的事也不一樣，但是家庭都是由一群彼此相愛和關心的人所組成。
   c. 提示重要語詞。讓幼兒分享家庭成員。解釋書中每個家庭會一起做的事不同。

2. 閱讀過程
   a. 支持幼兒學習詞彙。強調每個家庭的成員看起來不一樣，會一起做的事也不一樣，但是家庭都是由一群彼此相愛和關心的人所組成。
   b. 支持幼兒理解／延伸幼兒的理解。指著書中的圖問幼兒這個家庭在做什麼？數數有幾位家人？問問幼兒有沒有和家人一起做過類似的活動（如：種樹、烹飪、去公園）。

3. 閱讀後提問
   a. 回顧書中的主要概念。問問幼兒記得書中哪些家庭活動。讓幼兒分享他們喜歡和家人一起做的事情。
   b. 問問幼兒「為什麼」和「如何」的問題使幼兒延伸思考：為什麼家庭很重要？為什麼每個家庭看起來不一樣？為什麼家人喜歡一起做事情？

4. 字母／音韻覺識
   讓幼兒想想不同書頁上的照片可能出現哪些聲音？例如：第 II 頁中家人彈奏樂器會是什麼聲音？讓幼兒一起模擬這些聲音。

適合全體幼兒的 UDL 重點

（列出實踐 UDL 原則的特定策略。）

1. 表徵方式
   • 重述故事時運用照片、口語解釋和指出語詞。
2. 參與方式
   • 讓幼兒齊聲回應和個別回答。
3. 表達方式
   • 讓幼兒齊聲回應和個別回答。

適合個別幼兒的差異化重點

（依據幼兒參與活動時所需的支持，選擇合適的差異化策略，如：環境支持、素材調整、活動簡化、幼兒喜好、特殊器材、成人支持、同儕支持、隱性支持。簡述如何運用策略支持幼兒。）

（參閱第六章的指引和示例。）

適合個別幼兒的嵌入式學習機會（ELOs）

（列出嵌入活動的個別化教學目標。簡述如何依據 ELO 概覽表，將個別幼兒的學習目標嵌入在活動中。）

（參閱第六章的指引和示例。）

監測進步情形的機會

（針對進步情形監測工具中的特定技能／目標，找出適合蒐集幼兒學習表現資料的時機。簡述如何蒐集資料。）

列表記錄每位幼兒對於理解性問題的回應程度。將評量資料轉化至進步情形監測工具。

活動名稱

押韻和字母覺識（字母 S）（第四天）

課程目標／學習標準

CL.F.p4.2a：辨識和發出押韻的字音。CL.F.p3.1c：辨識名字中的字母。（堪薩斯州嬰幼兒學習標準；Kansas State Department of Education, 2014）

學習成果

幼兒學會一首押韻的詩及會寫字母 S。

素材與器材

壁報紙或白板；名叫 Itchy 的毛毛蟲手偶；字母 S 的大張字母卡和書寫學習單

重要語詞

家庭、押韻

活動內容

（詳述活動內容，強調如何透過師生互動行為的順序安排來支持幼兒主動投入活動。提供活動細節，作為班級的助理老師或代理老師等人實施課程之參考。）

1. 介紹

告知幼兒，大家要一起學一首有關家庭的童詩，Itchy 會幫忙大家一起學習字母 S。

2. 音韻覺識

提示幼兒今天的討論和家庭有關。邀請幼兒一起唸童詩並表現肢體動作。

Some families are large（張開雙臂）

Some families are small（合起雙臂）

But I love my family（交叉雙臂）

Best of all

重複活動。請幼兒一起唸出 small 和 all，並說明這兩個字的尾音相同，代表它們有押韻。接著在壁報紙或白板上寫 families，讓幼兒從中找出本週學過的字母。大家一起再唸一次童詩。

3. 字母覺識

邀請 Itchy 加入活動，請 Itchy 提示幼兒唸出字母卡上的字母 S，並輔以口語和動作提示，請幼兒一起舉起手空書字母 S，之後在學習單上練習寫字母 S。

4. 回顧

讚美幼兒一起唸出童詩和練習寫字母 S。

適合全體幼兒的 UDL 重點

（列出實踐 UDL 原則的特定策略。）

1. 表徵方式

- 使用圖片、字母卡和口語方式增強聲音和符號的連結。

2. 參與方式

- 唸出童詩並表演出來。
- 運用手偶呈現字母。

3. 表達方式

- 讓幼兒齊聲回應和個別回應。
- 讓某些幼兒在同儕回答之後接著回答，以獲得同儕示範。

適合個別幼兒的差異化重點

（依據幼兒參與活動時所需的支持，選擇合適的差異化策略，如：環境支持、素材調整、活動簡化、幼兒喜好、特殊器材、成人支持、同儕支持、隱性支持。簡述如何運用策略支持幼兒。）

（參閱第六章的指引和示例。）

適合個別幼兒的嵌入式學習機會（ELOs）

（列出嵌入活動的個別化教學目標。簡述如何依據 ELO 概覽表，將個別幼兒的學習目標嵌入在活動中。）

（參閱第六章的指引和示例。）

監測進步情形的機會

（針對進步情形監測工具中的特定技能／目標，找出適合蒐集幼兒學習表現資料的時機。簡述如何蒐集資料。）

列表記錄每位幼兒書寫和命名字母的學習表現。將評量資料轉化至進步情形監測工具。

活動名稱

介紹我們的家庭

課程目標／學習標準

M.MD.p4.4：依類別蒐集資料回答簡單問題。（堪薩斯州嬰幼兒學習標準；Kansas State Department of Education, 2014）

學習成果

幼兒會製作家庭圖表。

素材與器材

- 每位幼兒一張大紙，膠帶或膠水，男人、女人、小孩、寵物的圖片或是幼兒的家人、寵物照片。
- 活動準備：盡量以電腦圖庫或手繪的圖像為素材，避免使用從雜誌裡剪下的圖片。若決定使用幼兒的家庭照片，則需事先蒐集。

重要語詞

家庭、一樣、不一樣

活動內容

（詳述活動內容，強調如何透過師生互動行為的順序安排來支持幼兒主動投入活動。提供活動細節，作為班級的助理老師或代理老師等人實施課程之參考。）

1. 計畫和預測

　和幼兒聊聊家人和寵物。一面聊、一面請幼兒選擇家人和寵物的圖片。

2. 行動和觀察

　讓幼兒將圖片黏貼製作自己的家庭圖表。

適合全體幼兒的 UDL 重點

（列出實踐 UDL 原則的特定策略。）

1. 表徵方式
   - 以口語說明、動作示範和步驟圖示的方式呈現活動步驟。
2. 參與方式
   - 讓幼兒主動使用圖卡。
   - 連結幼兒的經驗。
   - 讓幼兒有選擇的機會。
3. 表達方式
   - 讓幼兒以指認的方式回應並跟隨老師的示範齊聲回應。

適合個別幼兒的差異化重點

（依據幼兒參與活動時所需的支持，選擇合適的差異化策略，如：環境支持、素材調整、活動簡化、幼兒喜好、特殊器材、成人支持、同儕支持、隱性支持。簡述如何運用策略支持幼兒。）

（參閱第六章的指引和示例。）

適合個別幼兒的嵌入式學習機會（ELOs）

（列出嵌入活動的個別化教學目標。簡述如何依據 ELO 概覽表，將個別幼兒的學習目標嵌入在活動中。）

（參閱第六章的指引和示例。）

監測進步情形的機會

（針對進步情形監測工具中的特定技能／目標，找出適合蒐集幼兒學習表現資料的時機。簡述如何蒐集資料。）

列表記錄幼兒的理解情形。將評量資料轉化至進步情形監測工具。

活動名稱

數數家裡有幾個人

課程目標／學習標準

M.CC.p3.1：從 1 數到 10。（堪薩斯州嬰幼兒學習標準；Kansas State Department of Education, 2014）

學習成果

幼兒會按順序數數。

素材與器材

家庭照片或圖片、數字卡 1 到 5

重要語詞

數數、數字

活動內容

（詳述活動內容，強調如何透過師生互動行為的順序安排來支持幼兒主動投入活動。提供活動細節，作為班級的助理老師或代理老師等人實施課程之參考。）

1. 展示幼兒的家庭圖表。
2. 比較兩個家庭圖表一樣和不一樣之處。
3. 數數看每位幼兒家中手足和寵物的數量，並用數字記錄。
4. 製作小組幼兒家中手足和寵物的數量圖表。

適合全體幼兒的 UDL 重點

（列出實踐 UDL 原則的特定策略。）

1. 表徵方式
   - 以口語說明、動作示範和步驟圖示的方式呈現活動步驟。

2. 參與方式
   - 讓幼兒主動使用圖卡。

3. 表達方式
   - 讓幼兒以指認的方式回應並跟隨老師示範齊聲回應。

適合個別幼兒的差異化重點

（依據幼兒參與活動時所需的支持，選擇合適的差異化策略，如：環境支持、素材調整、活動簡化、幼兒喜好、特殊器材、成人支持、同儕支持、隱性支持。簡述如何運用策略支持幼兒。）

（參閱第六章的指引和示例。）

適合個別幼兒的嵌入式學習機會（ELOs）

（列出嵌入活動的個別化教學目標。簡述如何依據 ELO 概覽表，將個別幼兒的學習目標嵌入在活動中。）

（參閱第六章的指引和示例。）

監測進步情形的機會

（針對進步情形監測工具中的特定技能／目標，找出適合蒐集幼兒學習表現資料的時機。簡述如何蒐集資料。）

列表記錄幼兒數數的表現。將評量資料轉化至進步情形監測工具。

學前融合教育課程架構

全方位學習之基礎

Eva M. Horn, Jean Kang, Audra Classen, and Susan B. Palmer

　　Kevin 老師 6 月結束假期回學校後，參加了州級幼兒教育研討會。他對於會議討論重點——全方位學習（UDL）原則深感興趣，也認為這些重要原則、重要元素應運用於課程規劃開始之時。因此 Kevin 老師決定在新學年度的課程規劃中加入 UDL 的元素。過去三年，Kevin 老師和其他幼兒園的老師們固定在暑假一起討論和反思實施過的課程，並確定課程範圍和教學順序符合州級嬰幼兒學習標準。另外，老師們也會根據新的課程資源和課程標準來增修課程。舉例而言，前一年老師們依據學區的大班至小學三年級的數學課程，修訂了部分數學領域的課程範圍和教學順序。後續調整前一年各領域和科學主題的統整性活動。Kevin 老師打算和其他老師們分享與討論如何在課程規劃歷程中運用 UDL 原則——表徵、參與及表達，以支持幼兒參與課程活動並能達成課程學習目標。

　　本章將引導幼教老師進入課程規劃第三步驟（參見表 5.1）。步驟三主要強調如何運用 UDL 的原則，規劃幼兒參與課程的機會，以使幼兒在有意義的學習中逐漸達成具挑戰性課程的學習成效。本章闡明 UDL 的關鍵原則並提供規劃課程的工具，以協助幼教老師

- 了解幼兒教育課程規劃強調 UDL 原則的原因。
- 了解 UDL 之主要元素及其如何支持幼兒的學習。
- 了解如何在課程活動中有系統地規劃和強調 UDL 主要元素。

表 5.1 CSS+ 課程規劃步驟

步驟
步驟一：發展／確認課程範圍和順序。
步驟二：強化課程的連貫性和統整性。
步驟三：發展 UDL 原則的活動計畫以支持所有幼兒的學習。
步驟四：檢視活動計畫以回應幼兒的差異化和個別化需求。
步驟五：連結課程範圍和順序來監測幼兒的進步情形。
步驟六：反思課程活動的實施情形以作為日後課程活動規劃的依據。

全方位學習（UDL）在幼兒教育的重要性

研究顯示，優質的幼兒教育可增進幼兒獲得較佳的學習成果（Barnett, Carolan, Squires, Clarke-Brown, & Horowitz, 2015）。教師提供幼兒發展合宜的適性教學，亦是支持所有幼兒能夠成功學習和達成學習標準的重要條件。現今的幼兒教育工作者面臨在族群、語言、經濟的多元家庭背景和多元能力差異的幼兒，雖然多元性可豐富教育情境，但也是教師專業知能的挑戰。UDL 可成為教師回應和滿足各式學習需求的重要工具。

UDL 的理念源自於通用設計（universal design），亦即所有產品、建物和空間在不需要改變的情形下，讓使用者有最大可能的使用（Mace, Hardie, & Place, 1996）。通用設計的理念強調在設計之先就必須考慮多元使用者的需求，而非在產出（產品、建物、空間）後才進行改變或調整。例如新建社區公園的設計討論發想過程中，即應考慮所有社區居民使用遊具、座椅、步道等的可及性，並非等到公園建設完成後再調整設施。

UDL 將通用設計的核心概念延伸應用於學習環境和課程的設計，教師在開始規劃學習環境和課程時，即須將多元差異的學習者需求列入考慮。所有幼兒在學習歷程中都可透過多元方式使用資源和素材；參與投入學習活動；展現所學；表達想法、感受和喜好（Karger, 2005）。若教師於環境和課程規劃之初即運用 UDL 的原則，可更周全地回應幼兒的學習需求，也可降低在教

學過程中改變或調整環境和課程的頻率。在 UDL 的基礎之上，幼教老師可滿足全班幼兒的當前需求，包括個別幼兒的特定和獨特需求（Horn & Banerjee, 2009）。

● UDL 的主要元素

UDL 的主要元素包括三項原則：（1）多元表徵——提供學習者獲得資訊和內容的多元方式；（2）多元參與——提供學習者獲得和維持學習興趣的多元方式；（3）多元表達——提供學習者表達所學的多元方式（CAST, 2009）。UDL 原則提供老師設計包含獲得課程內容、幼兒專注和主動參與、讓幼兒以多種方式表達所學所知的學習機會（Conn-Powers et al., 2006）。老師運用此三項原則的同時，亦須連結有意圖的教學策略以增進幼兒主動的學習。

表徵方式（Means of Representation）

多元表徵與「學什麼」有關（Rose & Meyer, 2006），老師如何引導幼兒學習是此原則的焦點。幼兒透過不同的方式了解學習的資訊和內容，有些幼兒比較屬於視覺型學習，有些偏向聽覺型學習或是操作型學習，也有幼兒屬於運用以上三種型態的混合型學習。幼兒的學習特質以具體操作為主，學習過程中需要多元的實例幫助他們了解概念（Clements, 1999）。多元表徵原則又可分為多元的溝通形式與多層次的鷹架（Conn-Powers et al., 2006）。相關細節請參閱附件 5A（參見第 85-86 頁）。

運用多元的溝通形式　Kevin 老師和同事們以聽覺、視覺、觸覺多感官方式呈現訊息，以支持不同學習取向的幼兒進行學習。例如：老師說明工作或活動時，以流程圖配合口語的說明，也讓幼兒拿拿看、用用看工作或活動中需使用的工具。

呈現不同複雜程度的內容　由於幼兒有著不同的先備經驗和知識，老師必須適切回應每位幼兒的理解程度。老師可運用敘說語詞、稍停頓後解釋語詞、重複說明重要概念，以及將溝通訊息分為小段落或部分內容、步驟等教學策略進行多層次鷹架的教學。舉例來說，老師可將工作分為小步驟，以口語說明加

上示範讓幼兒學習如何完成工作。老師在讀圖畫書活動中，運用事先準備的語詞圖卡，輔助幼兒在故事中更加理解語詞的意義。小段落的溝通訊息呈現可幫助幼兒掌握工作或活動的步驟，例如：（1）選一張喜歡的色紙；（2）選自己名字的第一個字母；（3）用膠水把第一個字母貼在色紙上；（4）再選名字的第二個字母貼在色紙上等步驟。

參與方式（Means of Engagement）

參與方式通常指的是學習過程中的「為什麼」（Rose & Meyer, 2006）。老師需要思考幼兒為什麼想參與活動、為什麼想探索素材、為什麼想和同儕及成人互動。老師運用 UDL 元素時，需有意圖地規劃策略，引導幼兒參與每一個活動的學習歷程。如果老師不能在教學中吸引幼兒的興趣、維持幼兒的注意力，很難讓幼兒進入學習情境中學習。

幼兒具有自主性、對新奇事物產生興趣的學習特質，但是在可預測的例行規律中學習也是不可忽略的重點。老師必須考慮幼兒的興趣並提供符合幼兒發展的挑戰性學習，以 UDL 多元參與方式的原則引發幼兒的學習興趣和維持學習的注意力，增加幼兒參與活動的投入感（參見附件 5A）。

引發幼兒的興趣　老師可運用一些策略引發幼兒參與活動的興趣，例如以幼兒為引導、提供幼兒選擇的機會、平衡活動中幼兒熟悉的和感到新奇的素材、連結幼兒的先備經驗和學習環境、提供跨活動的學習情境。觀察幼兒在自然情境中的遊戲和對話也可成為老師了解幼兒興趣的管道。幼兒的興趣可能受到性別、氣質、生活經驗、家庭文化、當前受歡迎的主題、人物角色和玩具的影響，老師在規劃課程和選擇素材時需要多方考慮，以回應幼兒的興趣差異。

「提供幼兒選擇」這個策略被認為能增進幼兒參與學習活動的興趣（Dunlap et al., 1994; Kogel, Singh, & Kogel, 2010）；即使是一個單純的選擇，往往也可成為引發幼兒參與活動的動機，像是讓幼兒選擇要坐在哪裡聽故事（如：「我們要坐在窗邊或是在圖書區聽故事呢？」。）

此外，老師也可均衡使用新奇素材和常見素材，並將素材與幼兒的先備經驗和當下環境做有意義的連結。舉例而言，幼兒在戶外活動時探索了不同質地、形狀、大小的石頭後，老師可將這些石頭加上塑膠石頭、泡棉石頭放在科

學區，讓幼兒進行重量和尺寸的測量、材質屬性分類的討論和記錄。

維持幼兒的注意力　老師要經常運用能有效預防幼兒心不在焉及支持幼兒展現堅持度的策略來維持幼兒的注意力，像是在 NAEYC（2009）的發展合宜教學實務（DAP）指引中就有許多策略可供老師參考。幼兒學習的成功經驗是支持幼兒在活動中維持注意力的重要動力。老師合宜地安排學習內容，合宜地鷹架、鼓勵及增強幼兒的學習表現，都可成為維持幼兒注意力的策略。

老師如何組織活動也是影響幼兒注意力持續度的重要面向，小組活動、大團體活動、個別活動各有其對幼兒學習的功能和意義。例如小組活動被研究證實對幼兒學習新知識或新技能是有效的教學策略（Howes et al., 2008）。另外，活動時間的長短、動態和靜態活動的安排，亦會影響幼兒在活動中的注意力持續度。

表達方式（Means of Expression）

老師決定了學習的呈現方式（表徵）及幼兒參與方式（參與）之後，接著必須思考有哪些多元的表現方式可支持幼兒表達所知所學，這些多元的表達方式涉及幼兒「如何」學習（Rose & Meyer, 2006）。幼兒有許多方式可以呈現他們學了什麼、如何學習，有些幼兒比較喜歡用畫圖或書寫的方式回應所學，有些幼兒喜歡以肢體和動作表情來表達，也有些幼兒可能喜歡用唱歌的方式表達。老師須了解幼兒的多元表達方式都在傳達他們的學習，單一的方式往往會限制某些幼兒表達所學的機會。

以下詳述 UDL 多元表達方式的二個重點層面，相關的問題指引請參閱附件 5A。

可接受的回應形式　依據 UDL 原則所設計的活動應具有相當程度的彈性，讓幼兒可依其優勢、興趣、學習風格和需求來與學習環境和素材互動（DEC, 2007）。老師必須了解幼兒有不同的學習取徑，因此活動計畫中須提供幼兒多元的回應形式，包括口語、肢體動作、畫圖、書寫等回應形式。在讀圖畫書給幼兒聽的活動中，老師詢問書中出現的物品是什麼？有的幼兒會直接指向書中圖片、有的幼兒會口頭回答、有的幼兒會使用圖卡表達、有的幼兒可能直接去拿教室中出現的書中物品（如：玩具卡車、玩具火車）。

可接受的回應複雜程度 由於幼兒各有不同的喜好、優勢和能力，老師在設計活動時可允許幼兒展現出複雜程度和內容長度不等的回應。例如：師生共讀有關動物園的圖畫書時，老師問幼兒看到了什麼動物？有的幼兒只說出動物的名稱「猴子」、某幾位幼兒會用句子描述「猴子在吃香蕉」，也有幼兒根據生活經驗延伸表達「我也喜歡吃香蕉，喜歡早餐吃香蕉」。老師依據幼兒的能力提供不同層次的鷹架，支持不同能力和需求的幼兒學習和表達。舉例來說，老師問幼兒桌上有幾顆蘋果？有些幼兒可直接說出答案，老師也可以請全班幼兒一起數蘋果，讓需要透過數數知道蘋果數量的幼兒可以跟著一起數。對於需要更多支持的幼兒，老師則可提示每個數字的發音，以鼓勵其點數。

以 UDL 為原則的活動計畫

當我們認識 UDL 的理論基礎和重要原則後，即可進到步驟三——發展 UDL 原則的活動計畫以支持所有幼兒的學習。老師可以運用附件 5A（第 85 至 86 頁）的問題指引，細想 UDL 的主要元素，並填寫附件 4A 活動計畫表（空白表格在第 59 至 60 頁）當中的「適合全體幼兒的 UDL 重點」一項。

在此以 Kevin 老師和其他老師所發展的「製作新的蠟筆」小組活動（見圖 5.1）來說明步驟三。此活動以幼兒對於固體、液體、氣體的先備經驗為基礎，讓幼兒從熔化蠟筆再製作出新蠟筆的過程中，觀察物質的變化。老師們已填畢活動計畫表的前半部，包括：課程目標、素材與器材、重要語詞、問題解決方法的簡述（即：行動和觀察、報告和反思）。其後，老師們運用附件 5A 的問題指引來思考 UDL 的主要元素，並填入活動計畫表，其步驟如下：

首先，老師們考慮有關表徵方式的問題。他們認為教學中應同時使用口語、示範和圖示來溝通訊息，並將教學內容分成具體的小單位，輔以圖示的引導，使幼兒能清楚知道如何完成活動。老師們視幼兒的需求，指著圖片告訴幼兒下一個步驟，藉此鷹架幼兒進行活動。

其次，老師們考慮幼兒參與的方式——幼兒以操作的方式製作蠟筆，活動後有具體的成品，可以引發幼兒參與活動的興趣。老師們也在活動中提供幼兒

做選擇的機會，讓幼兒選擇蠟筆塊的顏色。此外，老師們知道幼兒十分喜歡班上的烹飪活動，他們將會和幼兒談論活動素材，並問問幼兒的先備經驗。雖然前述策略就有助幼兒維持注意力，老師們認為以小組的方式進行活動可減少幼兒等待的時間，老師也有比較多的機會和幼兒互動，亦是增加幼兒注意力持續度的方法。老師們以圖示引導幼兒按照步驟進行活動，一方面鷹架幼兒的學習和注意力的維持，一方面也可觀察評量幼兒的學習和進步情形。

最後，老師們仔細討論可接受的表達方式——幼兒預測自己做的蠟筆是什麼顏色、報告製作出的蠟筆是什麼顏色、討論製作蠟筆過程中發生的事（如：蠟筆熔化過程的觀察和討論）。老師認為幼兒可以使用不同的表達方式，如：口語、指認，或透過點頭和搖頭來表示是或否。老師也接受幼兒的回應有不同的複雜程度，從非口語（即：點頭、搖頭）到口語回應（單字、短句）。此外，老師會使用最少至最多的提示系統來鷹架幼兒的回應，引導幼兒做出更複雜的回應。老師使用反應提示（response prompt），像是手勢或非口語提示、口語提示、示範和肢體協助，來引發幼兒特定的學習行為（Neitzel & Wolery, 2009）。國家泛自閉症專業發展中心（National Professional Development Center on Autism Spectrum Disorders）所提供完整的教學策略線上訓練模組課程（Neitzel & Wolery, 2009）可供參考，圖 5.1 亦提供運用 UDL 原則的圖畫書閱讀活動。

重點摘要

Kevin 老師和其他老師根據 UDL 原則所設計的課程，大部分都可以和幼兒園每日例行性活動結合，最大的改變在於 Kevin 老師較過去更有系統、更周全地思考提供合宜支持的課程計畫。UDL 的原則和問題指引能協助老師運用策略增進幼兒的活動可及性、活動的參與程度，支持幼兒從參與活動中增進溝通能力。

• UDL 主要的三原則：表徵（活動和其內容如何呈現）、參與（如何引發和維持幼兒的注意力）、表達（幼兒如何溝通或展現所學）。

- UDL 三原則在課程和教學中可分為不同面向的規劃：
  - 表徵（學習什麼）包括溝通的形式和複雜程度。
  - 參與（為什麼學習）包括引發和維持幼兒學習的參與。
  - 表達（如何學習）包括回應的形式和複雜程度。
- 有系統地思考和在例行的作息中運用 UDL 原則，可增進 UDL 三原則的運用成效。
- UDL 三原則乃被認為是幼兒教育領域值得推薦的教學實務。

附件 4A．活動計畫表 `CSS+`

活動名稱
小組活動 1：製作新的蠟筆

課程目標／學習標準
CL.LS.p.4.3：在成人協助或提示下，判斷或釐清新語詞和多義字的意義。S.p4.1：描述和比較常見的力（forces，如：推和拉）對物體的影響。（堪薩斯州嬰幼兒學習標準；Kansas State Department of Education, 2014）

學習成果
幼兒學習蠟筆遇熱後的變化，了解固體（蠟筆）和液體（熔化的蠟筆）變化的情形，並了解物質如何會改變。

素材與器材
小塊的蠟筆、鋁箔蛋糕杯、烘焙紙、吹風機
活動準備：課前先確定吹風機可否熔化蠟筆。若吹風機熱度不夠，可改用微波爐（使用安全的微波器皿）。

重要語詞
熔化、熱、前、後、冷（卻）

活動內容
（詳述活動內容，強調如何透過師生互動行為的順序安排來支持幼兒主動投入活動。提供活動細節，作為班級的助理老師或代理老師等人實施課程之參考。）
1. 行動和觀察：示範如何將蛋糕杯填滿半杯蠟筆塊。
2. 讓幼兒預測蠟筆遇熱後會有什麼改變。
3. 用吹風機加熱蠟筆。
4. 給幼兒一人一個蛋糕杯。
5. 問問幼兒想要熔化的蠟筆是什麼顏色。
6. 讓幼兒填滿半杯蠟筆塊。
7. 讓幼兒預測並記錄自己會做出什麼顏色的新蠟筆。
8. 讓幼兒使用吹風機加熱蠟筆塊。
9. 報告和反思：讓幼兒說自己新蠟筆的顏色名稱及分享每個人做的新蠟筆。討論蠟筆塊遇熱的過程和結果。讓幼兒用自製蠟筆畫畫。

圖 5.1 活動計畫表示例

適合全體幼兒的 UDL 重點

（列出實踐 UDL 原則的特定策略。）

1. 表徵方式
   - 以口語說明和動作示範的方式呈現活動步驟。
   - 過程中圖示每一個步驟。
   - 口語討論和示範預測的結果。
   - 使用圖表記錄每一位幼兒的預測情形。

2. 參與方式
   - 讓幼兒主動使用或操作學習素材。
   - 讓幼兒有選擇的機會。
   - 描述素材和提問先備經驗。
   - 安排小組。
   - 使用步驟圖引導幼兒重新專注參與活動。
   - 規劃有挑戰性但不致使幼兒有挫折感的鷹架。

3. 表達方式
   - 讓幼兒以口語、指認的方式回應，和／或跟隨老師的示範齊聲回應。
   - 使用最少至最多的提示系統，使幼兒能夠參與回應和得到正增強。

適合個別幼兒的差異化重點

（依據幼兒參與活動時所需的支持，選擇合適的差異化策略，如：環境支持、素材調整、活動簡化、幼兒喜好、特殊器材、成人支持、同儕支持、隱性支持。簡述如何運用策略支持幼兒。）

（參閱第六章的指引和示例。）

適合個別幼兒的嵌入式學習機會（ELOs）

（列出嵌入活動的個別化教學目標。簡述如何依據 ELO 概覽表，將個別幼兒的學習目標嵌入在活動中。）

（參閱第六章的指引和示例。）

監測進步情形的機會

（針對進步情形監測工具中的特定技能／目標，找出適合蒐集幼兒學習表現資料的時機。簡述如何蒐集資料。）

列表並簡要記錄每一位幼兒對固體和液體以及物質改變的理解情形。將評量資料轉化至進步情形監測工具。

活動名稱

讀寫活動 1：回顧及延伸主要問題（第二級閱讀）

課程目標／學習標準

CL.SL.p4.2：提問和回答與重要細節有關的推理問題（如：為什麼、如何）並釐清尚未清楚了解的內容，藉以確認自己了解朗讀出的文本內容或口語訊息。（堪薩斯州嬰幼兒學習標準；Kansas State Department of Education, 2014）

學習成果

幼兒回顧書中的主要問題、角色的情感和重要語詞。

素材與器材

《雪后 Stella》（*Stella, Queen of Snow*; Gay, 2010）、小鏡子、水杯、冰塊

重要語詞

皇后、昏昏的、雪堆、冰、凍、池塘、霧、堡壘、呼吸

活動內容

（詳述活動內容，強調如何透過師生互動行為的順序安排來支持幼兒主動投入活動。提供活動細節，作為班級的助理老師或代理老師等人實施課程之參考。）

1. 書籍介紹
   a. 回顧主要概念或詞彙。提示幼兒之前讀的圖畫書《雪后 Stella》（Gay, 2010），故事描述一個男孩和一個女孩在冬天裡的好玩經驗。
   b. 問問幼兒有關冬天的事，Sam 和 Stella 在雪中做了哪些事。使用詞彙引導對話（如：池塘裡發生了什麼事？為什麼 Stella 被稱為雪后？）。

2. 閱讀過程
   a. 支持幼兒學習詞彙。強調詞彙並解釋。以具體物結合詞彙讓幼兒較易了解（如：冰塊、杯水）。
   b. 支持幼兒理解／延伸幼兒的理解。提問或描述有關 Sam、書中其他孩子和動物的事情（如：Sam 第一次看到雪的感受？為什麼他問了這麼多問題？為什麼從他嘴裡跑出來不同形狀的霧氣？）。提出延伸性的描述或想法增進幼兒的思考（如：如果這是 Sam 第一次看到雪，他可能有很多問題想問）。

3. 閱讀後提問
   a. 回顧故事。翻閱圖畫書，強調其中的變化（如：Stella 怎麼描述池水的變化？）。
   b. 延伸思考的提問（如：你認為 Sam 和 Stella 是弟弟和姊姊嗎？為什麼 Sam 總是問 Stella 問題呢？）。

4. 字母／音韻覺識
   回顧和討論之前閱讀中出現的語詞。說出語詞，提示幼兒說出語詞（如：雪球、雪花、雪人、雪堆、雪衣、雪靴）。

適合全體幼兒的 UDL 重點

（列出實踐 UDL 原則的特定策略。）

1. 表徵方式

- 說故事時使用圖片、口語解釋和指出語詞。

2. 參與方式

- 提供幼兒知識的基礎（第二級閱讀）。
- 規劃有挑戰性但不致使幼兒有挫折感的鷹架。
- 延伸故事中熟悉的詞彙和事件。

3. 表達方式

- 讓幼兒齊聲回應和個別回應。
- 使用最少至最多的提示系統，使幼兒能夠參與回應和得到正增強。

適合個別幼兒的差異化重點

（依據幼兒參與活動時所需的支持，選擇合適的差異化策略，如：環境支持、素材調整、活動簡化、幼兒喜好、特殊器材、成人支持、同儕支持、隱性支持。簡述如何運用策略支持幼兒。）

（參閱第六章的指引和示例。）

適合個別幼兒的嵌入式學習機會（ELOs）

（列出嵌入活動的個別化教學目標。簡述如何依據 ELO 概覽表，將個別幼兒的學習目標嵌入在活動中。）

（參閱第六章的指引和示例。）

監測進步情形的機會

（針對進步情形監測工具中的特定技能／目標，找出適合蒐集幼兒學習表現資料的時機。簡述如何蒐集資料。）

列表並記錄每一位幼兒對於理解性問題的回應程度。將評量資料轉化至進步情形監測工具。

指引：本表協助教師規劃活動時同時考慮 UDL 的主要元素和組成內容。以「是」或「否」回應問題。如果回答「是」，請說明做法。如果回答「否」，請說明你預計如何實踐此元素。接著將這些做法填入活動計畫表，成為實踐 UDL 原則的特定策略。

表徵方式的問題指引

思考面向	問題	是／否－如何？
溝通的形式	我考慮了各種呈現學習素材及內容的合宜方式，包括視覺、聽覺和觸覺？	
	我提供了不只一種呈現學習刺激的方式？	
溝通內容的複雜程度	我掌握了重要概念並提供多層次的教學鷹架？	
	我檢視了教學、提問的問題和期待，並依幼兒的理解程度提供不同的學習刺激？	

參與方式的問題指引

思考面向	問題	是／否－如何？
引發幼兒的參與	我找出了班上幼兒目前感興趣的各類活動和素材，並有系統地將這些活動和素材運用在活動計畫中？ **註**：發想活動時須考慮性別、氣質、生活經驗及家庭文化等影響因素。	
	我找出了讓幼兒做選擇的機會，並且有系統地將這些選擇機會安插在活動計畫中？	
	我找出了各種可結合新舊知識或經驗的時機，並均衡地結合新舊知識或經驗？	
維持幼兒的注意力	我考慮了活動、概念或素材的難度／複雜程度，並在活動中有彈性地規劃不同難度但不致造成幼兒挫折的學習挑戰？	

取自：盧明、劉學融（譯）（2020）。學前融合教育課程架構：以全方位學習（UDL）為基礎支持幼兒成功學習（原作者：Eva M. Horn, Susan B. Palmer, Gretchen D. Butera, & Joan A. Lieber）。新北市：心理。

思考面向	問題	是／否－如何？
	我規劃了回饋、鼓勵和鷹架幼兒的多元方式和機會？	
	我確定了活動計畫橫跨幼兒的在校時間，並／或涵蓋各種學習情境的活動（如：大團體、小組和個別活動）？	

表達方式的引導問題

思考面向	問題	是／否－如何？
可接受的回應形式	我提供了多元、可接受的回應方式，讓幼兒能合宜回應，包括： • 口語。 • 肢體（如：指出、點頭或搖頭、姿勢、動作表現）。 • 由成人產出的非口語符號（如：圖片、圖畫、符號、書寫）。 • 由幼兒產出的非口語符號（如：圖片、圖畫、符號、書寫）。	
可接受的回應複雜程度	我找出了多元、可接受的回應複雜程度，讓幼兒能合宜回應，包括： • 非口語。 • 單一元素回應。 • 多元元素回應。	
	我找出了多元、可接受的鷹架或獨立程度，支持幼兒合宜回應，包括： • 跟隨成人提示或部分提示。 • 跟隨成人或同儕示範。 • 齊聲回應。 • 個別回應。 • 自發行為或溝通。	

取自：盧明、劉學融（譯）（2020）。學前融合教育課程架構：以全方位學習（UDL）為基礎支持幼兒成功學習（原作者：Eva M. Horn, Susan B. Palmer, Gretchen D. Butera, & Joan A. Lieber）。新北市：心理。

差異化與個別化之基礎

Eva M. Horn, Jean Kang, Audra Classen, and Joan A. Lieber

　　Marie 老師是 Kevin 老師班級的學前特殊教育巡迴輔導教師，她和班級二位老師（Kevin 老師和 Becky 助理老師）合作緊密。三位老師自上一學年度開始使用 CSS+ 課程架構，建構一系列以課程範圍和課程順序為基礎的作息活動，並參考州級的嬰幼兒學習標準以及統整科學、數學和社交技巧領域的課程內容。讀寫活動則結合與課程主題相關的圖畫書閱讀活動。Marie 老師固定參與班級老師的課程討論，系統性地以 CSS+ 的 UDL 問題指引檢視 UDL 原則的運用情形。

　　新學年度上午班、下午班各有二位特殊需求幼兒將入班。Marie 老師已和 Kevin 老師約了入班時間，Marie 老師將依據這四位幼兒的個別化需求分享資訊和提供建議。

　　UDL 引導老師設計無障礙、豐富的學習環境，提供所有學生具可及性的課程（Nelson, 2014, p. 2；參見第五章）。透過 UDL 原則設計課程，能有效地增進不同能力程度和需求的幼兒參與普通教育課程（Horn & Banerjee, 2009）。換言之，老師開始設計課程時可採用有彈性的目標、方法和素材來回應幼兒在學習上的差異。不論是一般幼兒或特殊需求幼兒，在學習歷程中或多或少都需要某些支持，以增進他們主動參與課程的機會。某些特殊需求幼兒的學習目標可能不在課程範圍和課程順序中可以達成。老師的工作即是確定課程

內容是每位幼兒可及的，而每位幼兒的獨特學習目標亦需被達成。

運用 UDL 原則設計活動後，下一步即是檢視活動計畫，並找出幼兒在活動中的差異化和個別化需求（參見表 6.1）。本章主要介紹差異化（促進幼兒學習課程內容）和個別化（促進幼兒達成獨特的學習目標）的策略，並提供工具協助老師找出幼兒所需的支持。本章帶領讀者：

- 了解步驟四的目的和重點——差異化和個別化，以及如何將差異化和個別化融入在幼兒教育課程中。
- 了解差異化的元素、如何系統性地規劃和實踐差異化元素。
- 了解如何根據特定幼兒的個別學習需求，系統化地規劃和提供其所需的個別化支持。

表 6.1 CSS+ 課程規劃步驟

步驟
步驟一：發展／確認課程範圍和順序。
步驟二：強化課程的連貫性和統整性。
步驟三：發展 UDL 原則的活動計畫以支持所有幼兒的學習。
步驟四：檢視活動計畫以回應幼兒的差異化和個別化需求。
步驟五：連結課程範圍和順序來監測幼兒的進步情形。
步驟六：反思課程活動的實施情形以作為日後課程活動規劃的依據。

⊕ 差異化與個別化

CSS+ 課程架構的第四步驟包括以下的行動：

- 確定哪些幼兒需要額外的支持來增進他們在課程中的投入感和學習，以及規劃符合幼兒需求的差異化教學策略。
- 確定哪些幼兒需要額外的學習機會，並規劃跨活動的簡短教學時段（即：ELOs），針對幼兒的個別化目標和預定學習成果進行直接教學，以落實個別化。

步驟四（差異化和個別化）著重課程的可及性及幼兒在課程中的參與程度

和學習機會，同時關注幼兒的獨特學習目標。如表 6.2 的內容所述，從 UDL、差異化到個別化，雖然每一個步驟的概念互有關聯，也都強調幼兒的學習需求，但是步驟和步驟之間的銜接與轉化各具有其目的和實施焦點。運用 UDL 規劃課程，有助於老師關照所有幼兒的學習。接下來，老師會更加關注幼兒的個別差異、幼兒在普通教育課程（班上所有幼兒將學習的活動和課程）中的投入感，以及普通教育課程之外的獨特學習目標，這就需要透過差異化和個別化來達成。

表 6.2 UDL、差異化、個別化之比較

	UDL	差異化	個別化
要素	表徵方式（什麼） 參與方式（為什麼） 表達方式（如何）	調整面向 • 學習環境 • 內容 • 過程	嵌入式學習機會
目的	使課程對多數幼兒具有可及性	調整或改變課程以確保幼兒在課程內容的參與和投入	針對普通教育課程中未能強調的學習目標
焦點	全部的幼兒	需要經由調整而投入課程或活動的部分幼兒	無法經由調整而需要增加學習支持的少數幼兒

● 差異化（Differentiation）

差異化教學之目的在於回應幼兒的個別差異，為幼兒個別的學習需求而調整和改變教學（Hall, 2002）。幼兒在普通教育課程中的主動參與和學習是差異化教學的關注焦點，尤其在所有幼兒學習一般概念和知識時，支持每一位幼兒按照自己的學習速度和適合方式進行學習（Horn et al., in review）。

差異化並不等同於個別化，個別化強調個別幼兒的學習需求和目標，差異化著重的是幼兒在普通教育課程中的參與（Horn & Banerjee, 2009）。差異化教學發生在整體的教學過程中，以提供支持幼兒參與學習的機會為主要教學考量；尤其當幼兒對進行中的活動有興趣但無法完全參與其中，或是無法

成功地和其他幼兒一起參與活動時，老師必須運用差異化教學的策略支持幼兒參與活動。老師可調整活動內容和內容呈現的方式，以符合幼兒最近發展區的學習，在不致造成挫折的情況下，鼓勵幼兒發展較現況能力高一些層次的學習（Vygotsky, 1962）。

老師需要依據幼兒的現況能力、學習風格、活動參與的投入感以及興趣，進行差異化教學和學習環境的調整和改變（Tomlinson, 2000）。透過仔細觀察幼兒及其學習表現和參與投入程度，老師才能計畫符合幼兒需求的內容、過程和環境調整，使得調整後的活動與素材能夠增進幼兒的參與（Sandall & Schwartz, 2008）。

差異化的要素

不同學者提出不同的差異化與／或課程調整實施方式，其中 Tomlinson（2004）強調需要進行調整或呈現差異化的重要三元素：（1）**學習環境**，亦即提供給幼兒的支持型態和程度；（2）**內容**，即指幼兒需要學習的訊息；（3）**過程**，即指幼兒參與的學習活動類型和形式。Sandall 和 Schwartz（2008）則著重在落實課程調整和改變的方法，包括：環境支持、素材調整、特殊器材、幼兒喜好、活動簡化、成人支持、同儕支持、隱性支持。CSS+ 課程架構結合以上二種課程調整取向，組織如表 6.3 所示的課程調整面向和方法。

以下即以 Sandall 和 Schwartz（2008）在《學前融合教育課程建構模式》一書論及的課程調整為例，說明如何在幼兒園中以課程調整的八種類型或是幼兒園常見的活動和作息（如：美勞區、點心時間、團討時間）進行課程調整。

課程調整之目的在於支持幼兒參與活動，因此有需要時才使用課程調整策略；調整策略並非標準原則，因為以 UDL 原則所設計的課程就足以讓大部分幼兒主動參與和學習。課程調整應盡量不著痕跡，另外，老師需要留意：以課程調整增進幼兒參與活動，主要是為幼兒在課程中有所學習，因此老師需要在活動中檢視所使用的調整方法，並觀察、評量幼兒的學習表現，以監測幼兒的學習進步情形。

表 6.3 差異化的要素

學習環境		
調整類型	定義	策略
環境支持	調整物理、社會或當下環境，以增進參與、投入和學習	• 改變物理環境（如：在地板上貼腳印貼紙作為路徑提示）。 • 改變社會環境（如：團體活動時將幼兒的座位安排在不易造成幼兒分心的同儕旁邊）。 • 改變當下環境（如：團體活動時提供充分的空間讓幼兒行動，或是提供額外的活動讓幼兒參與）。
素材調整	調整素材以增進幼兒獨立參與的程度	• 擺放素材的位置（如：高度）。 • 擺放素材的穩定性。 • 放大素材。 • 強調素材的對比（如：刪除背景，標明重點）。 • 調整素材使用的費力程度（如：將圖畫書的頁角黏上泡棉膠，讓幼兒翻頁較不費力）。
特殊器材	使用特殊器材或輔具以利幼兒參與或提高參與程度	• 提高使用性的特殊器材（如：有扣環的剪刀）。 • 增加參與程度的特殊器材（如：使用懶骨頭軟墊或其他支持物給尚未能獨立坐在地板上參與活動的幼兒）。
內容		
幼兒喜好	將幼兒的喜好和選擇整合在活動中以增進參與	• 將多元選擇整合在幼兒參與的活動中（如：素材、同儕或成人、地點）。 • 允許幼兒將不會干擾活動參與的安撫物帶在身邊（如：拿著心愛的玩具參與活動）。
活動簡化	將工作分為小步驟或小單元，或是減少工作步驟	• 將工作分為具體、清楚的步驟（如：以圖卡提示幼兒重述故事中的元素）。 • 減少工作步驟，完成部分工作，以支持幼兒成功地完成學習任務（如：幼兒只寫出名字的第一個字母，其他名字的字母由老師協助書寫）。

表 6.3　差異化的要素（續）

過程		
調整類型	定義	策略
成人支持	成人提供直接的個別化支持以利幼兒的參與和學習	• 提供幼兒合宜行為和回應的提示，包括口語提示、示範、肢體提示、肢體引導。 • 提供具體讚美和鷹架支持增加幼兒的回應。
同儕支持	安排同儕支持幼兒的參與和學習	• 安排同儕配對進行活動。 • 安排同儕配對提供示範。 • 安排同儕幫手完成特定的工作（如：銜接活動時安排一位同儕協助推輪椅至下一個活動地點）。
隱性支持	用不著痕跡的方式有目的地重新安排自然環境，以支持幼兒的參與和學習	• 安排輪流的順序以簡化工作（如：請幼兒在多位幼兒分享週末活動後再發表，讓幼兒有模仿的機會）。 • 計畫活動參與的順序以平衡高程度或低程度要求的活動。 • 計畫提高成人或同儕支持的可及性。 • 計畫提高素材的可及性。

資料來源：Sandall, S.R., & Schwartz, I.S. (2008). *Building blocks for teaching preschoolers with special needs* (2nd ed., p. 54). Baltimore, MD: Paul H. Brookes Publishing Co.; adapted by permission.

　　學習環境　環境支持、素材調整和特殊器材為學習環境的三項調整策略（參見表 6.3）。環境支持強調調整物理、社會或當下環境，以增進幼兒的參與、投入和學習（Sandall & Schwartz, 2008）。舉例來說，幼兒從一個活動銜接到下一個活動有困難，老師可使用圖卡或代表活動的符號提醒幼兒準備參與下一個活動。素材調整的目的是讓幼兒盡可能獨立地參與活動，例如幼兒還不太會使用白膠，老師可準備容易撕黏的膠帶放在膠台上讓幼兒使用。特殊器材可選擇自製或合適的現成商品，有些幼兒則需要輔具。例如老師在團討時為使用輪椅的幼兒準備一個懶骨頭軟墊支持幼兒坐在地板上，一方面方便和其他幼兒互動，另一方面不用依靠其他人扶著身體參與活動。輪椅、溝通板、握筆器、左手剪刀、有固定帶的湯匙等特殊器材，均可在幼兒參與活動時視需要提供。學習環境的調整策略應自然融入活動中，以避免標籤化幼兒的能力差異。

　　內容　課程調整的**內容**向度包括幼兒學什麼、如何獲得學習資訊

（Tomlinson, 2004），重點在於調整活動以貼近幼兒的能力和喜好，增強幼兒參與活動的動機（參見表 6.3）。例如：將幼兒最喜歡的玩具放置在他較少選擇的學習區，引發幼兒選擇和參與學習區活動。老師也可以讓幼兒選擇他喜歡的同伴相鄰而坐，以支持幼兒持續參與團討活動。

另一種調整策略是活動簡化，也就是將一個活動或工作分為小步驟或小單元，或是減少活動的步驟（參見表 6.3）。例如：老師將拼圖分次給較不容易維持注意力的幼兒；或是在扮演區張貼三至四步驟的順序圖卡，引導對扮演遊戲較不感興趣的幼兒一步一步依據圖卡情境扮演，以延長幼兒在扮演區的遊戲時間。

過程　過程和課程內容有關，也包括幼兒在活動中如何獲得與理解學習內容（Tomlinson, 2004）。成人支持、同儕支持、隱性支持是過程調整的三種**支持**策略。成人提供口語提示、示範、肢體提示、肢體引導，支持幼兒合宜的行為表現或回應。成人也可以運用讚美和鼓勵來增強幼兒學習的嘗試，並使用鷹架引導幼兒表達較複雜的回應。舉例而言，幼兒在沙坑重複裝沙和倒沙，老師先正向回饋幼兒的遊戲（讚美和鼓勵），接著做給幼兒看如何將沙裝滿、壓緊，倒出一個杯子的模型（示範）。老師後續引導將不同沙子做成的模型建構成一個作品。

同儕亦可成為活動中的示範，或以口語、肢體引導幼兒一起參與活動。老師可以使用和同儕配對的方式鼓勵幼兒共同完成活動或工作；也可以安排小幫手協助幼兒參與活動，例如：小幫手協助推使用輪椅的幼兒到活動的區域。

隱性支持指的是老師在自然情境中刻意安排幼兒參與學習的成功經驗。例如：讓手部肌力較弱的幼兒最後一個用勺子舀已經有點軟化的冰淇淋。

差異化實例

Kevin、Becky 和 Marie 檢視小組活動計畫，並思考如何為 May、Greg 和 Ted 調整課程。

⋯⋯⋯⋯⋯⋯⋯⋯⋯⋯⋯⋯⋯⋯⋯⋯⋯⋯⋯⋯⋯⋯⋯⋯⋯

May 是從台灣來的小孩，六個月前才和家人移居到美國。暑假期間 May 讀了一個月的社區幼兒園，期間 Kevin 老師有機會觀察她的發展現

況，並和班級老師討論。May 在遵守班級規範和作息方面有困難，英語能力的限制可能是影響她行為表現的重要因素。班級老師發現情況並沒有隨著 May 就讀的時間增加而改善，反而越來越嚴重。她常常離開進行中的活動，不僅學習區活動如此，小組或大團體活動亦如此。當老師引導 May 回到活動中時，她會順從地回到原來的活動，但是只能維持一分鐘，之後又在教室裡遊走。

Greg 的認知和語言發展遲緩，IEP 目標主要在練習從兩個字的回應延伸發展多字組合的回應、穩定地回應多步驟的指令、增進抓握和手眼協調能力（運用三指取物、描寫）。Marie 老師觀察若給 Greg 多步驟的指令時，他的注意力容易分散，也無法達成指令的要求。

Ted 去年和家人搬到另一個學區，今年才又回到班級。Kevin 老師發現 Ted 在團體活動中很難控制他的雙手，會做一些和活動無關的事。

圖 6.1 是以學習數數和製作圖表為主的小組數學活動計畫，活動中的差異化設計以增進幼兒主動參與課程活動為目的，差異化的下一步規劃焦點在於支持幼兒學習個別化目標，特別是不包括在普通教育課程目標的學習。

附件 4A．活動計畫表 ⬛CSS∙	（第一頁，共三頁）

活動名稱
小組數學活動：數數和製作圖表
課程目標／學習標準
M.CC.p4.5：數數並回答「有多少？」；M.MD.p4.4：依類別蒐集資料回答簡單問題。（堪薩斯州嬰幼兒學習標準；Kansas State Department of Education, 2014）
學習成果
幼兒會數出名字裡的字母數量並製成圖表。
素材與器材
拉鍊袋（每位幼兒及老師各一個，裝有自己名字的字母）、魔鬼氈、方格紙、彩色筆、便利貼紙
重要語詞
第一個、字母名稱、數字

圖 6.1　活動計畫表示例

活動內容

（詳述活動內容，強調如何透過師生互動行為的順序安排來支持幼兒主動投入活動。提供活動細節，作為班級的助理老師或代理老師等人實施課程之參考。）

1. 告知幼兒今天的活動是要找到以下問題的答案：小組中哪一個字母是最多小朋友名字的第一個字母？
2. 老師用自己的名字示範，將字母依序貼在魔鬼氈上。接著請幼兒跟著做。
3. 讓幼兒選出自己名字的第一個字母。
4. 讓幼兒輪流指出和／或說出名字中的第一個字母。使用長條圖記錄字母的數量。
5. 讓幼兒數數每個長條柱有多少個字母，老師將數量記錄在便利貼紙上，並貼在每個長條柱上端。
6. 重複活動開始時告知幼兒的問題：哪一個字母是最多小朋友名字的第一個字母？哪一個字母最少？（註：可重複使用此長條圖帶領其他組別幼兒進行此活動，讓全班幼兒名字裡的第一個字母都出現在上面。）

適合全體幼兒的 UDL 重點

（列出實踐 UDL 原則的特定策略。）

1. 表徵方式
   • 老師提供視覺或書寫字母及口語提示。
   • 老師使用長條圖記錄每個字母的出現次數，藉此提供視覺和口語提示。
   • 老師給予口語指令的同時，也用自己的名字做示範。

2. 參與方式
   • 活動著重於幼兒自己的名字。
   • 提供有關幼兒名字的多元活動，結合幼兒的先備經驗。
   • 讓幼兒用小組的方式回答問題，也讓幼兒指認自己名字的字母和數數。

3. 表達方式
   • 讓幼兒以指認或口語的方式回應問題。
   • 讓幼兒先個別回應，再齊聲回應。

適合個別幼兒的差異化重點

（依據幼兒參與活動時所需的支持，選擇合適的差異化策略，如：環境支持、素材調整、活動簡化、幼兒喜好、特殊器材、成人支持、同儕支持、隱性支持。簡述如何運用策略支持幼兒。）

• May（需要英文學習的支持）：安排 Mary（名字第一個字母和 May 一樣）成為活動進行時的同儕支持。
• Greg（發展遲緩）：在魔鬼氈旁標示「Greg」（素材調整），讓 Greg 用配對的方式貼字母。運用簡化活動來幫助 Greg 指認名字第一個字母。安排 Ginny 坐在 Greg 旁邊（隱性支持），給 Greg 看名字第一個字母 G 和 Greg 的一樣，讓 Greg 指認 G。請 Ginny 協助（同儕支持）Greg 指認字母並協助確認正確性。
• Ted（注意力缺陷、干擾別人）：在魔鬼氈上設計一條「道路」，當 Ted 完成貼字母後，給他一輛玩具小汽車讓他開在道路上，並引導他將小汽車停在名字的第一個字母上。

適合個別幼兒的嵌入式學習機會（ELOs）

（列出嵌入活動的個別化教學目標。簡述如何依據 ELO 概覽表，將個別幼兒的學習目標嵌入在活動中。）

- 為 Greg 的目標規劃嵌入式學習機會（ELO），延伸說出單詞到說出片語。使用 ELO 概覽表規劃至少兩次機會讓 Greg 在支持下以片語回答問題。

監測進步情形的機會

（針對進步情形監測工具中的特定技能／目標，找出適合蒐集幼兒學習表現資料的時機。簡述如何蒐集資料。）

在團體檢核表中記錄哪些幼兒能透過下述方式辨認名字第一個字母：

1. 命名字母。
2. 配對字母。
3. 指出自己名字的第一個字母。

記錄哪些幼兒能展現出下述能力：

1. 一對一的數數。
2. 數數時說出數量詞。
3. 了解圖表上的總數量。

在 ELO 概覽表中記錄 Greg 的學習表現和回應情形。

● 個別化（Individualization）

　　運用合宜的差異化策略可支持所有幼兒主動參與和學習課程目標，然而差異化並不能完全支持幼兒學習個別化目標。個別化的意義即在課程規劃中，著重個別幼兒的獨特學習需求（Horn & Banerjee, 2009）。

　　專業團隊根據幼兒的個別需求，訂定在多樣情境中有意義、具功能性的學習目標（Notari-Syverson & Schuster, 1995），而支持幼兒達成學習目標的情境是班級活動和課程。個別化教學並非等同個別教學，重點是老師能將幼兒的個別化學習結合在連續性的班級活動中，規劃規則性和經常性的教學和學習機會（Horn, Lieber, Sandall, Schwartz, & Wolery, 2002）。

　　個別化教學主要是針對幼兒的基本技能（即：發展里程碑的技能）、先備技能（即：發展複雜技能的先備技能）和挑戰行為（即：阻礙幼兒學習合宜行為的不適切行為）。這些能力的發展有助於幼兒在普通教育課程活動中的可及

性、參與程度和進步。學前特殊教育（ECSE）專業人員強調應將個別化教學結合或嵌入在不同情境的作息、活動和環境中，以提供幼兒和情境連結的學習機會（DEC, 2014）。

幼教老師運用嵌入式學習機會（ELOs; Horn, Lieber, Sandall, Schwartz, & Li, 2002）或是嵌入式教學（embedded instruction; Snyder, Hemmeter, McLean, Sandall, & McLaughlin, 2013）為幼兒製造在連續性課程活動和教室作息中的短時間、有意圖的教學事件。ELOs 有以下的優點：（1）老師和專業團隊可以運用幼兒的興趣和喜好來增進他們參與和學習的動機；（2）將幼兒的學習融入在連續性的課程活動中，提供幼兒許多練習的機會；（3）將教學事件規劃在多元情境和不同時間進行，幼兒可在多元情境中運用所習得的技能；（4）因為在既有的連續性課程活動中進行個別化教學，老師和專業團隊不用大幅改變教室情境來回應幼兒的學習。

實施步驟

儘管 ELOs 看似自然發生，但是仔細的規劃仍不可少。老師必須有意圖地決定：（1）幼兒的學習機會；（2）何時製造教學和學習的機會；（3）如何實施教學；（4）實施成效和幼兒學習目標的進步情形。讀者亦可參考 Sandall 和 Schwartz（2008）書中建議的 ELOs 規劃過程和實例。

學習內容是什麼？　確定學習機會的內容和決定幼兒的學習目標（通常是 IEP 目標），是規劃 ELOs 的第一步。老師應清楚、完整了解幼兒的現況能力，並據此訂定可觀察的行為或技能作為幼兒的學習目標。這些目標不等同於活動，活動計畫不等同於教學。例如：幼兒需學習抓、握、用點頭表示「是」、回應簡單的指令。這些目標本身並非活動，而是我們期待幼兒在不同活動中學習使用這些技能，以增進幼兒在活動中的參與程度。單純提供活動是不夠的，老師也必須教導幼兒。然而，老師的工作不只是教會幼兒這些技能，也要讓幼兒在作息和活動中運用所學的技能。

此外，目標的撰寫方式亦會影響 ELOs 的進行。例如：落實 IEP 中有關物品命名的目標「幼兒能正確回答『這是什麼？』，5 張圖片中正確回答 4 張圖片」，老師可能以一對一的直接教學和重複練習的方式，讓幼兒藉由圖片來練

習回答「這是什麼？」的問題。這樣的活動不似連續性課程活動或例行性活動，也可能不易引發幼兒的學習動機。可將目標改寫為「幼兒能在活動中以物品名稱正確回答『這是什麼？』」，讓幼兒在連續性活動中練習目標：（1）藉由學習區中所放置的不同物品，讓幼兒練習回答「這是什麼？」的問題；（2）在團體活動中回答老師所介紹的教室裡新的物品；（3）在例行性活動中練習回答物品名稱，如點心的名稱。

老師為幼兒擬定目標時，除了留意使用清楚的語詞、訂定可觀察的學習行為或技能，亦須確定目標可落實在 ELOs 的教學中，即：（1）可在課程活動和教室作息中教學；（2）可進行跨活動的教學，讓幼兒有充分的練習；（3）教幼兒學習新的概念和技能，而不是練習已經學會的技能。

何時製造學習的機會？ 老師透過檢視教室作息和課程活動，找出適合結合或嵌入教學的邏輯情境，並規劃學習新概念和技能的多元練習機會，以及在單一活動、跨活動的教學。落實 ELOs 可提供幼兒充分的學習機會，有了充分的學習機會方能促進幼兒有意義的進步。

ELO 活動表（參見圖 6.3）可作為老師規劃 ELOs 的工具。老師填寫表單的同時，可思考將幼兒的學習和老師的教學在自然且合於邏輯的情境中進行，並思考用教學支持幼兒有意義的進步。簡要的檢核項目有助於老師思考系統化的教學決定（參閱圖 6.2 和第 103 頁的附件 6A 空白表格），檢核結果可轉化至 ELO 活動表（參閱圖 6.3 和第 104 頁的附件 6B 空白表格），表中的內容也有助於老師反思實施 ELOs 的實際情形。

如何實施？ 一旦 ELO 活動表完成後，有關教什麼、何時教的教學決定已大致底定。ELO 的重點是為幼兒的個別化學習製造有系統、簡短的教學機會，讓幼兒在不同情境中學習和運用目標技能。有趣而吸引幼兒的活動本身及單純地製造學習機會，並不能完全確保幼兒學會和運用目標技能，老師仍需要提供符合幼兒個別化需求的教學，才能增進幼兒完整的學習。嵌入式教學可促進幼兒知道：（1）什麼時候該做什麼事；（2）正確的回應方式及做出正確回應時的感受；（3）自身回應的正確性；（4）合宜的回應會產生正向結果。ELO 概覽表（參閱圖 6.4 和第 105 頁的附件 6C 空白表格）是規劃 ELOs 實施

細節的實用工具，每一個學習目標使用一張 ELO 概覽表。舉例來說，Kevin 老師和 Marie 老師先在 ELO 概覽表填入幼兒的學習目標，再填入適合嵌入教學的活動或作息（出自 ELO 活動表）。接著，決定給幼兒的提示內容（如：老師的口語引導、環境提示、活動期望），以確保幼兒能做出相關回應。最後，當幼兒需要協助時，老師必須決定提供什麼協助、何時協助。老師亦須思考如何給幼兒回饋，並支持幼兒認識合宜、正確的回應。

如何檢視成效？ 老師有系統地檢視 ELO 的執行情形以及幼兒學習目標的達成狀況，有助於老師思考幼兒個別化學習機會的合宜性。以下的問題可成為檢視 ELO 執行情形的提要：（1）老師有提供學習的機會嗎？（2）幼兒在學習目標上有進步嗎？（3）根據前兩個問題，有什麼需要調整的嗎？ELO 概覽表可成為老師回答此三項問題的思考引導。Kevin 老師和 Marie 老師為 Greg 學習溝通所計畫的 ELOs 如圖 6.4 示例。

| 附件 6A．ELO 發展檢核表　CSS+ | | | （第一頁，共一頁） |

指引：本表主要用於討論和決定幼兒現階段的學習目標及嵌入式教學機會。首先列出幼兒的學習目標，接著簡要回答每一個問題。問題的答案有助於接下來填寫 ELO 活動表。

問題	幼兒姓名：Greg		
	目標摘要		
	說出語詞	主動與同儕互動	維持參與小組活動的投入感
1. 結合：在什麼活動、例行性活動或情境中，可自然地及／或合於邏輯地展現此行為？	所有班級活動和作息，包括需要和他人溝通的銜接活動	學習區活動時間、點心時間、戶外遊戲時間	小組和共讀活動
2. 資源：老師何時有空教學，而不只是督導幼兒？	小組和大團體活動	學習區活動時間、點心時間、戶外遊戲時間	小組和共讀活動
3. 機會：在活動中或跨活動中，有多少學習機會？	每個活動四次	每個活動三次	每個活動四次

圖 6.2 ELO 發展檢核表示例

指引：嵌入式學習機會（ELO）活動表主要用於彈性規劃何時和何地嵌入教學的機會。首先將幼兒的目標從 ELO 發展檢核表中複製到本表的學習目標欄，接著依日常作息填入活動，須包括銜接活動和餐點時間。以 ELO 發展檢核表為參考依據，決定作息中哪些活動適合成為 ELOs 的時段。

幼兒姓名：Greg

作息	學習目標		
	說出語詞	主動與同儕互動	維持參與小組活動的投入感
到園			
學習區自由探索	表達學習區的選擇	表達加入遊戲	
銜接活動			
團討	回答和活動有關的問題	和同儕打招呼作為團討的開始	維持參與活動的投入感
大團體活動	回答和主題有關的問題		維持參與活動的投入感
點心時間			
故事時間	回答和閱讀書籍有關的問題		維持參與活動的投入感
戶外活動時間		表達加入遊戲	
銜接活動			
小組活動	回答和主題有關的問題		維持參與活動的投入感
結束活動／放學			

圖 6.3 ELO 活動表示例

指引：本表主要用於嵌入式學習機會（ELOs）的執行。每一個學習目標用一張表單。

日期：10/21

團隊人員：Maria、Kevin、Becky

幼兒姓名：Greg

嵌入的長期／短期目標：

Greg 會用二個（或多於二個）語詞回答問題和表達他的希求和需求。

嵌入教學的單元／活動／作息（如果需要的話，包括地點、時間、次數、素材／器材）：

- 學習區自由探索：回答有關學習區選擇的問題
- 團討：回答例行性問題，如：誰來上學了、今天星期幾、今天要做的事情
- 大團體活動：回答和主題有關的問題
- 故事時間：回答和閱讀書籍或故事有關的問題
- 小組活動：回答和主題有關的問題
- 使用原本的素材，不需要額外準備特定素材

引導幼兒做出回應的語言或行為：

- 以引導幼兒用多個語詞回答的開放性問題提問（如：「現在是學習區時間，你想做些什麼？」避免問：「你想去哪一個學習區玩？」）

如何回應幼兒：

- 正確／合宜時：

  以重複和延伸來確認回答。（如：你可以去積木區玩，或許可以用積木蓋一座高塔喔！）
- 不正確／不合宜時：

  如果幼兒只用單字回答，則可用他所回答的單字延伸正確的回答。並讓他跟著說。

  （如：喔，你想玩積木，說說看「玩積木」。）
- 無回應時：

  重複問題、等待、提供示範；如果幼兒仍只說單字或沒有回答，則使用前述「不正確／不合宜」的引導方法。

如何評量和監測進步情形：

- 製表記錄 Greg 在一星期任二天的表現，正確畫記「＋」、不正確畫記「－」。
- 同時記錄 Greg 的回答內容和所提供的提示。
- 每個星期檢視是否提供充分的學習機會，是否需要繼續或調整。

圖6.4　ELO 概覽表示例

資料來源：Sandall, S.R., & Schwartz, I.S. (2008). *Building blocks for teaching preschoolers with special needs* (2nd ed., p. 142). Baltimore, MD: Paul H. Brookes Publishing Co.; adapted by permission.

重點摘要

　　本章內容介紹 CSS+ 課程架構的第四項步驟：檢視活動計畫以回應幼兒的差異化和個別化需求。課程調整策略的主要目的在增進幼兒參與活動，並在連續性課程內容中學習。ELOs 則提供老師在班級活動和作息中按步驟設計和進行符合幼兒獨特學習目標的系統化教學。

- 差異化的目的是指教學必須經由合宜的調整，使幼兒能主動地參與和學習課程內容。
- 老師可從學習環境、教學內容、活動形式等面向，檢視何者需要差異化的調整。
- 差異化的要素分為八種課程調整策略：環境支持、素材調整、特殊器材、幼兒喜好、活動簡化、成人支持、同儕支持、隱性支持。
- 實施 ELOs 之目的主要是因為單純提升普通教育課程的可及性，並不能完全協助幼兒達成個別化的學習目標。
- 老師運用 ELOs 計畫和實施在跨活動中簡短、有意圖的教學，以回應幼兒個別化的學習需求。
- ELOs 提供幼兒充分學習和練習重要技能的機會，也讓幼兒在有意義的情境中學習。
- 老師在發展 ELOs 時，必須著重教什麼、何時教、如何教以及如何評量執行成效。

指引：本表主要用於討論和決定幼兒現階段的學習目標及嵌入式教學機會。首先列出幼兒的學習目標，接著簡要回答每一個問題。問題的答案有助於接下來填寫 ELO 活動表。

問題	幼兒姓名：		
	目標摘要		
1. 結合：在什麼活動、例行性活動或情境中，可自然地及／或合於邏輯地展現此行為？			
2. 資源：老師何時有空教學，而不只是督導幼兒？			
3. 機會：在活動中或跨活動中，有多少學習機會？			

取自：盧明、劉學融（譯）（2020）。學前融合教育課程架構：以全方位學習（UDL）為基礎支持幼兒成功學習（原作者：Eva M. Horn, Susan B. Palmer, Gretchen D. Butera, & Joan A. Lieber）。新北市：心理。

指引：嵌入式學習機會（ELO）活動表主要用於彈性規劃何時和何地嵌入教學的機會。首先將幼兒的目標從 ELO 發展檢核表中複製到本表的學習目標欄，接著依日常作息填入活動，須包括銜接活動和餐點時間。以 ELO 發展檢核表為參考依據，決定作息中哪些活動適合成為 ELOs 的時段。

幼兒姓名：

作息	學習目標		

取自：盧明、劉學融（譯）（2020）。學前融合教育課程架構：以全方位學習（UDL）為基礎支持幼兒成功學習（原作者：Eva M. Horn, Susan B. Palmer, Gretchen D. Butera, & Joan A. Lieber）。新北市：心理。

指引：本表主要用於嵌入式學習機會（ELOs）的執行。每一個學習目標用一張表單。

日期：

團隊人員：

幼兒姓名：

嵌入的長期／短期目標：

嵌入教學的單元／活動／作息（如果需要的話，包括地點、時間、次數、素材／器材）：

引導幼兒做出回應的語言或行為：

如何回應幼兒：
正確／合宜時：

不正確／不合宜時：

無回應時：

如何評量和監測進步情形：

資料來源：Sandall, S.R., & Schwartz, I.S. (2008). *Building blocks for teaching preschoolers with special needs* (2nd ed., p. 142). Baltimore, MD: Paul H. Brookes Publishing Co.; adapted by permission.

監測進步情形之要素

Susan B. Palmer, Gretchen D. Butera, Amber Friesen, and Jill Clay

　　之前章節介紹了具挑戰性課程的內容（步驟一和步驟二），運用 UDL 原則的教學規畫（步驟三），以及回應幼兒個別化學習需求的差異化和個別化支持（步驟四）。接著步驟五的內容重點是老師如何監測幼兒在課程目標、焦點目標（如 IEP 目標）上的進步情形。監測幼兒的學習進步情形（progress monitoring）指的是進行連續性的測驗評量，蒐集幼兒學習改變的資料或進步表現的資料，以決定幼兒學習目標達成的結果（見圖 7.1）。幼兒學業能力、社會能力進步情形的資料，可提供老師做教學決定時的參考依據。老師亦可使用監測進步的資料作為幼兒學習的回饋，形成一個計劃、教學和定期評量的連續循環歷程（步驟六）。

　　本章主要內容為介紹 CSS+ 課程架構的步驟五和步驟六（見表 7.1）。首先介紹監測進步情形的工作和整體評量架構關係；接著介紹不同的評量類型和目的，以及提供監測進步情形的實用策略和具體示例。

圖 7.1 進步情形監測循環圖

表 7.1 CSS+ 課程規劃步驟

步驟
步驟一：發展／確認課程範圍和順序。
步驟二：強化課程的連貫性和統整性。
步驟三：發展 UDL 原則的活動計畫以支持所有幼兒的學習。
步驟四：檢視活動計畫以回應幼兒的差異化和個別化需求。
步驟五：連結課程範圍和順序來監測幼兒的進步情形。
步驟六：反思課程活動的實施情形以作為日後課程活動規劃的依據。

　　Sharniece 是啟蒙方案班級的老師，因為對幼兒評量的議題感到有進修的需求，參加了州級幼兒教育研討會。她曾經和巡迴輔導老師 Shannon 談過評量的議題；Shannon 老師去年每隔週會進班協助 Sharniece 老師為一位多重障礙幼兒規劃活動。Sharniece 老師決定今年再和 Shannon 老師討論如何監測幼兒的學習進步情形。

幼兒教育評量

　　評量是課程與教學的一環，也是課程與教學品質的一部分。監測幼兒的進步情形可確保幼兒在課程活動中有所學習，亦是增進幼兒教育品質的方法；而父母可從評量資料中得知孩子學習的進步情形。

　　除了幼兒的個別學習成果，評量面向也包括了課程品質、幼兒的特定學習需求、教室本位的學習評量和有效的教學實務。例如 Sharniece 老師任教的啟蒙方案班級使用啟蒙方案幼兒發展和早期學習架構（Head Start Child Development and Early Learning Framework; Office of Head Start, 2011a）作為評鑑的工具。美國有許多州已研編並施行出生至 5 歲的嬰幼兒學習標準，作為訂定嬰幼兒學習目標和評量之參考依據。這些嬰幼兒學習標準正在修訂之中，以期結合幼兒園大班至 12 年級的各州共同核心標準（CCSS）或各州的特定標準。當整體的教師教學評鑑機制逐漸成形，幼兒教育課程可能隨時間更加重視績效責任。

評量的目的

　　評量是為特定目的蒐集資料，以作為決定的依據。McLean（2014）提出評量之目的包括：

- 透過課程評鑑之評量建立績效責任。
- 透過篩檢了解幼兒進一步鑑定的需求。
- 評量幼兒接受特殊教育的資格和適合的服務方案。
- 監測幼兒在普通教育課程和 IEP 目標的進步情形。

　　當課程方案中使用多層介入模式（如：介入反應模式 [RTI]；Burns & Gibbons, 2008）或是多層支持模式（Mellard, Stern, & Woods, 2011），亦需要運用評量來監測幼兒在不同教學層次中的整體進步情形和學習成果。

課程評鑑和績效責任

　　「測量幼兒教育的品質已成為州政府和地方政府評量和改善品質的政策核心要素。」（Martinez-Beck, 2011, p. xviii）。美國目前大約每 10 所幼兒園

中就有八所是以提供中心本位（center-based）類型的照顧和教育為主（Halle, Martinez-Beck, Forry, & McSwiggan, 2011）。幼兒教育培養幼兒上小學的學校準備能力，尤其對經濟弱勢和母語非英語家庭的幼兒而言更形重要。課程評鑑透過量化和質化的評量方法來提升幼兒教育的正向成效。

篩檢

篩檢（screening）的功用在於發現尚未達到發展里程碑的幼兒。社區的衛生醫療單位提供的嬰幼兒篩檢有助我們了解幼兒是否需要進一步鑑定來確定接受特殊教育和相關服務的資格。篩檢的範圍包括幼兒的語言、認知、社會－情緒、粗大動作、精細動作、視覺、聽覺和其他有關的發展。

學界使用**全面性篩檢**（universal screening）一詞來描述採用多層介入或 RTI 教學實務的幼兒園所進行的幼兒篩檢過程（McLean, 2014）。老師可以運用篩檢結果決定幼兒所需的學習支持程度。

評量與特殊教育

IDEA 法案 B 部分明訂 3 至 5 歲幼兒評量（assessment）的規定（McLean, 2014）。IDEA 2004 規定地方教育單位須以多元的評量工具和多元的方法來蒐集幼兒功能性和發展性的資料，作為判斷幼兒障礙情形和擬定 IEP 內容的依據。家庭所提供的資料亦須一併成為判斷幼兒障礙情形的依據。如果使用標準化測驗評量幼兒，需要由經過訓練的專業人員執行，以幼兒的母語進行測驗，並須留意測驗內容不應出現種族或文化歧視。

一旦確定幼兒須接受特殊教育的服務，持續監測幼兒在 IEP 長期目標與短期目標的進步情形是教學工作中重要的部分。幼兒的進步情形反映教學對幼兒學習的支持情形之外，也是檢視目標是否需要保留、修訂、更換的依據。

接受特殊教育經費補助的機構必須根據關鍵指標提出幼兒教育成效結果報告，其指標包括：（1）正向的社會－情緒能力；（2）知識和技能的習得與運用；（3）運用合宜的行為來滿足自身需求（Early Childhood Technical Assistance Center, n.d.）。IDEA 法案 B 部分在有關家庭的指標中顯示，學校促進家長參與可改善服務品質及特殊需求幼兒的發展與學習成效（Bailey, Bruder, & Hebbeler, 2006）。

幼兒階段的成效結果資料蒐集分為二次進行——幼兒入學、畢業或離開接受服務的機構。美國各州積極發展和蒐集幼兒成效與家庭成效指標的資料，作為評鑑特殊教育服務成效的重要參考。

監測所有幼兒的進步情形

Wolery 和 Ledford（2014）認為每個人在生活中會對所發生的事件、時間的運用，或是任何一件引起興趣的事情進行監測。例如一個人持續記錄採購食物的花費，或是在有限的額度中消費。又如一個人關心自己的健康狀況，每天量體重，觀察體重的變化。如同生活中的監測，Kevin 老師為了了解班級中發展遲緩或高危險群幼兒的學習改變，他也必須監測幼兒的進步情形。Kevin 老師至少需要有學習前－後的二次資料佐證幼兒的學習表現。評量資料的蒐集需要系統化的持續進行，才能觀察幼兒學習的改變。

在融合教育的情境中，所有的幼兒都需要老師蒐集他們的學習表現並持續進行學習監測，以及檢視幼兒的學習表現和州級標準或國家標準（如：CCSS）的符合程度，同時也讓家長了解幼兒的學習表現（NAEYC, 2002）。此外，幼兒評量的資料亦可成為教師教學評鑑的參考資料之一。

⊕ 監測進步情形的其他要項

「持續的評量和監測會構成一個具統整性的評量系統。在統整性評量系統的連續循環中，針對初始評量的教學決定（initial assessment decisions）進行監測和評鑑，以保障幼兒獲得符合其現階段需求的服務」（DEC, 2007, p. 13）。Kevin 老師將幼兒照顧與教育課程和統整性評量系統相結合，一方面可掌握幼兒的學習，另一方面也可作為教學省思的訊息來源。老師透過正式或非正式評量來監測幼兒各領域的發展與學習，「提供個別課程和課程評鑑的機制」（DEC, 2007, p. 13）。DEC（2014）建議實務說明了系統、連續性的評量必須確定幼兒的焦點目標，以作為老師計畫活動的指引，而監測幼兒的進步情形需要老師有足夠的敏銳度來觀察發現幼兒學習行為的改變，並成為後續改進教學的參考訊息。有效的監測能讓幼兒獲得較多的學習機會、較扎實的教學介入以

及較多的學習支持。

● 嬰幼兒學習標準

幼兒學習進步情形的監測需要連結幼兒發展的重要指標。嬰幼兒學習標準臚列「出生至 5 歲嬰幼兒在參與優質幼兒教育方案後，應習得的知識與技能」（Kansas Department of Education, 2013, p. 7）。NAEYC（2002）所提出的發展合宜教學實務聲明中亦強調，評量幼兒學習情形需與嬰幼兒學習標準結合。近年來，嬰幼兒學習標準與 K-12 標準本位（standards-based）教育運動的連結影響了幼兒教育課程，並更加重視幼兒教育評量，包括監測幼兒學習進步情形的實務議題。

● 進步情形監測歷程中的評量

老師通常會關心如何使監測幼兒進步情形在教室中成為可行之事，以下的評量決定和選擇可幫助老師具體執行監測。

簡要

監測幼兒學習表現的活動必須簡短、簡明，也必須將之規劃在教學活動中。老師可選擇只需幾分鐘的簡短評量，或是同時評量多位幼兒。

容易執行

監測的方法不宜太難、太複雜，最好的方法是教室中的老師或其他成人（如：助理老師）都知道執行的程序。計分方法或記錄方法亦應避免太複雜。

信度

指的是評量工具的穩定性和一致性，亦即具備在不同時間、不同使用者的使用一致性。

效度

指的是評量到所欲評量內容的程度，而幼兒學習指標內涵可成為監測幼兒學習表現的效度依據。

重複監測

學習目標的評量至少需要蒐集幼兒的起點行為和一段時間後的學習表現資

料。較高評量頻率可以提供較多有關幼兒學習的教學決定。

敏察幼兒學習的微幅改變

老師對於幼兒的學習表現須保有敏銳度，即使小小的進步也應記錄下來。以表格的方式記錄較方便老師在連續過程中記錄幼兒的表現和改變。

回應所有幼兒的需求

DEC（2014）建議實務提到評量工具的選擇必須考慮所有幼兒的需求，特別是有明顯需要支持的幼兒。老師需要了解如何評量母語非英語的幼兒，視情況進行調整和改變，或是在過程中提供引導和提示。

使用對教學決定有用的訊息

評量幼兒學習的成果可成為老師做出教學決定的依據，亦即調整和改變教學內容、方法的教學決定。附件 7A（參見第 129 頁）的內容可引導老師思考監測進步情形的要項，完整的示例如圖 7.2。

附件 7A・監測班級進步情形的實施檢核表　　　　　　（第一頁，共二頁）

指引：運用此檢核表來決定如何監測全班幼兒的學習進步情形。(1) 選擇一項領域或標準；(2) 舉出所強調的標準；(3) 決定評量的頻率；(4) 選擇評量的方法；(5) 選擇評量的工具；(6) 決定共同監測幼兒進步情形的人員；(7) 思考下一步。

1. 評量的領域？

讀寫＿＿＿＿＿　　數學＿＿＿＿＿　　社會－情緒　✓＿＿　　科學＿＿＿＿＿

其他＿＿＿＿＿＿＿＿＿＿＿＿＿＿＿＿＿＿＿＿＿＿＿＿＿＿＿＿＿＿

2. 強調的標準？

a. 教學策略 GOLD 4.1＿＿＿＿＿＿＿＿＿＿＿＿＿＿＿＿＿＿＿＿＿＿＿

b. 教學策略 GOLD 5.2＿＿＿＿＿＿＿＿＿＿＿＿＿＿＿＿＿＿＿＿＿＿＿

3. 評量此領域／標準的頻率？

每週＿＿＿＿＿　　隔週　✓＿＿　　每月＿＿＿＿＿　　其他＿＿＿＿＿＿

圖 7.2　監測班級進步情形的實施檢核表示例

4. 評量此領域／標準的方法？

   a. 州級或方案要求的方法＿＿＿＿＿＿

   b. 表現評量（作品取樣；教學策略 GOLD 評量系統－Heroman, Burts, Berke, & Bickart, 2010）　✓

   c. 評量系統＿＿＿＿＿＿

   d. 目標達成評量＿＿＿＿＿＿

   e. 方法和評量的選擇＿＿＿＿＿＿

   f. 其他方法＿＿＿＿＿＿

5. 評量類型（列出評量工具名稱）：

   a.＿＿＿＿＿檢核表：＿＿＿＿＿＿

   b.　✓　評量表：老師自編評量表。運用自編評量表來完成教學策略 GOLD 評量系統。

   c.＿＿＿＿＿非正式評量：＿＿＿＿＿＿

   d.＿＿＿＿＿直接觀察－活動紀錄：＿＿＿＿＿＿

   e.＿＿＿＿＿正式評量：＿＿＿＿＿＿

6. 監測期間的參與者？

   ✓　教師　　✓　助理教師　　＿＿＿班級助理員　　＿＿＿其他

7. 監測後的全班進步情形：

   ✓　此領域或標準已充分達成進步。

   下一步？團體參與有進步，但仍須練習和他人之間合宜的參與互動，尤其是在衝突的問題解決、協商和分享方面須多加練習。

或是

   ＿＿＿＿＿此領域或標準尚未有充分進步。

   需要改變？＿＿＿＿＿＿＿＿＿＿＿＿＿＿＿

   ＿＿＿＿＿內容傳達的方法

   ＿＿＿＿＿教學組別的人數

   ＿＿＿＿＿素材

   ＿＿＿＿＿幼兒學習活動

   ＿＿＿＿＿教師對幼兒的期望

   備註：以小組的方式進行幼兒喜歡的活動，以增加幼兒的活動參與。

● 監測進步情形的方法

．．

　　幼兒教育專業發展研討會最後提出幼兒園如何進行系統化評量的議題，會議主持人詢問參與者的評量實務經驗。一位老師自願分享：「我簡短分享一下。雖然我們已開始監測幼兒的進步情形，但是才正準備要在課程中建構標準的監測歷程。這也是今天我來參加研討會的原因。我們有給家長評量報告，平時我也做紀錄，蒐集幼兒的資料放在給家長的評量報告中。我很留意蒐集資料，因為一年有四次家長會議，會議中我會展示幼兒的學習作品和紀錄。我的筆電裡有每一個幼兒的檔案，其中也有平時我拍攝的幼兒照片。」

　　幼教老師通常會使用多種方法來支持教室中的教學決定。

　　以下介紹學前階段綜合學習和教學過程的評量方法：作品取樣（Dichtelmilller, Jablon, Dorfman, Marsden, & Meisels, 2001）以及教學策略 GOLD 評量系統（Teaching Strategies, 2011）。其他回應幼兒特別需求，或是老師較喜歡的方法，亦於以下章節內容中介紹。

作品取樣：表現評量（Work Sampling: A Performance Assessment）

　　作品取樣是「具有真實性的表現評量，這種評量方式可以幫助老師在實際教室情境（classroom-based）的經驗、活動和作品中蒐集資料並評鑑幼兒的技能、知識和行為」。真實評量的特質不在於比較幼兒之間的學習表現，而是「幫助老師在教室中做出教學決定」（Dichtelmiller et al., 2001, p. 2）。表現評量是依據幼兒的生理年齡進行發展領域的評量——個體和社會發展、語文和讀寫發展、數學思考、科學思考、社會、藝術、身體動作發展。老師在平日生活中觀察，並整理評量結果為一年三次的評量報告。評量報告中顯示幼兒在各領域中的發展情形——已發展、發展中、待發展。老師根據評量結果，設計較幼兒現階段能力表現更高一層的學習內容，提供幼兒潛能發展的學習活動。

　　作品取樣評量監測的資料，經由彙整和分析後可提供州級教育單位檢視課

程標準和內容與幼兒成效的關係。分析結果亦可作為教師專業發展的參考依據。

教學策略 GOLD 評量系統（Teaching Strategies GOLD）

　　教學策略 GOLD 評量系統（以下簡稱 GOLD）是具研究基礎（research-based）的綜合性評量，有助老師提供有效的教學，以促進幼兒的發展和學習（Teaching Strategies, 2011）。此套評量系統符應 CCSS、啟蒙方案幼兒發展和早期學習架構，協助老師評量幼兒發展和學習的進展。老師可連結各州訂定的分齡學習目標，監測幼兒在 GOLD 的 38 項目標上之進步情形。而 GOLD 的各項目標有其對應的教學策略，可作為促進幼兒學習的參考策略。GOLD 可和班級活動中的觀察評量，以及幼兒學習檔案的資料結合使用。老師可選擇使用書面或線上 GOLD 提供的幼兒成效摘要表（Child Outcomes Summary Form），配合一年三次的幼兒評量結果報告和其他評量資料，作為幼兒學習檔案中的評量結果資料。

其他評量監測的方式

　　許多幼教老師會使用該州規定的特定課程或系列課程作為評量的依據，如：《嬰幼兒評量、評鑑及課程計畫系統（第 2 版）》（*Assessment, Evaluation, and Programming System for Infants and Children [AEPS®] Second Edition*; Bricker & Waddell, 2002）、《學前創造性課程》（*Creative Curriculum for Preschool*; Dodge et al., 2002）、《好奇區角》（*Curiosity Corner*; Success for All, 2014）。嬰幼兒學習指標可與前述課程結合，成為幼兒進步情形監測系統的一部分。舉例來說，我們邀請學前特教老師與 CSS+ 研究人員一起重新規劃幼兒在校學習進步情形的監測系統。此舉目的是減少評量項目的數量以利管理，並確保評量項目能結合現有的嬰幼兒學習指標和身心障礙幼兒成效指標。

　　以下以堪薩斯州嬰幼兒學習標準（Kansas Early Learning Standards, KELS; Kansas State Department of Education, 2013）為例，說明如何建立監測幼兒進步情形的方法。首先，至州政府網頁下載 KELS 和幼兒成效對照表，檢視其中的基準（benchmarks）和指標（indicators）。在每個標準之下至少選定一個基

準，藉此整併評量項目，並選出最具代表性、可評量和可觀察的基準。再從 45 個 KELS 指標選出 30 個指標代表幼兒成效，彙整如圖 7.3 的評量項目，藉以監測幼兒的進步情形 *。有效率且有系統的評量可讓老師有更多時間構思教學、教導幼兒。合作幼兒園每年會提出四次的幼兒評量結果報告，因此我們將 30 個指標分成一半，將適合在第一次評量的 15 個指標註記第一學期、第三學期，另外 15 個指標則在第二和第四學期進行評量，以減輕老師的負擔。老師會在教學活動中監測幼兒的進步情形。圖 7.4 以社會－情緒領域為例說明監測幼兒進步情形的步驟。圖 7.5 以 AEPS（Bricker & Waddell, 2002）數學指標為例說明評量監測表的使用方式。

　　同樣地，啟蒙方案班級也將評量結合教學活動。我們根據 GOLD（Teaching Strategies, 2011）的各項目標，選定容易蒐集幼兒學習表現資料的課程活動，並製作 GOLD 目標與課程活動的對應表。將 GOLD 目標結合課程規劃，更容易監測幼兒的平時學習表現。

· ·

　　Sharniece 老師在研討會中分享如何進行評量：「我們以啟蒙方案課程的評量系統為基礎，使用學前創造性課程（Dodge et al., 2002）和 GOLD（Teaching Strategies, 2011）。我們依照 GOLD 的項目，每年三次逐一評量每一位幼兒。這樣的評量方式讓我們了解全班幼兒的學習情形，讓我們討論、調整教學，也成為我們和家長溝通幼兒發展和學習的資料。而且線上資料方便使用，節省了老師評量操作的時間。」

---

* 編註：原文的圖 7.3 內容疏漏，僅列出 29 個指標。

標準	參考基準	評量項目 KELS 指標	OSEP ECO 1	OSEP ECO 2	OSEP ECO 3	學季	學季	活動 前	活動 後
PHD 標準 1：發展粗大動作技能	1.1 控制和平衡身體的移動	1.（Pre4 1）繞過障礙物跑步、轉彎			✓	1	3		
PHD 標準 2：發展精細動作技能	2.1 有目的地使用和協調精細動作	2.（Pre4 1）用書寫工具仿畫形狀和字母			✓	1	3		
SE 標準 3：發展自我控制和個人責任	3.1 了解簡單的規則和規範	3.（Pre3 2）輪流	✓			1	3		
SE 標準 1：展現自我	1.2 知道個人資訊	4.（Pre4 2）知道自己的名字和其他的個人資訊	✓			1	3		
CL 標準 2：觀察和回應溝通	2.2 用母語溝通，使他人了解	5.（Pre4 2）運用與話題有關的詞彙且不離題	✓		✓	1	3		
CL 標準 3：展現早期閱讀能力	3.2 表現字母的知識	6.（Pre4 1）辨認在熟悉和不熟悉字中已經知道的字母		✓		1	3		
	3.3 表現音素／音韻覺識	7.（Pre4 3）連結字母和聲音		✓		1	3		
	3.5 發展／了解故事	8.（Pre4 1）回顧故事的訊息和順序（如：地點、角色、事件）		✓		1	3		
CL 標準 4：展現書寫萌發能力	4.1 了解書寫的目的是為了溝通	9.（Pre4 1）知道文字能表徵口語語詞（如：名字、環境標示）		✓		1	3		
	4.3 使用書寫來表達／溝通	10.（Pre4 1）書寫出一些可辨認的字母		✓		1	3		

圖 7.3 進步情形監測：堪薩斯州嬰幼兒學習標準（KELS）與特殊教育計畫辦公室（OSEP）幼兒成效（ECO）聯盟及學季評量項目

OSEP 幼兒成效：(1) 正向的社會－情緒能力（包括社會關係）、(2) 知識和技能的習得與運用、及 (3) 運用合宜的行為來滿足自身需求。KELS 編碼：PHD：身體健康與發展；SE：社會－情緒發展；CL：溝通與讀寫；ATL：學習取向；MK：數學知識；SS：社會；FA：藝術。（資料來源：Goosen, M.D. [2007]. KSELD and OSEP early childhood outcomes aligned. Parsons, KS: Kansas Inservice Training System; adapted by permission.）

標準	參考基準	評量項目 KELS 指標	OSEP ECO 1	OSEP ECO 2	OSEP ECO 3	學季	學季	活動 前	活動 後
ATL 標準 1：展現正向的學習	1.1 表現熱忱和堅持	11.（Pre4 1）失敗多次仍堅持嘗試完成工作			✓	1	3		
FA 標準 1：展現藝術的創作	1.3 自我表現和欣賞	12.（Pre3 1）計畫並獨立完成藝術創作		✓		1	3		
MK 標準 2：了解型式和關係（代數）的概念	2.1 利用物品屬性做比較和型式排列	13.（Pre4 2）在成人的引導下，使用標準化和非標準化的計量單位（如：用單位積木量身高、數數看幾杯水可裝滿水桶）		✓		1	3		
MK 標準 3：了解幾何和空間概念	3.1 分辨和描述空間關係	14.（Pre4 1）了解方向、順序和位置（如：上/下、前/後、第一/最後）		✓		1	3		
	3.2 分辨幾何圖形和其屬性	15.（Pre3 1）辨認環境中的基本形狀（如：圓形、正方形、三角形）		✓		1	3		
SCI 標準 1：了解科學探究的過程和邏輯思考	1.1 表現問題解決和做決定的探究技能	16.（Pre4 2）提問／回答有關環境中物品、事件的問題	✓			2	4		
SCI 標準 2：表現和生命、物理、太空科學有關的基本概念、原則和相互關係	2.2 知道並運用概念描述生物之間的互動、生物與環境的互動	17.（Pre3 1）了解生物需要空氣、水和食物		✓		2	4		
MK 標準 1：了解數字和數量的概念和運算	1.1 了解數量（基數概念）	18.（Pre4 1）了解最後一個數代表數量的總和		✓		2	4		
	1.2 了解運算	19.（Pre4 1）數算物品相加的總數		✓		2	4		

圖 7.3 進步情形監測：堪薩斯州嬰幼兒學習標準（KELS）與特殊教育計畫辦公室（OSEP）幼兒成效（ECO）聯盟及學季評量項目（續）

標準	參考基準	評量項目 KELS 指標	OSEP ECO 1	OSEP ECO 2	OSEP ECO 3	學季 2	學季 4	活動 前	活動 後
SS 標準 1：了解基本的經濟概念	1.1 了解交換物品和服務的基本交易行為	20.（Pre4 1）了解金錢可以交換物品和服務		✓		2	4		
SS 標準 2：了解基本的地理概念	2.1 了解人和地方的關係	21.（Pre4 2）配對物品和地方		✓		2	4		
PHD 標準 3：展現有益健康的行為	3.2 遵守安全規則	22.（Pre4 1）分辨警告符號和意義（如：紅燈、禁行標誌、毒物標誌）		✓		2	4		
	3.3 落實個人衛生	23.（Pre3 1）如廁的自我照顧			✓	2	4		
SE 標準 2：發展正向社會關係	2.1 和他人有依附和情緒連結	24.（Pre4 1）幫助他人	✓			2	4		
	2.2 尋求和維持友誼	25.（Pre4 1）了解朋友的意義（如：會關心、傾聽、分享想法、安慰他人、是值得信任的人）	✓			2	4		
SE 標準 4：參與大團體和小組活動	4.1 在團體活動中合宜地回應	26.（Pre4 1）回答和活動或對話有關的問題	✓			2	4		
SE 標準 5：在遊戲中展現想像力和創造力	5.2 和他人共同參與遊戲並投入其中	27.（Pre4 1）玩簡單規則的遊戲（如：大風吹、紅綠燈）	✓			2	4		
CL 標準 1：以多元方式使用語言	1.1 使用動作或口語啟始互動或表達需求	28.（Pre4 1）使用四到七個字的句子		✓		2	4		
	1.2 使用語言溝通想法和感受	29.（Pre4 1）溝通時表達個人經驗、知識和／或感受		✓		2	4		

圖 7.3　進步情形監測：堪薩斯州嬰幼兒學習標準（KELS）與特殊教育計畫辦公室（OSEP）幼兒成效（ECO）聯盟及學季評量項目（續）

堪薩斯州嬰幼兒學習標準 1：展現自我

指標 1.2：知道個人資訊

第三學期正式評量技能：知道自己的名字和其他的個人資訊（評量項目 4）。

評量的機會：

1. 觀察幼兒在團討、點心時間、學習區或其他例行性活動中的師生互動。
2. 系列活動 61──大團體活動：探索機場。

如何蒐集：

1. 問幼兒有關個人資訊的問題：「你叫什麼名字？」「你幾歲？」「你的生日是幾月幾號？」「你是女生，還是男生？」「你住在哪裡？」「你媽媽／爸爸叫什麼名字？」「你讀哪間學校？」分別給女生和男生特定的工作，例如：「如果你是男生，你就站起來、洗手、選學習區⋯⋯」
2. 如果進行系列活動 61──大團體活動，則可延伸活動，讓幼兒提供個人資訊（如：向票務員說出自己的全名和生日、認得行李吊牌上的住址和電話號碼、與家人走散時能說出父母的名字）。

評量標準：

- 已發展（Proficient）：學生知道並提供以下的個人資訊：全名、年齡、性別、生日，並提供以下其中一項個人資訊：(1) 父母的姓名；(2) 居住的城市；(3) 校名；(4) 電話號碼；(5) 住址。
- 發展中（Emerging）：學生可辨別個人資訊，但尚不能獨立地提供個人資訊。
- 待發展（Not yet demonstrating）：學生不會提供個人資訊。

第一和第三學期：社會－情緒發展──表格

標準 1：展現自我

評量技能：知道自己的名字和其他的個人資訊（評量項目 4）

如何蒐集：(1) 填入學生姓名；(2) 標記「是」或「否」表示幼兒是否知道個人資訊；(3) 依據評量標準註記評量結果。

活動：＿＿＿＿＿＿＿＿＿＿＿＿＿＿＿＿＿＿＿＿＿＿

日期：＿＿＿＿＿＿＿＿＿＿＿＿＿＿＿＿＿

學生姓名	知道全名	年齡	性別	生日	父母的姓名	居住的城市	校名	電話號碼	住址	評量結果
Joe P.	是	是	是	是	否	否	是	否	否	P

評量標準：

P＝已發展：學生知道並提供以下的個人資訊：全名、年齡、性別、生日，並提供以下其中一項個人資訊：(1) 父母的姓名；(2) 居住的城市；(3) 校名；(4) 電話號碼；(5) 住址。

E＝發展中：學生可辨別個人資訊，但尚不能獨立地提供個人資訊。

N＝待發展：學生不會提供個人資訊。

圖 7.4　社會－情緒發展：評量項目

資料來源：Kansas State Department of Education (2014).

本評量的目的在於觀察每一位幼兒數概念和運算，以協助老師更加了解每一位幼兒在數概念和運算的學習上所需的支持和教學調整。

數概念：長期目標 1　數算至少 20 個物品
　　　　　　　　　短期目標 1.1　數算至少 10 個物品
　　　　　　　　　短期目標 1.2　數算 3 個物品
　　　　長期目標 2　了解數字
　　　　　　　　　短期目標 2.1　命名數字符號 1 至 10
　　　　　　　　　短期目標 2.2　辨認數字符號

指引：

幼兒參與數字 1 到 5 的相關活動後，評量幼兒的數概念。「數數家裡有幾個人」的小組活動可評量個別幼兒在數概念目標的進步情形。依照以下的步驟評量每一位幼兒：

1. 製表記錄每一位幼兒數概念的了解程度，評量標準參考《嬰幼兒評量、評鑑及課程計畫系統（第 2 版）：3 歲至 6 歲的課程》（Assessment, Evaluation, and Programming System for Infants and Children [AEPS®], Second Edition: Curriculum for Three to Six Years; Bricker & Waddell, 2002）。
2. 讓幼兒放聲數數。
3. 展示幼兒帶來的家庭照片，選擇五張上面有一至五位家人的照片，評量幼兒的表現：
　　3.1 評量幼兒能否目測得知照片中的人數。
　　3.2 評量幼兒能否一對一點數照片中的人數。
4. 展示 1 到 5 的數字卡，讓幼兒用數字卡配對照片中家人的人數。
5. 展示二張不同家人人數的照片，問幼兒哪一張照片的人數比較多，哪一張照片的人數比較少。

圖 7.5　**數概念和運算**

資料來源：Bricker & Waddell (2002).

目標達成評量：監測短期目標的指標

　　目標達成評量（Goal Attainment Scaling, GAS; Kiresuk, Smith, & Cardillo, 1994）是監測幼兒進步情形的有效工具，其引導老師建立個別幼兒目標的評量指標（如：達成率和達成水準），適合用於評量和監測幼兒的任何目標。幼兒開始學習新的目標時，老師可設定累進、遞增的預估進步情形，以監測和說明幼兒的實際進步情形，像是幼兒經過一段時間學習後能正確辨認幾個英文字母、在學習區活動中能花多少時間參與社會互動。

Sharniece 老師繼續分享評量執行的情形：「我們雖然使用教學策略 GOLD 評量系統（Teaching Strategies, 2011），但是仍然覺得這套系統化評量指引對我在平日評量幼兒個別化或獨特需求所需的資訊並不夠充分。我想了解有沒有較簡易的方法讓我可以持續監測幼兒的學習。對於即將上大班的幼兒，我需要更多訊息來讓我支持他們的學習。」

一位參加研討會的老師看著 Sharniece 老師說：「我能了解你剛才所說的。在我們班，一個星期的其中一天會針對幼兒 IEP 目標進行評量，當然我們也會在其他天中進行評量。每隔週的星期五進行幼兒 IEP 目標的討論。我們用多元的方法和工具進行評量，我們也用評量結果討論教學，並和專業人員討論評量。評量結果也是和家長溝通的重要訊息。但是說真的，我覺得花太多時間在評量和監測而影響教學的時間。我覺得需要更好的評量操作方法。」

GAS（Kiresuk et al., 1994）提供個別化取向的評量方法。先選定一個學習目標，再設定五個可觀察的學習進程作為評量指標。老師或團隊可以依據目標難度和幼兒能力來決定評估 GAS 的時間點（Dinnebeil, Spino, & McInerney, 2011），並與家長或治療師等人分享評量結果。GAS 可作為老師監測身心障礙或特殊需求幼兒進步情形的工具。附件 7B 為 GAS 的範本。

團隊在為幼兒訂定 IEP 目標時，可運用 GAS（Kiresuk et al., 1994）討論幼兒在六到八週後的預定學習成果。運用 GAS 的步驟如下說明：

1. 選定某個待加強的能力（特殊需求幼兒的 **IEP** 目標），或是在教室中觀察到某位幼兒持續出現的學習或社交困難。

2. 和專業團隊、班級其他老師或家庭成員，討論如何回應幼兒的需求。

3. 使用正向語詞來敘寫目標。使用可觀察的具體動詞或一系列的技能來敘寫目標，例如：「Jane 能辨認 10 個大寫字母」（參見圖 7.6）。避免使用負面或消極的語詞，不宜使用「Sam 在團討時不會離開位置在教室裡亂跑」的寫法。反之，可敘寫成「Sam 能在逐漸減少的提示

下，增加參與團討的時間」（參見圖 7.7）。

4. **選擇運用目標的情境**。善用典型的班級作息活動，如：入園、學習區活動、小組活動或大團體活動。可先鎖定在某個情境中評量目標，再類化到其他情境。

5. **選擇和幼兒目標有關的教學策略**。具體說明欲使用的提示、腳本故事（scripted stories）、正增強等教學策略。有些目標是評量幼兒使用策略的情形，像是評量幼兒需要的協助程度、支持程度。

6. **決定幼兒達成目標所需要的時間**。依據目標的類別、教學的時間、幼兒的年齡、幼兒的能力，以及其他有關幼兒學習的因素，綜合判斷幼兒達成目標所需要的時間。如果不確定目標達成的時間，則不需勉強訂出時間，重點是持續進行評量。

7. **建構 GAS 評量指標**。老師和班級其他成員一起討論建立學習目標 5 點量表：些微達成預期目標、部分達成預期目標、達成預期目標、部分超過預期目標、遠遠超過預期目標。老師可參考 GAS 中 1 至 5 點量表所代表達成程度的說明。

8. **教學與監測評量並進**。GAS 評量指標建立後，老師就將其和教學並用。在教學活動中持續進行幼兒學習的評量監測。

9. **評估 GAS**。幼兒經過既定時間的學習後，團隊可圈選目標的達成程度，以檢視幼兒的進步情形。

10. **重新建構 GAS 指標**。如果幼兒沒有完全達到目標，老師須重新設定 GAS 評量指標，以呈現幼兒的微幅進展。老師接著持續教學和監測。

多位學者（Dinnebeil et al., 2011; Marson, Wei, & Wasserman, 2009; Roach & Elliot, 2005）已指出 GAS（Kiresuk et al., 1994）的優缺點。GAS 的優點包括：（1）聚焦在個別幼兒的需求；（2）可運用在家庭、學校和社區；（3）可用於評量幼兒的特定目標；（4）不需考慮經費，只考慮建立評量指標的時間；（5）專業團隊一起參與做決定；（6）結果易被分享。另外，GAS 除了有分數的評量結果，也有描述性的訊息（Simeonsson, Bailey, Huntington, &

Brandon, 1991），老師可以掌握更詳細的幼兒學習表現情形。然而使用 GAS
（Kiresuk et al., 1994）可能會有主觀意識的評分偏誤，這是老師在使用 GAS
時須留意的部分。GAS 可用來評量幼兒的個別學習目標，亦可用來評量小組
幼兒的共同學習目標。

綜而言之，GAS（Kiresuk et al., 1994）是監測幼兒進步情形的重要方式，
特別是對特殊需求幼兒的評量，更需要有系統地持續進行。而專業團隊共同參
與特殊需求幼兒個別化目標的評量，俾利幼兒的發展和學習，是 GAS 評量的
重要價值和意義。

指引：

1. 設定一項幼兒學習的目標並簡要記錄目標內容。
2. 決定可被觀察的目標面向。列舉可觀察和評量的行為。
3. 簡要列舉所使用的非正式評量。
4. 針對每一個評量項目，列出五個漸進的學習進程作為評量指標。
5. 檢視評量指標是否出現平行不相關、不連續的情形，並檢視你對幼兒進步速度的期待。
   例如，我們預計某位幼兒在短時間內的進步幅度較大，則替此幼兒設定幅度較大的學習
   進程作為其評量指標。
6. 圈選達成程度及寫下評量日期。

幼兒：　　Jane　　　　教師：＿＿＿＿＿＿＿＿＿＿

建立評量指標的日期：＿＿＿＿＿＿　評量日期：＿＿＿＿＿＿＿

目標：Jane 於六週內能至少辨認 10 個字母。

評量 1：指認和命名的字母數量。

評量 2：＿＿＿＿＿＿＿＿＿＿＿＿＿＿＿＿＿＿＿＿＿＿＿＿

目標達成

達成程度	評量1 能辨認的大寫字母數量	評量2	其他資訊
些微達成預期目標	辨認六個大寫字母		
部分達成預期目標	⟨辨認八個大寫字母⟩		
達成預期目標	辨認 10 個大寫字母		
部分超過預期目標	辨認 12 個大寫字母		
遠遠超過預期目標	辨認 14 個大寫字母		
評量意見			Jane 部分達成目標

圖 7.6　Jane 的目標達成評量表

指引：

1. 設定一項幼兒學習的目標並簡要記錄目標內容。
2. 決定可被觀察的目標面向。列舉可觀察和評量的行為。
3. 簡要列舉所使用的非正式評量。
4. 針對每一個評量項目，列出五個漸進的學習進程作為評量指標。
5. 檢視評量指標是否出現平行不相關、不連續的情形，並檢視你對幼兒進步速度的期待。例如，我們預計某位幼兒在短時間內的進步幅度較大，則替此幼兒設定幅度較大的學習進程作為其評量指標。
6. 圈選達成程度及寫下評量日期。

幼兒：_____Sam_____ 教師：_____

建立評量指標的日期：_____ 評量日期：_____

目標：Sam 能增加參與大團體活動的時間。

評量 1：參與大團體活動的分鐘數。

評量 2：維持 Sam 參與大團體活動的提示量。

目標達成

達成程度	評量 1 分鐘數	評量 2 提示量	其他資訊
些微達成預期目標	參與大團體活動 1 分鐘	教師提示五次鼓勵參與	
部分達成預期目標	參與大團體活動 3 分鐘	教師提示四次鼓勵參與	
達成預期目標	（參與大團體活動 5 分鐘）	（教師提示三次鼓勵參與）	
部分超過預期目標	參與大團體活動 7 分鐘	教師提示二次鼓勵參與	
遠遠超過預期目標	參與大團體活動 9 分鐘	教師提示一次鼓勵參與	
評量意見			Sam 參與大團體活動的進步情形達成目標

圖 7.7 Sam 的目標達成評量表

　　評量是教學與學習循環中重要的一環，尤其對於特殊需求幼兒的發展和學習更形重要。評量的目的包括：

• 透過篩檢了解幼兒進一步鑑定的需求。

• 評量幼兒接受特殊教育的資格和適合的服務方案。

• 監測幼兒在普通教育課程和 IEP 目標的進步情形。

　　監測進步情形和標準本位測量有關，可提供老師作為全班幼兒和個別幼兒教學決定的參考。老師進行評量前須思考：

• 何時評量。

• 由誰評量。

• 蒐集資料的方法。

• 有關評量類型的細節。

　　老師運用 GAS 進行特殊需求幼兒的個別化目標或持續學習的目標評量時，亦可結合非正式評量方法，如檢核表、軼事記錄法，或其他形式的觀察紀錄，蒐集幼兒的多元評量資料和作為教學決定的依據。

　　老師亦可運用這些方法為特殊需求幼兒計畫評量的工作，但須考慮使用 GAS 進行幼兒 IEP 中特定、連續性的目標評量。

附件 7A・監測班級進步情形的實施檢核表

指引： 運用此檢核表來決定如何監測全班幼兒的學習進步情形。(1) 選擇一項領域或標準；(2) 舉出所強調的標準；(3) 決定評量的頻率；(4) 選擇評量的方法；(5) 選擇評量的工具；(6) 決定共同監測幼兒進步情形的人員；(7) 思考下一步。

1. 評量的領域？

   讀寫＿＿＿＿＿　數學＿＿＿＿＿　社會－情緒＿＿＿＿＿　科學＿＿＿＿＿

   其他＿＿＿＿＿＿＿＿＿＿＿＿＿＿＿＿＿＿＿＿

2. 強調的標準？

   a.＿＿＿＿＿＿＿＿＿＿＿＿＿＿＿＿＿＿＿＿＿＿＿＿＿

   b.＿＿＿＿＿＿＿＿＿＿＿＿＿＿＿＿＿＿＿＿＿＿＿＿＿

3. 評量此領域／標準的頻率？

   每週＿＿＿＿＿　隔週＿＿＿＿＿　每月＿＿＿＿＿　其他＿＿＿＿＿

4. 評量此領域／標準的方法？

   a. 州級或方案要求的方法＿＿＿＿＿＿＿

   b. 表現評量（作品取樣；教學策略 GOLD 評量系統－Heroman, Burts, Berke, & Bickart, 2010）

   ＿＿＿＿＿＿＿＿＿＿＿＿＿＿＿＿＿＿＿＿＿＿＿＿＿＿＿

   c. 評量系統＿＿＿＿＿＿＿＿＿＿＿＿＿＿＿＿＿＿＿＿

   d. 目標達成評量＿＿＿＿＿＿＿＿＿＿＿＿＿＿＿＿＿＿＿＿

   e. 方法和評量的選擇＿＿＿＿＿＿＿＿＿＿＿＿＿＿＿＿＿＿

   f. 其他方法＿＿＿＿＿＿＿＿＿＿＿＿＿＿＿＿＿＿＿＿＿

5. 評量類型（列出評量工具名稱）：

   a.＿＿＿＿檢核表：＿＿＿＿＿＿＿＿＿＿＿＿＿＿＿＿＿＿

   b.＿＿＿＿評量表：＿＿＿＿＿＿＿＿＿＿＿＿＿＿＿＿＿＿

   c.＿＿＿＿非正式評量：＿＿＿＿＿＿＿＿＿＿＿＿＿＿＿＿

   d.＿＿＿＿直接觀察－活動紀錄：＿＿＿＿＿＿＿＿＿＿＿＿

   e.＿＿＿＿正式評量：＿＿＿＿＿＿＿＿＿＿＿＿＿＿＿＿＿

6. 監測期間的參與者？

   ＿＿＿＿＿教師＿＿＿＿＿助理教師＿＿＿＿＿班級助理員＿＿＿＿＿其他

7. 監測後的全班進步情形：

   ＿＿＿＿＿此領域或標準已充分達成進步。

   下一步？＿＿＿＿＿＿＿＿＿＿＿＿＿＿＿＿＿＿＿＿＿＿＿

   或是

   ＿＿＿＿＿此領域或標準尚未有充分進步。

   需要改變？＿＿＿＿＿＿＿＿＿＿＿＿＿＿＿＿＿＿＿＿＿＿

   ＿＿＿＿＿內容傳達的方法

   ＿＿＿＿＿教學組別的人數

   ＿＿＿＿＿素材

   ＿＿＿＿＿幼兒學習活動

   ＿＿＿＿＿教師對幼兒的期望

   備註：＿＿＿＿＿＿＿＿＿＿＿＿＿＿＿＿＿＿＿＿＿＿＿＿

取自：盧明、劉學融（譯）（2020）。學前融合教育課程架構：以全方位學習（UDL）為基礎支持幼兒成功學習（原作者：Eva M. Horn, Susan B. Palmer, Gretchen D. Butera, & Joan A. Lieber）。新北市：心理。

指引：

1. 設定一項幼兒學習的目標並簡要記錄目標內容。
2. 決定可被觀察的目標面向。列舉可觀察和評量的行為。
3. 簡要列舉所使用的非正式評量。
4. 針對每一個評量項目，列出五個漸進的學習進程作為評量指標。
5. 檢視評量指標是否出現平行不相關、不連續的情形，並檢視你對幼兒進步速度的期待。例如，我們預計某位幼兒在短時間內的進步幅度較大，則替此幼兒設定幅度較大的學習進程作為其評量指標。
6. 圈選達成程度及寫下評量日期。

幼兒：＿＿＿＿＿＿＿＿＿＿ 教師：＿＿＿＿＿＿＿＿＿＿

建立評量指標的日期：＿＿＿＿＿＿＿ 評量日期：＿＿＿＿＿＿＿

目標：＿＿＿＿＿＿＿＿＿＿＿＿＿＿＿＿＿＿＿＿＿＿

＿＿＿＿＿＿＿＿＿＿＿＿＿＿＿＿＿＿＿＿＿＿＿＿＿

評量 1：＿＿＿＿＿＿＿＿＿＿＿＿＿＿＿＿＿＿＿＿＿＿

評量 2：＿＿＿＿＿＿＿＿＿＿＿＿＿＿＿＿＿＿＿＿＿＿

目標達成

達成程度	評量 1	評量 2	其他資訊
些微達成預期目標			
部分達成預期目標			
達成預期目標			
部分超過預期目標			
遠遠超過預期目標			
評量意見			

取自：盧明、劉學融（譯）（2020）。學前融合教育課程架構：以全方位學習（UDL）為基礎支持幼兒成功學習（原作者：Eva M. Horn, Susan B. Palmer, Gretchen D. Butera, & Joan A. Lieber）。新北市：心理。

Section II

實踐篇
支持幼兒成功學習
的關鍵要素

學前融合教育課程架構

8

組織學習環境

Joan A. Lieber, Eva M. Horn, Debra Drang, and Gretchen D. Butera

Sherry 在午休結束前急忙回到教室。她發現兩位助理老師 Ann 和 Bob 已備妥學習活動素材。Sherry 說道:「哇,午休時段好像越來越短了!」Ann 回應:「是呀,確實如此,幸好我們知道每一天該做什麼事。我們拿出事前的計畫,根據昨天的教學做調整。」Bob 加入對話:「嗯,我很感謝我們能有時間談談孩子並且一起教導他們,我從你們和孩子的相處中學到很多。」Sherry 微笑著幫 Ann 和 Bob 整理教室以迎接下午班的幼兒入班,她思考 Bob 所言,並決定進一步解釋班級作息的運作模式。「Bob,我很高興聽到你這麼說。希望我們能記得,有時候採用不同的教學分組也是好主意,像是小組、大團體或甚至一對一教學,如此我們才能滿足每位幼兒的需求。幼兒能在小組中學習,且有機會學習和練習社交技巧。而大團體教學讓你看到我們如何合作,且讓幼兒預備其入小學後會經歷的學習情境。這樣說得通吧?」Bob 點頭說道:「Sherry,沒錯。謝謝!此外我注意到你有機會替下午班的幼兒調整你在上午實施過的活動。」在旁聽著這段對話的 Ann 接著說:「我們的事前計畫通常經過深思熟慮,幾乎不需改變,除非素材用罄或配合全園活動而調整。」

在全日制啟蒙方案教室中,Sharniece 正和一位家長有個簡短的晨間會面,這位家長準備要離開去上班了。Sharniece 很高興自己和助理老師 Anna 在前一天下午放學後就先將教室安排就緒,因為她們知道今天早

上會很忙亂。在 Sharniece 與家長會面後到 Anna 去迎接娃娃車之間的空檔，Sharniece 和 Anna 針對當日活動反思目前的教室安排。Sharniece 說：「呼！好慶幸我們昨天下午有機會回顧週計畫。這是我昨天提到我在圖書館找到的書，可用來輔助液體主題的科學活動。我想孩子們會很喜歡這些驚奇的照片而非圖畫。你不覺得聽孩子說說和液體有關的家庭故事是種享受嗎？像 Larry 就分享上個月的降雨讓家裡的地下室淹水。」Anna 很快地翻過這本書，並對 Sharniece 說：「的確很適合閱讀這本書給全班聽，把它當作複習。我也想在小組時間運用這本書，讓每位幼兒都有機會回應書中的概念，就可以知道哪些幼兒理解這些概念。」Sharniece 和 Anna 瞄了一下時鐘。「呀！時間過得好快。」她們趁幼兒入班前完成最後的必要工作。

　　當班級內的教職員已確定該年度的課程後，在統整學習活動及安排活動順序時，他們需為幼兒組織學習環境。學習環境包括安排教室的物理空間、班級作息，及班上成人的分工。本章主要談論教與學的情境脈絡，而第十章則強調成人互動。然而，教室裡的每個活動應事前規劃，這樣成人（教師、助理教師、助理員）才知道自己的教學或支持角色。

　　DEC 建議實務提醒我們：「實務工作者於自然和融合的環境下，在日常作息和活動裡提供服務和支持，以促使幼兒獲得學習經驗並參與其中」（2014, p. 8）。本章首先論述如何規劃一天作息以讓幼兒獲得最多學習，及教師如何運用這些具組織性的情境。接著以半天班和全天班的作息表範例來說明教師如何安排每日活動和作息。最後，本章提供 CSS+ 活動計畫表（第四章曾介紹過此表，並針對我們提到的 CSS+ 課程架構之系列活動示例）的範例，說明如何將計畫好的課程活動結合並統整在日常作息之中。本章特別有助於像 Sherry 和 Sharniece 般的教師及其同事認識：

- 與學習情境有關而待思量的議題。
- 讓幼兒獲得最多學習的策略。
- 系統性規劃學習並將學習統整於日常作息之中的歷程。

⊕ 組織學習環境

　　適切的學習環境能為教與學提供多樣的情境，包括：（1）大團體活動，通常由教師帶領活動讓班上全體幼兒共同參與；（2）小組活動，部分幼兒一起工作或和一位老師一同工作；（3）一對一教學。

　　物理空間須經安排才能實施不同分組方式。例如：多數教室裡通常會放一張大地毯，幼兒可在地毯上找個位置坐下，或是搬張椅子來坐，他們就能參與教師帶領的大團體活動。小組活動通常出現在學習區的桌邊。許多教室設有積木區、娃娃家、操作區、美勞區、寫作區及圖書館或圖書區；有些教室則包含科學區和數學區。部分的學習區設有桌子讓幼兒工作、進行小組活動及用餐，像是寫作區、娃娃家和操作區。教學情境不限於正式的大團體和小組活動，也應出現在到園、戶外活動、用餐及活動轉換等時段。

● 為什麼要運用不同的教學情境？

　　「如果幼兒教育方案能讓幼兒接觸不同的班級結構，他們更能為日後學習做足準備。亦即師生互動含括全班、小組及個別互動」（Bowman, Donovan, & Burns, 2000, p. 8）。以下探討前述的不同情境。教師亦可安排教室裡的不同成人協助進行直接或間接教學。

大團體活動

　　許多教師會將每天三分之一的時間用於大團體教學（Cabell, DeCoster, LoCasale-Crouch, Hamre, & Pianta, 2013）。大團體教學通常包含傳統的團討時間或共讀後的讀寫教學，讓教師有效率地運用教學時間（Marulis & Neuman, 2010），且被教師視為「具有教學的本質」（Cabell et al., 2013, p. 821）。Cabell 及其同事在一個取樣 314 個學前班級的大型觀察研究中發現，教師在大團體時段「使用更豐富的詞彙、提出更多開放式問題，並對幼兒所言做出更多言語回應」（p. 827）。他們選定某個上課日，使用教室評量系統（CLASS®；Pianta et al., 2008）長時間觀察各班的師生互動。教室評量系統中，有關成人互動的子面向包含：概念發展、回饋品質、語言示範和讀寫焦點；並在大團體

活動、小組活動、自由活動、用餐、例行作息、休息和個別時間評量這些面向。

此外，研究顯示所有幼兒在大團體情境下皆可對教師呈現的課程內容獲得共同的認知（Neuman & Kaefer, 2013）。這種共同認知即成為知識基礎，讓幼兒應用在後續的小組互動或自由探索之中。

小組活動

儘管研究指出不同團體大小的教學對幼兒的學習成果沒有差異（Cabell et al., 2013; Marulis & Neuman, 2010），教師在日常作息中安排小組教學仍有好處。小組教學即是將班上幼兒分組，組別大小視每堂課的目的而定。教師通常教導其中一小組，而班上其他成人則同時帶領其他組別，但目的不一定相同。小組教學讓教師能傳遞更多個別的指導和關注，且更有機會觀察幼兒在學習任務上的表現及其與組內同儕間的互動情形（Wasik, 2008）。此外，教師也可利用小組教學讓幼兒複習和練習大團體活動中學到的技能（Marulis & Neuman, 2010）。Epstein 及其同事（2009）提出五個能讓幼兒在小組活動時間獲得最多學習的必備要素：

1. 提供素材給幼兒使用，以刺激其思考和擴展其經驗。
2. 讓幼兒操弄這些素材，以認識素材的物理特性。
3. 讓幼兒選擇要用什麼有意義的方式來使用素材。
4. 幼兒使用素材時，鼓勵他們說出自己的行動和觀察。
5. 提供鷹架來支持幼兒當前的認知水準，並促使他們進到下一個思考和推理階段。

自由活動

多數的學前班級每天會給幼兒機會選擇學習區並投入幼兒引發的活動之中。自由活動時間被視為一天中的重點時段，通常占了幼兒在園時間的三分之一（Cabell et al., 2013）。幼兒從老師提供的選項中挑選素材和學習區。然而，許多班級裡的幼兒幾乎沒有從老師那裡獲得直接引導或教導。儘管如此，Cabell 及其同事表示：「此情境有可能支持豐富的一對一對話互動，並提供教師機會擴展幼兒的想法和興趣」（p. 821）。自由活動時間亦提供情境讓幼兒

藉由練習進而提升他們與同儕正向互動的能力。Vitiello 等人發現幼兒「在自主性較高的情境下，會更積極投入同儕互動和學習任務」（2012, p. 217）。即使自由活動時間是由幼兒引發的學習，其中當然也可以加入一些師生間的教學互動（Epstein et al., 2009）。

作息

許多例行性活動是每天出現的，包括到園、用餐、戶外活動及銜接活動等。典型的幼教老師在用餐時間會與幼兒進行一來一往的討論和對話，內容不限於當下情境，藉此支持幼兒的語言和社會互動能力（Cabell et al., 2013）。相對地，Winton 和 Buysse（2005）觀察到其他的例行性活動則鮮少出現師生互動，且教師不認為這些作息是加強幼兒技能的機會。因而未能善用這些作息讓幼兒在情境脈絡中有意義地學習。

● 教師在一天中如何讓幼兒獲得最多學習？

即使幼教老師組織學習環境以利實施大團體活動、小組活動、一對一互動和例行性活動，實證指出：「情境本身可能無法決定〔學習成果〕；反而是教師的互動風格或課程內容會影響幼兒參與投入的主動性」（Neuman & Kaefer, 2013, p. 604）。當然，重要的是要記得當幼兒主動參與投入時，就會產生學習。以下方法經證實能提升幼兒學習成效：

- 提供均衡的明示教學（explicit instruction）和回應式教學（responsive teaching）。
- 運用循環式回饋（feedback loop）來清楚回應幼兒的表現，包括說明是非對錯及延伸幼兒的回應。
- 使用重複和延伸策略來示範更多細緻和複雜的語言。
- 使用開放式問題來引出更豐富的回應。

明示教學加上回應式教學

回應式教學是一種以皮亞傑論述為基礎的建構主義模式，其重視兒童的引導性和自發性（Hong & Diamond, 2012）。採用此模式的教師會跟隨幼兒所好、平行參與幼兒的活動、示範及模仿、提供素材，並描述幼兒在做什麼事。

然而，Hong 和 Diamond 發現，比起單獨使用回應式教學，當教師增添更多明示教學的要素，像是介紹新概念和詞彙、詢問開放式問題、與幼兒一同實驗，幼兒會學到更多科學概念及相關詞彙。

循環式回饋和語言示範

在先前提到取樣 314 個班級的大型觀察研究中，Cabell 及其同事（2013）發現教師運用各種有效的教學互動引導幼兒參與投入大團體和自由選擇的科學活動。他們注意到像是進行簡單實驗和觀察植物生長情形這類的科學活動，能提供情境讓教師討論重要概念、詢問有挑戰性的開放式問題和介紹新詞彙。他們也觀察到幼教老師運用訊息性文本為媒介來介紹科學概念，且聚焦於內容而非印刷文字。在大團體讀寫活動中，教師欲直接聚焦音韻覺識、教導字母和聲音的配對及寫作時，也會使用有效的教學互動。然而，有趣的是，教師在數學活動中較少使用有效的教學互動，他們傾向將重心放在背誦式學習而非關注幼兒投入程度。

● 半天班和全天班的作息表範例

誠如前述，幼教老師能在一天中的不同時段提供幼兒學習機會。在此提供半天班（三小時）和全天班（六小時）的作息表範例（分別如圖 8.1 和圖 8.2）。半天和全天作息表皆含大團體活動、小組活動、自由活動和戶外活動的機會，兩者不同處為全天班通常用餐兩次且有午休。

時間	作息	例行性活動
8:20	到園	掛外套 交聯絡簿 如廁 精細動作活動
8:35	學習區自由探索	娃娃家 積木區 圖書區 偶戲區 美勞區 沙桌／水桌
8:55	銜接活動	唱收拾歌
9:00	團討	道早 複習每日作息
9:15	大團體活動	社會－情緒課程或科學課程
9:30	點心時間	洗手 準備餐巾紙 替朋友服務 用餐 餐後整理 前往團討區集合
9:50	故事時間	朗讀當日選書
10:05	戶外活動時間	鞦韆 單槓橋 預先規劃的球類遊戲／粗大動作遊戲 滑板車／三輪車
10:25	銜接活動	唱排隊歌 喝水
10:30	小組活動	圍圈複習活動類型（如：早期讀寫、數學、科學、社會－情緒） 幼兒分散去找帶領各活動的成人 所有幼兒輪流參與三個小組活動
11:10	結束活動／放學	回顧當日活動 唱放學歌 背書包 排隊
11:25	搭娃娃車／前往家長接送區	兩位成人陪同幼兒去搭娃娃車 一位成人陪同幼兒去家長接送區

圖 8.1 Sherry 老師半天制上午班的作息表

時間	作息	例行性活動
8:30	到園	掛外套 交聯絡簿 如廁 精細動作活動
9:00	集合與道早	在團討區集合 洗手
9:10	早餐	準備餐巾紙 替朋友服務 用餐 餐後整理
9:40	潔牙	
9:50	大團體活動	社會－情緒課程 科學課程
10:10	戶外活動時間	鞦韆 單槓橋 預先規劃的球類遊戲／粗大動作遊戲 滑板車／三輪車
10:40	故事時間	朗讀當日選書
11:00	學習區自由探索	娃娃家 積木區 圖書區 偶戲區 美勞區 沙桌／水桌
11:30	小組活動	圍圈複習活動類型（如：早期讀寫、數學、科學、社會－情緒） 幼兒分散去找帶領各活動的成人 所有幼兒輪流參與三個小組活動
12:15	午餐	洗手 準備餐巾紙 替朋友服務 用餐 餐後整理
12:55	午休	幼兒在床上午睡／閱讀
2:00	結束活動／放學	回顧當日活動 唱放學歌 背書包 排隊
2:30	搭娃娃車／家長接回	兩位成人陪同幼兒去搭娃娃車

圖 8.2　Sharniece 老師全天班的作息表

將學習統整於日常作息之中

誠如前述,教師可在一天中的不同時段提供學習機會。這點尤其重要,因為在例行性活動中鮮少出現師生互動,且教師不總是將這些作息視為加強幼兒技能的機會(Winton & Buysse, 2005)。

附件 8A 提供主題為「探索我們的世界」的 CSS+ 系列活動(參見第 147 頁),內含次主題「交通工具」。在此主題中,幼兒會學到物質三態:固體、液體和氣體。在此系列活動中,幼兒正開始探索液體。在這之前,他們已完成活動焦點為固體的三個系列活動。他們學到固體有其形;學會區辨固體的顏色、尺寸和質地;且學到固體可以是相同或不同的。

. . . .

Sherry 和 Sharniece 規劃液體活動時,她們思考要如何根據幼兒已學到的物質形態來介紹液體。她們皆須提出固體及液體相關知識之間的不同處。她們記下重要概念,以確保自己班上的幼兒能接觸到這些概念,並透過規劃將這些概念結合在一天的作息中。她們也列出幼兒在活動中可能習得的詞彙,讓教學團隊能確保幼兒有機會練習使用這些新的單字。她們特別標明清單上的某些單字,這些單字提供絕佳機會讓幼兒練習萌發中的讀寫能力,包括辨識單字中的字母、字首聲音(beginning sounds)和音節。

在例行性活動中學習

如圖 8.1 和 8.2 所示,半天班和全天班皆涵蓋多樣的例行性活動,包括到園、戶外活動時間、點心時間和放學。教師可以利用這些活動作為學習機會,以增進目前正在教導的詞彙、技能和概念。

到園

. . . .

Sherry 班上的助理老師 Ann 和 Bob 拿著幼兒的名牌(名字的第一個字母為紅色)前去迎接他們到園。每位幼兒到園時,Bob 使用名牌與幼兒

複習其名字和名字第一個字母的發音。Bob 一一迎接幼兒的同時，Ann 和已到園的幼兒談天。她跟幼兒說：「我看到一個大的、黃色的又有輪子的固體，」接著問：「猜猜看我看到什麼？」她請一些幼兒指出他們看到的固體，請一些幼兒說出固體名稱。她另請一些幼兒描述固體的顏色、尺寸和形狀，讓別人猜一猜。當 Bob 接到班上最後一位幼兒時，他們準備走到教室。Bob 舉起一張寫有 M 的字卡，並請名字第一個字母為 M 的幼兒在他身後排隊。他繼續使用不同字卡直到所有幼兒都排在隊伍裡。他接著舉起一張字卡 A，並問幼兒誰會排在最後面。幼兒大聲說是 Ann。她的名字是 A 開頭，且幼兒知道這個慣例。

點心時間

點心時間提供許多機會增進幼兒的技能和概念。

∙∙

Sharniece 班上的幼兒已參與了和液體有關的第一個活動，她將液體與固體的概念結合在點心時間裡。她詢問點心時間小幫手 Larry 想要先發固態或液態點心。Larry 說他想先發固態點心，Sharniece 便問他會發下金魚餅乾或牛奶。Larry 指著餅乾，Sharniece 說：「答對了，你選了固體。」助理老師 Anna 將大團體活動裡用過的一些工具拿過來，有眼藥水瓶、漏斗、滴管和吸管。她問幼兒要用哪種工具喝液體，也就是牛奶。有位幼兒指著她平常用來喝牛奶的吸管。

教師能將不同領域的學習活動融入點心時間。例如：有些教師會用形狀及數字標出幼兒的用餐座位，作為發餅乾的依據。接著，當幼兒索取餅乾時，教師可問：「你要幾塊？」教師逐片發餅乾時，可和幼兒一起數數量。當幼兒吃了一塊餅乾，教師可說：「你吃掉了一塊金魚餅乾。你還剩幾塊？」教師亦可談論當天每道點心名稱的字首聲音、用手掌拍出音節數（如：/gold/fish/；/crack/er/），以及想出押韻字（如：milk 和 silk）。

如廁時間

多數幼兒園的教室內設有廁所以便幼兒隨時使用。Sherry 的班級在一所小學內，教室附近的玄關有間各班共用廁所。

. . . .

點心時間後，幼兒一同前往玄關的廁所如廁。Ann 和 Bob 分別帶女生和男生，他們利用此機會再次討論幼兒已經學到的固體和液體概念。Ann 請幼兒尋找玄關和廁所內的液體。前往廁所的路上，他們經過一台飲水機，她就問幼兒有沒有看到一個可以取得液體的地方。有兩位幼兒指向飲水機，Ann 說：「答對了，水是液體，等一下在我們回教室的路上你們可以喝個水。」Bob 則問幼兒有沒有看到其他的液體供給站。由於沒人回應，他就指著洗手台問什麼液體來自水龍頭。Jeremy 回答是水，Bob 說：「答對了，我們從飲水機喝到液態的水，還有在洗手台用液態的水來洗手。」

戶外活動時間

從教室到遊戲場的銜接時間可以作為增進幼兒學習的絕佳時機。

. . . .

Sherry 班上的幼兒準備前往戶外時，Bob 說：「我在想我們需要帶什麼東西出去玩。這些東西都是固體，而且都是圓的。但是它們有不同顏色，而且有的小、有的大。我想到什麼呢？」有個女孩大喊：「球。」Bob 笑著說答對了。他接著從箱子裡挑選特定特性的固體，並請幼兒帶著大的、小的、紅的、大又綠，或小而有條紋的固體。當他們到遊戲場，Ann 和 Bob 會請不同幼兒指出或說出遊戲場上的不同固體，像是鞦韆、單槓橋和滑梯。

結束活動／放學

許多教師在幼兒準備回家前，會將當天所學做最後一次複習。

Sharniece 回顧當天的活動後，Anna 對 Sharniece 和幼兒說，剛才從遊戲場回到教室的途中，她注意到天空變得很暗。Anna 問：「有人知道天空變暗可能會發生什麼事嗎？」Alan 大聲回答：「可能會下雨。」Sharniece 請 Alan 到窗邊看看開始下雨了沒。下雨了！Sharniece 問幼兒雨是液體或固體。許多幼兒回答雨是液體，Sharniece 接著問天空落下液體時，如果我們走到外面搭娃娃車會怎麼樣。Alan 笑著說大家會一身濕。Sharniece 說：「沒錯。固體是乾的，液體是濕的。我今天帶了雨衣以防下雨。有沒有人帶雨衣來呢？」

● 在自由活動中學習

將幼兒正在學習的概念和技能與自由活動時間結合的第一步，是在各學習區增添合適的素材。由於班級師生已經探究過物質的形態，Sherry 和 Sharniece 班上的各學習區皆放有固體。教師介紹液體時，他們可以在水桌、美勞區和娃娃家裡增添與液體有關的工具。此外，可在圖書區增添與固體、液體和氣體有關的書籍，尤其是教師曾在故事時間朗讀過的書籍。

將概念和技能與自由活動時間結合的第二步，即是在師生互動時找機會加強新概念、技能和詞彙。

助理老師 Bob 正在娃娃家和幼兒談論液體。他在一張小桌子旁坐下來說：「我要邀請一些朋友過來喝點東西。你們可以把所有能裝液體的容器拿出來，讓我裝飲料給我朋友嗎？」對於不太會辨別容器的幼兒，他打算拿出淺盤和杯子問他們：「我該用哪個容器來裝液體呢？」「如果我把液體倒在盤子上會發生什麼事？」

● 在銜接活動中學習

即使有些教師能熟練地將幼兒正在學習的技能和概念結合在例行性活動之中，仍有許多教師錯過班級作息中能加強幼兒技能的潛在機會（Winton & Buysse, 2005）。這在活動銜接時間尤其明顯，對某些幼兒來說，銜接時間就是等待時間，而教師可有效運用等待時間。舉例來說，在自由活動後的收拾時間，有些學習區較容易收拾，已經收拾完畢的幼兒就得等同儕收好。教師可藉著學習區的規劃，提供幼兒練習技能、概念和詞彙的機會。例如：積木區的積木可依其形狀、尺寸和顏色來擺放和分類。矮架的其中一層專門放置玩具車，並依車種和尺寸來分類。依種類或顏色將蠟筆和彩色筆歸類；用來接合物體的各式用具（如：迴紋針、膠水、膠帶）可置於同一層。娃娃家的鍋子可依尺寸掛在牆上以展現序列，而裝扮的服飾則可依類型和顏色來歸類。這些細節可能會延長收拾時間，但也提供了學習機會。當幼兒在自由活動的尾聲開始收拾時，教師可善用各學習區的規劃來加強當天所學的技能。

有位參與 CSS+ 研究的教師在學習區活動後提醒幼兒有五分鐘的收拾時間，她在收拾時間結束時播放歌曲並結合身體律動或大肌肉活動，藉此善加利用等待時間並鼓勵幼兒收拾完畢以參與大團體活動。這是將動作與音樂活動融入作息的一種方法，教師也較不需提示幼兒趕快收拾。諸如此類的技巧讓教師有時間與幼兒進行正向的口語互動。

. . . .

現在是收拾時間。助理老師 Anna 位在積木區，當幼兒開始收積木時，她問幼兒積木是固體或液體。她請幼兒先收大積木，再收小積木。她也把收拾活動變成遊戲，請男孩收大積木、女孩收小積木。Sharniece 和幾位幼兒在娃娃家，她請幼兒先收拾裝有液體的所有餐具，藉此持續聚焦於液體。他們接著收拾沒有裝液體的餐具。

還有其他的銜接時間，雖然短暫卻讓教師能結合額外的練習，使幼兒學習概念、技能和詞彙。幼兒可根據教師給的提示排隊到戶外去，而教師的提示可

根據幼兒的技能來變化，例如：「如果你的衣服有鈕扣，來排隊」、「如果你的名字和 like 是同韻字，來排隊」。如果幼兒排隊到外面搭娃娃車，但還要等娃娃車開過來時，教師可善用此時複習故事時間朗讀過的書。

....

Sherry 在故事時間朗讀了《液體是什麼？》（*What Is a Liquid?*; Boothroyd, 2007），並且善用作息尾聲的等待時間快速翻過這本書的每一頁。她問幼兒記得哪些有關液體的事、看見教室裡有哪些液體，以及如何從瓶內取出液體（主要語詞之一是**倒**）。

幼兒在銜接時間若能參與活動，不僅能強化所學，也比較不會做出不適切的行為。

重點摘要

本章提供研究本位的有效策略讓教師用以組織學習環境。當提及學習環境時，教師必須考量如何安排物理空間、日常作息，以及在班級中提供教學與支持的成人，並顧及以下幾個重點。

- 幼兒園學習環境的組織包括教學所需的人力、場域及素材。
- 依教學目的來變化一天中的學習情境——從大團體到小組、自由活動和基本的例行性活動。
- 教師可透過以下方式讓幼兒獲得最多學習：使用明示教學、回應式教學及循環式回饋；以重複和延伸策略來示範語言；使用開放式問題。
- 規劃的重要性在於確保教學的成效。首要步驟是依幼兒在園的時間長度（全天或半天）來建立學習活動的時間表。
- 教師應透過明確規劃將學習主題統整在日常作息之中，例如：到園／放學、點心時間、如廁時間、戶外活動時間和活動銜接時間。

系列活動範例：
探索我們的世界

- **主 題**：探索我們的世界
- **次 主 題**：交通工具
- **科學模組**：物質形態
- **單 元**：液體
- **課 程**：探索液體
- **主要語詞**：液體、倒、滴、潑、流、濃、稀、快、慢
- **主要字母**：字母 N（第四天）
- **活動素材**：(1) 食用油、顏料、糖漿、蜂蜜、水或其他黏度不等的素材；(2) 滴管、眼藥水瓶、量杯和量匙、吸管、漏斗、空水瓶、玻璃杯、碗、烤盤、蠟紙、濕紙巾或沾濕的廚房紙巾；(3) 壁報紙和彩色筆；(4) 字母 N 的字卡、書寫學習單、穿線板（每位幼兒都有，源自前一天的活動）；(5) 書籍：《液體是什麼？》（Boothroyd, 2007）

課程計畫包含：

- **大團體活動**：流動的液體（活動出處：French & Conezio, 2015）
- **讀寫活動 1**：認識主要概念——第一次閱讀《液體是什麼？》
  （Boothroyd, 2007）
- **讀寫活動 2**：音節覺識和字母覺識
- **小 組 活 動**：液體競速（活動出處：French & Conezio, 2015）
- **小組數學活動**：盛裝液體的工具

活動出處：ScienceStart! (2008).

活動名稱
流動的液體

課程目標／學習標準
CL.LS.p.4.3：在成人協助或提示下，判斷或釐清新語詞和多義字的意義；S.p4.1：描述和比較常見的力（forces，如：推和拉）對物體的影響。（堪薩斯州嬰幼兒學習標準；Kansas State Department of Education, 2014）

學習成果
幼兒能辨識液體的特徵，包括液體的各種流動方式。

素材與器材
- 油、顏料、蜂蜜、水或其他黏度不等的素材；滴管、眼藥水瓶、量杯和量匙、吸管、漏斗、壁報紙、彩色筆和空水瓶；圖卡（裝在各式常見容器內的液體）；可加於透明液體（如：水）的食用色素
- 活動準備：在可密封的 16 盎司透明水瓶裝入四分之一的液體。將不同液體分別裝入不同水瓶裡，讓幼兒比較不同液體的特徵。密封的水瓶使幼兒在探索液體時亦能保持整潔。在透明液體中加入食用色素會有更好的視覺效果。

重要語詞
液體、流、倒、滴、潑、濃、稀、快、慢、滴管、眼藥水瓶、吸管

活動內容
（詳述活動內容，強調如何透過師生互動行為的順序安排來支持幼兒主動投入活動。提供活動細節，作為班級的助理老師或代理老師等人實施課程之參考。）

1. 複習前日活動

　　讓幼兒想起神秘箱，並問他們曾在神秘箱裡發現什麼。讓幼兒回想拼貼創作，並談論各種拼貼素材的質地。接著請幼兒回想問題和解決方式。告訴幼兒今天要解決的問題是「液體如何流動」和「如何測量物體」。

2. 反思和提問

　　展示透明容器內的各式液體。詢問幼兒這些容器裡裝了什麼。是固體嗎？他們怎麼知道容器內不是固體？如果不是固體，那麼應該稱作什麼？這是液體。液體本身不具形狀。液體會呈現容器的形狀。他們知道哪些有關液體的事情呢（如：飲用、泡澡、烹飪）？他們認為水流得快或慢？學校或家裡還有哪些其他的液體？在紙上記錄幼兒的回應。

3. 計畫和預測

　　詢問幼兒是不是所有液體倒出來的速度都一樣。有些液體流得比較快嗎？記錄幼兒用來形容液體流動樣態的語詞。

適合全體幼兒的 UDL 重點

（列出實踐 UDL 原則的特定策略。）

1. 表徵方式
   - 使用各式液體來說明液體的概念。
   - 將實物與其照片配對，並口頭描述／命名液體。
   - 口語討論和示範預測的結果。
   - 使用圖表記錄每一位幼兒的預測情形。
2. 參與方式
   - 使用問答技巧引導幼兒投入活動。
   - 連結幼兒的經驗／周遭環境。
   - 記錄幼兒的回應以確認其參與情形。
3. 表達方式
   - 讓幼兒齊聲回應和個別回應。
   - 停頓或延長時間，讓幼兒有更多時間構思其回應。
   - 讓某些幼兒在同儕回答之後接著回答，以獲得同儕示範。

適合個別幼兒的差異化重點

（依據幼兒參與活動時所需的支持，選擇合適的差異化策略，如：環境支持、素材調整、活動簡化、幼兒喜好、特殊器材、成人支持、同儕支持、隱性支持。簡述如何運用策略支持幼兒。）

- Jacob、Emma 和 Olivia（有語言的特殊需求）與 Serena（英語學習者）
  素材調整：使用有簡要定義和圖畫示意的字卡，以加強重要語詞。嵌入反覆唸讀這些字卡的機會。
- Jayden（活動銜接有困難）
  環境支持：使用圖示作息表呈現班級作息中的主要時段（如：自由活動、點心時間、故事時間、團討、大團體活動、小組活動、戶外活動、結束活動）。團討時拿給所有幼兒看，接著在每個時段的尾聲要進入下一個時段之前特別拿給 Jayden 看。
- Matt（表達能力有限）
  活動簡化：使用「是／不是」來回答各種問題（如：請幼兒描述液體的特徵時，調整問題讓 Matt 可單純用「是／不是」來回答）。

適合個別幼兒的嵌入式學習機會（ELOs）

（列出嵌入活動的個別化教學目標。簡述如何依據 ELO 概覽表，將個別幼兒的學習目標嵌入在活動中。）

- 為 Jacob 的目標規劃嵌入式學習機會（ELO）：需加強練習發出字首的 s 音。使用 ELO 概覽表規劃至少兩次使用語詞的自然機會，或在團討中安排適當機會，在他人示範後讓他仿說 s 開頭的語詞（如：splash、shape、slow、straw）。
- 為 Matt 的目標規劃嵌入式學習機會（ELO）：表達自己需他人關注。使用 ELO 概覽表：假如 Matt 接近或起身走向老師想獲得關注，請他用圖卡表達才接受他的請求。Matt 使用圖卡表達後，簡單確認他的意圖，並預告何時會回應他的需求（如：Matt，我知道你有事情要跟我說，先等我完成……）。

監測進步情形的機會

（針對進步情形監測工具中的特定技能／目標，找出適合蒐集幼兒學習表現資料的時機。簡述如何蒐集資料。）

- 針對教學策略 GOLD 的第 26 個科學與科技目標（Heroman, Burts, Berke, & Bickart, 2010），使用團體紀錄表來記錄幼兒的進步情形。
- 在 ELO 概覽表中記錄 Matt 使用圖卡表達需他人關注的時機和回應情形。

活動名稱

認識主要概念——第一次閱讀《液體是什麼？》（Boothroyd, 2007）

課程目標／學習標準

CL.SL.p4.2：提問和回答與重要細節有關的推理問題（如：為什麼、如何）並釐清尚未清楚了解的內容，藉以確認自己了解朗讀出的文本內容或口語訊息；CL.SL.p4.5：在成人提示和支持下，嘗試使用自己在對話、閱讀、聽故事和回應文本時所學到的新語詞和片語。（堪薩斯州嬰幼兒學習標準；Kansas State Department of Education, 2014）

學習成果

幼兒能閱讀新書及了解其概念，並討論重要語詞。

素材與器材

《液體是什麼？》（Boothroyd, 2007）、有裝水的玻璃杯、糖漿、碗

重要語詞

液體、倒

活動內容

（詳述活動內容，強調如何透過師生互動行為的順序安排來支持幼兒主動投入活動。提供活動細節，作為班級的助理老師或代理老師等人實施課程之參考。）

1. 書籍介紹

   a. 介紹書中的主要概念。我們周遭的事物皆由物質組成。有些物質是固體，具有自己的形狀（提示先前的固體活動）；有些物質是氣體，如：空氣（在手上吹氣）；有些物質是液體，今天我們要朗讀有關液體的書。

   b. 介紹封面、封底、書名和精選內頁。唸出書名後，提問封面圖中的液體是什麼（如：止咳糖漿）及何時須服用。說明有些液體具危險性，幼兒在使用、觸摸或品嘗之前一定要先問過大人。

   c. 提示重要語詞。展示杯中水，並說明這就是液體。快速搖動液體，並讓一些水從手指滴下，解釋液體本身不具形狀——裝在不同容器中會呈現不同形狀，液體會滴落或可倒出（示範）。說明你在朗讀後會用兩種液體做試驗。

2. 閱讀過程

   a. 支持幼兒學習詞彙。複習重要語詞，並在朗讀或合適時機強調這些語詞。當你朗讀到不同物質形態時，可做出動作（如：在手上吹氣）或指著相關物體（如：身邊的固體）；朗讀到液體特徵時，用一杯水展示液體如何滴落和倒出。

   b. 支持幼兒理解／延伸幼兒的理解。停下來提問能促進幼兒理解的問題，例如：詢問他們記不記得看過水變成氣體或水蒸氣（如：使用煮水壺），或他們知不知道水（液體）變成固體後稱作什麼（第 14-15 頁）。

3. 閱讀後提問

   a. 回顧故事順序。提醒幼兒物質無所不在，而固體是物質的形態之一。將書翻到關鍵圖片，並詢問他們記得哪些與液體有關的事（如：液體不具形狀、液體會滴落）或水變成固體稱作什麼（即：冰）。強調有些液體具危險性，幼兒在品嘗或觸摸之前一定要先問過大人。

   b. 提問「為什麼」或「如何」。詢問幼兒還知不知道其他液體或教室裡有哪些液體。翻至第 10 頁並提醒自己倒出液體。提問是不是所有液體流出來的速度都一樣，或者有些比較慢或快。展示糖漿和水，並讓幼兒猜猜看何者流出來的速度較快。同時將液體倒進碗裡，說明糖漿較濃稠所以流出來的速度較慢。強調糖漿和水都是液體、都可倒出，但糖漿較濃稠所以流出來的速度較慢。

適合全體幼兒的 UDL 重點

（列出實踐 UDL 原則的特定策略。）

1. 表徵方式
   - 使用書中圖片、口述概念，以及指出概念。
   - 將實物與其照片配對，並口頭描述／命名液體和液體概念。

2. 參與方式
   - 使用問答技巧引導幼兒投入活動。
   - 連結幼兒的經驗。
   - 使用具體的例子（即：糖漿、水）。
   - 記錄幼兒的回應以確認其參與情形。

3. 表達方式
   - 讓幼兒齊聲回應和個別回應。
   - 停頓或延長時間，讓幼兒有更多時間構思其回應。
   - 讓某些幼兒在同儕回答之後接著回答，以獲得同儕示範。

適合個別幼兒的差異化重點

（依據幼兒參與活動時所需的支持，選擇合適的差異化策略，如：環境支持、素材調整、活動簡化、幼兒喜好、特殊器材、成人支持、同儕支持、隱性支持。簡述如何運用策略支持幼兒。）

- Jacob、Emma 和 Olivia（有語言的特殊需求）與 Serena（英語學習者）
  素材調整：使用有簡要定義和圖畫示意的字卡，以加強重要語詞。嵌入反覆唸讀這些字卡的機會。
- Jayden（難以全程參與故事時間）
  幼兒喜好：讓 Jayden 手握一個團體活動使用的液體瓶，並於討論液體特徵時，不時請他向全班展示手中的瓶子。
- Matt（表達能力有限）
  活動簡化：使用「是／不是」來回答各種問題（如：請幼兒描述液體的特徵時，調整問題讓 Matt 可單純用「是／不是」來回答）。

適合個別幼兒的嵌入式學習機會（ELOs）

（列出嵌入活動的個別化教學目標。簡述如何依據 ELO 概覽表，將個別幼兒的學習目標嵌入在活動中。）

- 為 Jacob 的目標規劃嵌入式學習機會（ELO）：需加強練習發出字首的 s 音。使用 ELO 概覽表規劃至少兩次使用語詞的自然機會，或在團討中安排適當機會，在他人示範後讓他仿說 s 開頭的語詞（如：shape、swish、steam）。
- 為 Matt 的目標規劃嵌入式學習機會（ELO）：表達自己需他人關注。使用 ELO 概覽表：假如 Matt 接近或起身走向老師想獲得關注，請他用圖卡表達才接受他的請求。Matt 使用圖卡表達後，簡單確認他的意圖，並預告何時會回應他的需求（如：Matt，我知道你有事情要跟我說，先等我完成……）。

監測進步情形的機會

（針對進步情形監測工具中的特定技能／目標，找出適合蒐集幼兒學習表現資料的時機。簡述如何蒐集資料。）

針對教學策略 GOLD 的第 18 個讀寫目標（Heroman, Burts, Berke, & Bickart, 2010），使用團體紀錄表來記錄幼兒的進步情形。

活動名稱

音節覺識和字母覺識

課程目標／學習標準

CL.F.p4.2b：合成和分解口語字詞的音節；CL.F.p4.1d：辨識和命名自己名字以外的大、小寫字母；CL.W.p4.2：寫出自己名字裡的大部分字母，且足以辨識。（堪薩斯州嬰幼兒學習標準；Kansas State Department of Education, 2014）

學習成果

幼兒能在記憶遊戲中配對字母，並練習字母名稱和聲音。幼兒也會持續學習並自己練習寫字母 N。

素材與器材

字母 N 的大張字母卡和書寫學習單

重要語詞

針、線、記憶

活動內容

（詳述活動內容，強調如何透過師生互動行為的順序安排來支持幼兒主動投入活動。提供活動細節，作為班級的助理老師或代理老師等人實施課程之參考。）

1. 介紹

　　說明大家將一起使用字母卡來玩記憶遊戲，接著個別練習寫字母 N。

2. 音韻覺識

　　藉由玩記憶遊戲和在小組活動時使用字母卡，複習這學年學過的字母及其聲音。當幼兒找到兩張相同的字母卡時，針對幼兒不熟悉的字母提示其名稱和聲音，或是在複習後詢問幼兒。例如：當幼兒翻到兩張 T，詢問幼兒這個字母長得像什麼（一個踮腳尖的人）及其聲音（/t/）。你也可以詢問幼兒某語詞有幾個音節，以及能不能想到以這個字母開頭的其他語詞。

3. 字母覺識

　　發下幼兒先前用縫工做出的字母 N。當你展示字母卡時，使用「向下、倒回、轉彎」等運筆提示，讓幼兒用手指描寫字母 N。再次唱字母 N 的兒歌。

　　What do I do with a needle and thread,
　　Needle and thread, needle and thread?
　　What do I do with a needle and thread?
　　Please tell me what to do.

　　讓每位幼兒在學習單上練習寫字母 N。

4. 回顧

　　說明他們今天玩了一個遊戲，要記憶不同的字母在哪個位置。他們也練習了字母的聲音和音節，接著自己寫出字母 N。預告下次會開始學新的字母。若有時間，一起唱字母歌，銜接到下一個活動。

適合全體幼兒的 UDL 重點

（列出實踐 UDL 原則的特定策略。）

1. 表徵方式
   - 使用圖片、字母卡和口語方式增強聲音和符號的連結。
2. 參與方式
   - 使用熟悉的兒歌引起幼兒的注意。
   - 展示字母時，用穿線板進行觸覺活動。
3. 表達方式
   - 讓幼兒齊聲回應和個別回應。
   - 停頓或延長時間，讓幼兒有更多時間構思其回應。
   - 讓某些幼兒在同儕回答之後接著回答，以獲得同儕示範。

適合個別幼兒的差異化重點

（依據幼兒參與活動時所需的支持，選擇合適的差異化策略，如：環境支持、素材調整、活動簡化、幼兒喜好、特殊器材、成人支持、同儕支持、隱性支持。簡述如何運用策略支持幼兒。）

- Jayden（難以持續參與活動）
  幼兒喜好：當 Jayden 回答問題後，在下一個問題前，只要他保持安靜且不干擾同儕，允許他玩手中的小汽車。
- Matt（表達能力有限）
  同儕支持／活動簡化：輪到 Matt 玩記憶遊戲時，請他翻一張字母卡並指定一位同儕唸出該字母的名稱，接著請 Matt 仿說。

適合個別幼兒的嵌入式學習機會（ELOs）

（列出嵌入活動的個別化教學目標。簡述如何依據 ELO 概覽表，將個別幼兒的學習目標嵌入在活動中。）

- 為 Jacob 的目標規劃嵌入式學習機會（ELO）：需加強練習發出字首的 s 音。使用 ELO 概覽表以確保 Jacob 在配對任務中找出字母 s，並練習 s 開頭的語詞；請同儕協助他想出語詞。
- 為 Matt 的目標規劃嵌入式學習機會（ELO）：表達自己需他人關注。使用 ELO 概覽表：假如 Matt 接近或起身走向老師想獲得關注，請他用圖卡表達才接受他的請求。Matt 使用圖卡表達後，簡單確認他的意圖，並預告何時會回應他的需求（如：Matt，我知道你有事情要跟我說，先等我完成⋯⋯）。

監測進步情形的機會

（針對進步情形監測工具中的特定技能／目標，找出適合蒐集幼兒學習表現資料的時機。簡述如何蒐集資料。）

- 針對教學策略 GOLD 的第 15 個讀寫目標（Heroman, Burts, Berke, & Bickart, 2010），使用團體紀錄表來記錄幼兒的進步情形。
- 在 ELO 概覽表中記錄 Matt 使用圖卡表達需他人關注的時機和回應情形。

活動名稱

液體競速

課程目標／學習標準

CL.LS.p.4.3：在成人協助或提示下，判斷或釐清新語詞和多義字的意義；S.p4.1：描述和比較常見的力（forces，如：推和拉）對物體的影響。（堪薩斯州嬰幼兒學習標準；Kansas State Department of Education, 2014）

學習成果

幼兒能分辨和預測不同液體的黏度或濃度。幼兒知道有些工具較適合裝取／測量某些液體，及液體可能有不同的質地或觸感。

素材與器材

大團體探索活動使用的液體、烤盤、蠟紙、滴管、量杯和量匙、吸管、眼藥水瓶、濕紙巾或沾濕的廚房紙巾、壁報紙、彩色筆

重要語詞

液體、快、濃、稀、黏

活動內容

（詳述活動內容，強調如何透過師生互動行為的順序安排來支持幼兒主動投入活動。提供活動細節，作為班級的助理老師或代理老師等人實施課程之參考。）

1. 行動和觀察

　　提供不同液體讓幼兒輪流觸摸。在不同的塑膠碗裡分別注入少量的各種液體，以保持整潔。請幼兒描述各種液體。

2. 計畫和預測

　　詢問幼兒哪種液體流得比較快，以及如何確認答案。提議進行液體競速，在緩坡放置烤盤，於烤盤鋪蠟紙並畫出賽道、起點和終點。同時將染色水和蜂蜜（或其他濃稠液體）倒在烤盤上。

3. 報告和反思

　　讓幼兒分享他們在液體流動時注意到什麼事，並記錄幼兒的評論。

適合全體幼兒的 UDL 重點

（列出實踐 UDL 原則的特定策略。）

1. 表徵方式

- 使用各式液體來說明液體的概念。
- 將實物與其照片配對，並口頭描述／命名液體和液體概念。
- 口語討論和示範預測的結果。
- 使用圖表記錄每一位幼兒的預測情形。

2. 參與方式

- 使用問答技巧引導幼兒投入活動。
- 連結幼兒的經驗／周遭環境。
- 記錄幼兒的回應以確認其參與情形。

3. 表達方式

- 讓幼兒齊聲回應和個別回應。
- 停頓或延長時間，讓幼兒有更多時間構思其回應。
- 讓某些幼兒在同儕回答之後接著回答，以獲得同儕示範。

適合個別幼兒的差異化重點

（依據幼兒參與活動時所需的支持，選擇合適的差異化策略，如：環境支持、素材調整、活動簡化、幼兒喜好、特殊器材、成人支持、同儕支持、隱性支持。簡述如何運用策略支持幼兒。）

- Jayden（難以持續參與活動）
  幼兒喜好：當 Jayden 回答問題後，在下一個問題前，只要他保持安靜且不干擾同儕，允許他玩手中的小汽車。
- Matt（表達能力有限）
  活動簡化：使用「是／不是」來回答各種問題（如：請幼兒描述液體的特徵時，調整問題讓 Matt 可單純用「是／不是」來回答）。

適合個別幼兒的嵌入式學習機會（ELOs）

（列出嵌入活動的個別化教學目標。簡述如何依據 ELO 概覽表，將個別幼兒的學習目標嵌入在活動中。）

- 為 Jacob 的目標規劃嵌入式學習機會（ELO）：需加強練習發出字首的 s 音。使用 ELO 概覽表以確保 Jacob 在配對任務中找出字母 s，並練習 s 開頭的語詞；請同儕協助他想出語詞。
- 為 Matt 的目標規劃嵌入式學習機會（ELO）：表達自己需他人關注。使用 ELO 概覽表：假如 Matt 接近或起身走向老師想獲得關注，請他用圖卡表達才接受他的請求。Matt 使用圖卡表達後，簡單確認他的意圖，並預告何時會回應他的需求（如：Matt，我知道你有事情要跟我說，先等我完成……）。

監測進步情形的機會

（針對進步情形監測工具中的特定技能／目標，找出適合蒐集幼兒學習表現資料的時機。簡述如何蒐集資料。）

- 針對教學策略 GOLD 的第三個社會－情緒目標（Heroman, Burts, Berke, & Bickart, 2010），使用團體紀錄表來記錄幼兒的進步情形。
- 在 ELO 概覽表中記錄 Matt 使用圖卡表達需他人關注的時機和回應情形。

活動名稱

盛裝液體的工具

課程目標／學習標準

M.MD.p4.2：直接比較兩個物體上可測量的共同屬性；M.MD.p4.4：依類別蒐集資料回答簡單問題。（堪薩斯州嬰幼兒學習標準；Kansas State Department of Education, 2014）

學習成果

幼兒能比較、使用測量工具，及排序兩至三個物體。

素材與器材

滴管、吸管、眼藥水瓶、量杯、量匙、水、碗

重要語詞

工具、滴管、眼藥水瓶、滴、液體

活動內容

（詳述活動內容，強調如何透過師生互動行為的順序安排來支持幼兒主動投入活動。提供活動細節，作為班級的助理老師或代理老師等人實施課程之參考。）

1. 展示並介紹不同工具的名稱。詢問幼兒曾用過哪些工具、家裡有哪些工具，及如何使用這些工具。
2. 分配工具，讓幼兒試著用不同工具盛水。詢問幼兒哪個工具裝最多水、哪個裝最少水。依盛裝量，由少至多排列工具。
3. 示範工具的使用方式。詢問幼兒哪些工具易使用、哪些難使用。
4. 將工具分為易使用和難使用兩堆。

適合全體幼兒的 UDL 重點

（列出實踐 UDL 原則的特定策略。）

1. 表徵方式
   - 使用實物、口述概念和指出概念。

2. 參與方式
   - 使用問答技巧引導幼兒投入活動。
   - 連結幼兒的經驗／周遭環境。
   - 讓幼兒透過嘗試錯誤來練習使用工具。

3. 表達方式
   - 讓幼兒齊聲回應和個別回應。
   - 停頓或延長時間，讓幼兒有更多時間構思其回應。
   - 讓某些幼兒在同儕回答之後接著回答，以獲得同儕示範。
   - 以適當的方式直接操作工具。

適合個別幼兒的差異化重點

（依據幼兒參與活動時所需的支持，選擇合適的差異化策略，如：環境支持、素材調整、活動簡化、幼兒喜好、特殊器材、成人支持、同儕支持、隱性支持。簡述如何運用策略支持幼兒。）

- Jacob、Emma 和 Olivia（有語言的特殊需求）與 Serena（英語學習者）
  素材調整：使用有簡要定義和圖畫示意的字卡，以加強重要語詞。嵌入反覆唸讀這些字卡的機會。

適合個別幼兒的嵌入式學習機會（ELOs）

（列出嵌入活動的個別化教學目標。簡述如何依據 ELO 概覽表，將個別幼兒的學習目標嵌入在活動中。）

- 為 Matt 的目標規劃嵌入式學習機會（ELO）：表達自己需他人關注。使用 ELO 概覽表：假如 Matt 接近或起身走向老師想獲得關注，請他用圖卡表達才接受他的請求。Matt 使用圖卡表達後，簡單確認他的意圖，並預告何時會回應他的需求（如：Matt，我知道你有事情要跟我說，先等我完成……）。

監測進步情形的機會

（針對進步情形監測工具中的特定技能／目標，找出適合蒐集幼兒學習表現資料的時機。簡述如何蒐集資料。）

- 針對教學策略 GOLD 的第 22 個數學目標（Heroman, Burts, Berke, & Bickart, 2010），使用團體紀錄表來記錄幼兒的進步情形。
- 在 ELO 概覽表中記錄 Matt 使用圖卡表達需他人關注的時機和回應情形。

學前融合教育課程架構

處理挑戰行為

Susan B. Palmer, Gretchen D. Butera, Audra Classen, and Jean Kang

Kevin 老師服務於高危險群幼兒就學的公立幼兒園，他與巡迴輔導老師 Marie 約在早上碰面討論令他擔憂的一位幼兒。Kevin 說：「嗨，Marie，謝謝你在幼兒到園前先過來。May 是來自台灣的新生，我在她身上看見一些行為困擾，因此我想聽聽你的建議。May 和我們相處幾個月了，仍未遵循班級規範和作息。她的英語能力有限，因此我很確定這是某些問題的起因。我們盡力和她溝通，卻每況愈下。她會在教室遊走並奪取玩具、書本或任何引她注意的東西。此行為不僅出現在學習區活動時間，也出現在大團體或小組活動時間。當我們出面把她帶回活動中，她配合坐在位置一分鐘後又離座。我很確定她理解我們期待的行為，但她似乎不順從。我不知道怎麼幫她，同時也擔心她的行為會干擾同儕。你有什麼想法？」Marie 微笑著說：「嗯，這是個難題。可以確定的是她從台灣搬到新家是個大轉換，我想她的家人也在經歷這個轉變。如果沒有實際觀察她與他人和環境的互動，很難找出行為的成因。或許今天就暫緩進行我替 Ted 和 Joey 安排的活動，我應該先觀察 May，看看能否理解她的處境。我今天的行程滿檔，但週五我可以再早點過來，這樣我們就能討論我的觀察感想並腦力激盪 May 的行為介入方案。」Kevin 認同這個安排，隨後 Marie 觀察 May 一小時並做紀錄。

Sharniece 是啟蒙方案的老師，她在上週聯繫學區的行為介入專家

（behavior support specialist）Theresa、啟蒙方案的家庭服務協調者 Karen 出席團隊會議。他們今天要討論 Lyle 的狀況，他是個 4 歲男孩，持續做出更多密集性的攻擊行為。

🔂 認識挑戰行為

挑戰行為（challenging behaviors）是指「行為的嚴重性足以妨礙幼兒投入正向關係、建立友誼、和他人遊戲及學習預定技能的能力」（Dunlap, Wilson, Strain, & Lee, 2013, p. 1）。挑戰行為包括一直無法遵循班級規範（如同 May 的表現），或攻擊同儕和長時間發脾氣或暴怒、踢人、打人、吐口水、推人、哭鬧、亂扔東西或亂跑。有挑戰行為的幼兒可能不太會顧及旁人和自身的安全。幼兒在生病、受傷、飢餓或疲倦時，偶爾會出現前述行為，我們很容易判斷這些行為是幼兒處境所致，且通常不難調節。挑戰行為因出現頻率過高、原因看似不明而棘手，因此處理挑戰行為時要關注這兩點。教師最感困擾的是，能有效處理多數幼兒不合宜行為的簡易策略（如：忽略或重新引導）似乎無法有效處理挑戰行為。事實上，如同 Kevin 所言，我們常論斷有挑戰行為的幼兒不想減少或消除其挑戰行為。思考幼兒通常是如何學會控制衝動、如何學到合宜的社交技巧和利社會行為，及如何獲得適齡的社會－情緒能力，有助幼教工作者認識有挑戰行為的幼兒，而事先預防挑戰行為出現。

如同多數的幼教工作者，Kevin 和他的同事耗時費力，試圖讓 May 的挑戰行為隨時間減少。他們有目的地協助班上所有幼兒發展社會－情緒能力，因為他們明白學會認識且控制自身情緒，以及認識他人的情緒，是在校成功學習的關鍵。他們也意識到社會－情緒能力會影響學業成就（Perry, Holland, Darling-Kuria, & Nadiv, 2011）。後文將介紹社會－情緒能力發展的背景知識、討論社會－情緒能力發展出現個別差異的成因，並檢視社會－情緒能力和挑戰行為的關聯。

● 氣質與社會－情緒發展

　　氣質或行為風格（behavioral style）說明了兒童投入活動的方式有著個別差異，係與兒童的行動方式有關，而非行為的內容或動機（Chess & Thomas, 1996）。早期的氣質研究所提出的行為向度包括活動量、規律性、趨近性、適應性、敏感度、反應強度、情緒本質、注意力分散度和堅持度。在紐約縱貫研究中（New York Longitudinal Study, NYLS; Thomas, Chess, & Birch, 1968），研究者長期追蹤 131 人從他們三個月大到成人，以檢視氣質的個別差異是如何出現的。這份研究詳述三種兒童氣質的類型：養育困難型、安樂型和慢吞吞型／害羞的兒童。養育困難型兒童的規律性低且難以預測、對新情境退縮、適應慢、反應激烈，且多為負向情緒；安樂型兒童則與前述相反且更加正向；而害羞的兒童會對新情境退縮、適應慢、活動量低，並有負向情緒。此研究指出並非每一位養育困難型或慢吞吞型兒童都會隨時遇到問題。許多例子中，兒童生活中的重要成人會為其調整環境，有時是修正對於兒童行為和情緒調節能力的期待。因此不論兒童氣質如何，在認識環境對兒童發展的影響時，須著重於兒童個人氣質和環境之間的適配性（goodness of fit，是指成人的價值觀和期待與兒童的氣質之間的契合度）。安樂型兒童通常會順利度過幼兒園階段，而害羞或養育困難型兒童可能需要較多支持。雖然兒童氣質看似與挑戰行為有關，但仍要記得並不是每位養育困難型兒童都有挑戰行為。

● 依附關係與社會－情緒能力

　　兒童發展時所處的育兒環境能說明為什麼有些兒童會出現挑戰行為。心理學家指出在生命最早的幾個月，隨著兒童與照顧者的關係逐漸發展，兒童會學到自我調節的基礎。自我調節是指由「他人控制」（意即兒童的照顧者）逐漸轉變成自我控制（Bronson, 2002）。依此觀點，依附理論（attachment theory）或許亦有助於解釋為什麼有些兒童會發展出挑戰行為。

　　依附理論探討的是嬰幼兒的行為，他們會辨認熟人、產生安全感，並能自信又信任地探索環境，且看見他人的需求和情緒（Ainsworth, 1982; Bowlby,

1969）。以兒童和早期照顧者建立的安全感為基礎，多數兒童會與家人建立安全依附，而當他們從家庭進入幼兒園時，他們在與其他成人（如：老師）和同儕的關係中會感到自在。然而，大約三成幼兒在早期會出現不安全依附，這似乎會影響幼兒的社會關係、對成人的信任感，並導致幼兒在團體生活中發展出挑戰行為。不安全依附的成因眾多，包括貧窮所致的家庭困境、物質濫用，或其他心理健康問題（包含兒童或其家人）。

● 自我調節與社會－情緒能力

外界期待兒童上幼兒園後漸能調節自身情緒並有合宜的行為表現。**自我調節**（self-regulation）是指幼兒對於自身情緒和注意力的控制能力漸增，這關乎他們在 8 歲時的合宜行為及社會能力（Bronson, 2002）。自我調節與下述能力有關：遵循他人（包括家長和老師）的要求、在熟悉的環境中控制自己的行為，以及自主思考和解決問題的能力。有研究者指出情緒調節能力是整體社會能力的一部分（Bronson, 2002; Landy, 2002），而缺乏情緒調節能力與行為問題（意即挑戰行為）之間有關聯性（Gilliom, Shaw, Beck, Scohberg, & Lukon, 2002; Trentacosta & Shaw, 2009）。

協助兒童為日後就學準備時，必須幫助他們發展自我調節能力。當兒童越來越重視同儕關係時，他們須具備調節情緒和控制行為的能力，才能和同儕進行適齡的互動。幼兒園大班老師常說這些能力是幼兒在大班時得以成功學習的關鍵。在幼兒園大班前發展出的交友、社會參與及利社會技能，有助幼兒順利銜接大班，也代表他們已為學習做好準備。挑戰行為的出現會讓老師難以支持兒童社會－情緒能力的整體發展。

● 認識文化和家庭的影響

Brown 和 Conroy（2011）指出社會－情緒能力受以下因素影響：家庭、文化和同儕的特質，以及環境中的社會互動情境或潛在機會。幼教工作者可能會面臨文化差異、家庭生活或溝通風格上的個別差異，這些因素會影響幼兒在教室的行為。教室內的成人應該察覺、尊重並理解多元性（diversity）：

多元性一詞可用於兒童及其家人生活的各種面向上，包含種族和族群差異、語言、社經結構、家庭結構和能力水準。重要的是謹記，並非某些兒童、家庭或群體是不同的；而是人與人本來就不同，每個人在許多面向上皆有差異。（Friesen, Hanson, & Martin, 2014, p. 2）

幼教工作者可用下述方式回應多元性：請教幼兒的家人以得知家庭如何看待孩子的行為，以及家庭對孩子社會化的獨特看法。幼教工作者在必要時要用開放、尊重、順應家長的溝通方式與家長共同解決問題，並須考量家庭教養方式如何影響幼兒在教室的行為。詳見第十和十一章，內容分別論述專業合作及鼓勵家庭參與孩子的學習。

∙∙∙

Marie 與 Kevin 談論她對 May 的觀察時，她問及 May 的家庭狀況。Kevin 表示 May 的家人雖有出席班親會，但是「我沒什麼機會和他們聊聊。我該這麼做，但我需要找位翻譯員，因為我認為他們的英語能力有限。」Marie 咧著嘴笑說：「我有合適人選，我去年找過她幫忙和一個家庭溝通。她是在雙語環境長大的第一代美國人，在家用母語、在外用英語。她很親切，會讓家庭感到自在。如果你有意願，我可以幫你聯絡她。她的名字叫 Wenjing。」Kevin 嘆了口氣說：「太好了，我知道我必須和這個家庭溝通，但很難找到時間，更難的是家長的英語能力有限。」

不要只侷限在幼兒挑戰行為的成因，幼教工作者須承認「證實挑戰行為的成因」顯然不如「想出有效的行為介入方案」來得重要。面對幼兒的不合宜行為，我們常順理成章地責怪家長，但是這樣做並不能建立夥伴關係來改善幼兒的行為。此外，幼教工作者須檢視自身對幼兒的行為所抱持的信念。不同家庭對於可接受或正向的行為有不同的認定，而他們的價值觀可能異於我們。例如，有些家庭鼓勵孩子以暴制暴：「如果他打你，你就打回去。」有些家庭則跟孩子說被同學打時要找老師幫忙。幼教工作者須意識到「受自身價值觀、信念和優先事項的影響，我們對行為的功能、意義或合宜性的看法可能因而轉變」（Friesen et al., 2014, p. 10）。

Kevin 和 Wenjing 約訪 May 一家人，地點選在 May 的住家公寓。約在家中或許能減少麻煩，因為他們知道這個家庭仰賴大眾運輸工具。May 的父母依約在門口迎接 Kevin 和 Wenjing，對兩人的來訪熱情致謝並端茶給他們。May 的父親張先生從客廳拉了張椅子到廚房，好讓大家能一同坐著喝茶；張太太端一小盤杏仁餅要大家嘗嘗看。大家都就坐後，Kevin 問起家庭搬來美國的事。張太太立刻眼眶泛淚，顯然家庭的轉變對全家人來說都很難熬，如同 Marie 的推測。張先生表示他們剛搬到鎮上，受僱於一間家族自營餐廳，希望未來也能自己開一間餐廳。此時，張太太看著自己的雙手嘆了口氣。張先生表示事情並不順遂。這間餐廳不像最初接洽時那樣歡迎他來工作。在張先生一家人到來前，這間餐廳的生意無預警衰退。幸好，Kevin 和 Wenjing 都曾到過這間餐廳，立刻告訴張先生他們喜歡裡面的餐點，尤其是杏仁餅，這顯然是張太太供給餐廳的。張先生很快地喝完茶，起身說聲抱歉及再見後就離開去工作。在張先生離開後，Kevin 詢問張太太覺得 May 在新學校過得如何。她嘆氣說：「May 每晚都哭著要找以前的朋友和老師。她告訴我新學校裡的每個人說話都怪腔怪調，她聽不懂。May 睡得不好，而且要搭娃娃車時都會發脾氣。」

共同解決問題對教師和家庭成員來說可能都有幫助，他們分享訊息並找出每個人在各式情境中會嘗試哪些策略來解決共同的問題。當教師和家長採用相同的預防策略，並在家庭和學校建立一致的行為期待，許多挑戰行為會變少。

Kevin 詢問 May 的母親知不知道要如何協助 May 適應新學校。她嘆氣表示，如果 May 至少有個能玩在一起、協助她學習語言的新朋友，她可能會開始喜歡上學。Kevin 回應：「好主意！我在團體時間可將她和另一個孩子安排在一起，她就能獲得額外協助，而且她們可能會建立友誼。我怎麼沒想過要這麼做！我知道找哪位小女孩當 May 的朋友。我早該想到這個方法，非常謝謝你！」

回到教室後，Kevin 將 May 和 Laurie 安排在同組，Laurie 是個活潑外向的 4 歲女孩，她喜歡在小組活動時指引同儕。Laurie 似乎很喜歡幫助 May 理解在團體活動中要做什麼事，而且這兩個小女孩在遊戲場和學習區時間也開始玩在一起。Kevin 和 Marie 討論到這次的家訪。Marie 很高興得知 May 交到朋友，她也一直思考如何解決 May 不能完全理解各式活動指令的這個事實。她建議 Kevin 和其團隊開始在班上使用視覺提示。Kevin 和 Marie 在作息中替 May 拍照，並使用這些代表作息和行為期待的照片引導她參與活動。最後，May 開始主動投入班級作息，且在英語學習學生（ELLs）的支持服務和同儕的協助之下，開始習得英語。

● 家庭面臨的挑戰

如同 Kevin 的發現，面對有挑戰行為的幼兒，我們可從其家庭獲知許多訊息。處理孩子在家的挑戰行為會讓家庭倍感壓力；此外，家庭常覺得難以從兒科醫師或其他醫療專業人員身上獲得實用準確的資訊，而且家庭得努力替孩子網羅支援和服務。有個質性研究以七個家庭為對象，其分別育有 25 至 43 個月大且有挑戰行為的孩子，研究者在這五個男孩、兩個女孩及其家庭的身上看見了一些議題（Worcester, Nesman, Mendez, & Keller, 2008），包括經濟壓力、回應挑戰行為會為家人間帶來壓力，以及挑戰行為導致的社交孤立感。幼教工作者須敏覺幼兒的挑戰行為帶給家庭的影響，並意識到家庭的整體需求和幼兒的個人需求。

與幼兒社會－情緒發展相關的專業領域眾多，使得尋求心理健康相關支持服務的過程更加複雜；前述的相關領域包括心理學、社會工作、精神病學、諮商、兒科、護理、物理治療、語言治療、職能治療、嬰幼兒教保服務和家庭支持（Korfmacher, 2014）。不同專業人員給予家庭的建議可能相左，而家庭可能也不知如何協調體制以獲取孩子和家人所需的協助。目前尚未有專業團體建立出一套適合各專業領域用來服務幼兒的共通準則。

班級中的挑戰行為

　　Sharniece、Theresa 和 Karen 開會討論 Lyle 的狀況。Karen 表示自己正在試著找出 Lyle 挑戰行為增加的潛在原因。明確來說，Lyle 的母親 Mary 在接受密集的戒毒方案後，最近重新取得 Lyle 和 Jimmy 兩兄弟的監護權。Karen 解釋：「Mary 住院接受戒毒治療時，Lyle 及弟弟與外祖父母同住。Mary 很年輕，而 Lyle 的父親常不在身邊。Mary 最近開始在雜貨店工作，努力賺錢養家，但這並不容易。Mary 去工作時，由她的父母看顧孩子。在生活轉變下，這兩個男孩有點不受控制。Mary 表示 Jimmy 又開始吸手指，半夜經常起來尖叫。每個人都不得好眠，包括 Lyle，難怪 Lyle 的挑戰行為會增加。Mary 長期和心理健康中心的諮商師 Phyllis 合作，Phyllis 試著讓 Mary 知道一致的教養原則有其重要性。Mary 和 Phyllis 認為較佳的做法是大家共同決定如何回應 Lyle 的行為。」Theresa 點頭說：「當然，我們一起盡己所能幫忙 Lyle 和他的媽媽吧！我看過 Lyle 有時會打人和踢人，還有其他會造成問題的行為嗎？」Sharniece 嘆氣說道：「Lyle 很少遵循口語指令，活動轉換時會出現不合宜行為，而且即使堅定地要他遵循班級作息，他仍會踢人和打人。一天至少會出現兩次。」Theresa 訝異地表示：「哇！我不知道他造成這麼多問題。或許在與 Lyle 的母親和諮商師碰面之前，我們應該在 Lyle 遇到困難時先蒐集一些資料，像是什麼類型的事件可能誘發挑戰行為，以及挑戰行為可能具有什麼功能，這樣才能具體描述我們在學校的觀察。同樣重要的是想出適合家庭和學校一同執行的行為介入方案。我會再看看行事曆，在這幾天盡量找時間入班觀察。Lyle 在哪些時段特別會遇到困難呢？」Sharniece 緊張地笑說：「或許是你不在場的任何時間！認真來說，從你入班看到的大團體活動開始，一直到戶外活動前的小組活動期間，他表現得最好。其他時段對他來說真是挑戰。然而，他最近在任何時段都不免製造麻煩。」

重要的是，要有系統地記錄挑戰行為出現時的周遭事件及行為本身，以便想出介入方案來減少挑戰行為，並協助幼兒發展社會－情緒能力，如同 Lyle 案例的專業人員所為。蒐集來的資料應有足夠的細節，才能完整描述幼兒的行為和當下的班級情境。Dunlap 及其同事（2013）指出挑戰行為（1）具溝通的功能，幼兒可能使用挑戰行為來互動，而不是使用口語、手勢和臉部表情；（2）因結果而維持，特別是獲得想要的東西、活動或情境，而增強了該行為；（3）通常是情境依賴的（context dependent），挑戰行為較有可能出現在特定情況，並針對特定對象或活動。

教師應留意幼兒何時出現挑戰行為，並判斷其功能。例如：有位幼兒不想跟著全班一起做某件事，其挑戰行為的目的即是讓自己免於參與該活動，這實質上增強了其不合宜行為。有時，由於教師忙於別的事，幼兒在不經意間被允許參與其偏愛的活動，而非應該參與的活動。一些案例中，不合宜行為會招來同儕或老師的負面關注（仍是關注）。當幼兒不熟悉或難以應對學習任務的要求時，挑戰行為可能就此出現。最後，由於溝通困難、氣質、依附疾患，或曾接受不一致的照顧等因素，許多有挑戰行為的幼兒未具備管理自身行為的先備技能。幼兒可能無法應對不熟悉的人或環境，或是作息的改變。

● 執行功能性評量與擬定介入方案的歷程

DEC 建議實務認同「在各個環境中使用功能性評量（functional assessment）及相關的預防、促進和介入策略來預防和處理挑戰行為」（2014, p. 11）。執行功能性評量與擬定介入方案的歷程包含七個步驟，分述如下。

第一步：確認和描述欲處理的挑戰行為

確認和描述 May 的挑戰行為並不難，因為她只表現出一個特定行為。而在 Lyle 的案例中，Theresa 觀察並記下五種不同的挑戰行為，包括搶奪同儕的玩具、用吼叫方式回應成人的口頭要求、踢同儕和打同儕、拒絕遵循老師的引導、暴怒（特別是在活動銜接時段）。重要的是，幼教工作者宜一次處理一種挑戰行為，並優先處理在家庭和學校皆造成困擾的挑戰行為。

第二步：相關人員互相分享訊息

　　一旦確認挑戰行為及其可能出現的情境，所有相關人員（包括家長）宜在不同環境中（如：教室、學校、家庭、社區）觀察幼兒，並從自身觀點分享自己對問題的認識。接著須擬定行為介入方案，而幼教工作者宜與家庭建立夥伴關係，讓所有人都認同此介入方案。由幼兒生活中的重要人士（如：幼教工作者、類專業人員、家人、其他專業人員）共同選出欲處理的挑戰行為，他們才得以認識此行為並共同擬定介入方案。對幼兒行為有一致性的描述，亦能提升監測資料之可靠性（McEvoy, Neilson, & Reichle, 2004）。

· ·

　　Theresa 蒐集幾天的觀察資料後，她、Sharniece 和 Karen 一同約了 Mary（Lyle 的母親）及 Phyllis 見面。Sharniece 首先分享 Lyle 的學習優勢，她對著 Mary 等人說：「Lyle 喜歡畫畫和聽故事，而且他在故事時間通常很愛和同儕一同重述故事。他的學習優勢有助日後的學習。我很高興認識 Lyle，儘管他有行為上的問題。」Sharniece 試著讓 Mary 放心，她們願意協助 Lyle 在班級裡順利學習。與會者皆同意要合作擬定方案來協助 Lyle 管理自己的行為。Theresa 表示自己持續觀察著 Lyle，仔細確認和描述其挑戰行為，以助大家擬定有效的方案。當她描述 Lyle 的五大挑戰行為和行為出現的情境，Mary 表示 Lyle 在家也有類似的行為。Mary 很挫折，不知道如何幫助 Lyle，也擔心他搶玩具時會踢傷和打傷弟弟。

第三步：針對行為的功能形成假定

　　前述例子說明大家開始合作時，先確認共同關切的行為，並對行為產生共同的認識。下一步則是針對幼兒挑戰行為的功能形成假定。團隊成員皆須意識到多數的挑戰行為是有原因的出現，也就是說行為有其功能，且特定情境容易誘發幼兒的挑戰行為。找出不合宜行為的誘因，有助預防行為加劇。更重要的是教導幼兒使用更能被接受的方式來表達需求。

Theresa 注意到 Lyle 常為了獲取玩具（少數時候是捍衛玩具的所有權），而踢或打同儕。這通常發生在成人較少監督幼兒的時段，像是教室或戶外的自由遊戲時間。她解釋 Lyle 只要踢或打人就能得到玩具，除非對方大聲反抗或成人恰巧看到。Mary 聽了之後坦承自己常在 Lyle 和弟弟搶玩具時，直接把玩具給 Lyle，這比和他拉鋸或聽他發脾氣簡單多了。她也解釋，在她過去接受戒毒方案和目前工作的期間，外祖父母幫忙照顧 Lyle 時，他們會心疼母親沒有陪在他身邊所以任他予取予求。

第四步：擬定介入方案以減少挑戰行為

釐清挑戰行為的功能之後，即可擬定介入方案來減少挑戰行為的出現率。許多挑戰行為具危險性或可能弄傷別人，因此幼教工作者須即刻介入以確保班級內所有人的安全。此介入方案的目標是藉著將幼兒帶離行為出現的情境，盡快中止幼兒的挑戰行為。

所有人迅速決策，在 Lyle 踢人或打人時要立即介入。堅定告訴他用這樣的方式來滿足需求或表達挫折並不恰當。Sharniece 和 Mary 談及教室的紅色地毯區域，他們稱作冷靜區。他們決定在 Lyle 踢或打同儕時，立即帶他到冷靜區，並堅定告誡他：「打（踢）小朋友會讓他們受傷。我們不要打人（踢人）。」他得待在冷靜區三分鐘，或直到他平復（如果他發脾氣）；如果他擅離冷靜區，會立即被帶回，直到帶他的成人允許他回去參與活動。Phyllis 說：「Mary，我覺得你可以在家試試這個好方法。你覺得家裡有個像冷靜區的地方嗎？」他們腦力激盪後，Mary 決定將 Lyle 房裡的小地毯當作冷靜區。做會議紀錄的 Karen 隨即列出用來減少 Lyle 踢人和打人的處理步驟。

第五步：擬定介入方案以教導替代行為

預防挑戰行為只是前半段的處理。有挑戰行為的幼兒通常因為未具有必備技能，而沒有使用社會能接受的方式來滿足自身需求。幼教工作者不應認為幼

兒知道更好的做法，事實上幼兒通常並不知道。協助幼兒在這些情境中學習新技能是重要的。

. . . .

　　Sharniece 表示班上不只有 Lyle 在學習分享玩具。她跟 Mary 說：「我們花許多時間想策略讓人人都能玩到熱門玩具。」重要的是讓幼兒學會分享，這樣當大人不在場時，他們也能自己解決這類問題。大家在討論後認為須協助 Lyle 理解分享玩具的意思，特別是和年幼同儕分享。Sharniece 聽了大家的關切後說：「我要好好檢視我們在故事時間的用書，看看能否加進更多能引導幼兒學習分享的書。我想我們都需要更多這類書籍！」大家決定每當 Lyle 打人或踢人，帶他到冷靜區的成人讓他回到先前活動之後，必須和他討論如何使用語言索取玩具，以及與人分享的重要性。聽了大家的討論後，Mary 說：「其實 Lyle 有時會和弟弟分享。我昨晚煮晚飯時，看到 Lyle 在弟弟哭的時候拿了台玩具卡車給他。我稱讚他是好孩子，會和弟弟分享。」Theresa 和 Sharniece 興奮地說：「真棒！你不只稱讚他的幫忙，還明確告訴他你喜歡他有何表現。他確實分享了！我們要從這一步繼續努力！」Sharniece 若有所思地說：「我認為這是重要的基石。我來安排自己和班上其他成人的輪值表，輪流觀察 Lyle，才能捕捉他的好表現，並確保接下來幾週都能照此方案的步驟走。」

第六步：實施與監測

　　針對選定的挑戰行為，選用合適的監測方法並決定監測的時間點和方式（Sandall, Hemmeter, Smith, & McLean, 2005; Webster-Stratton, 1999）。Classen 和 Cheatham（2014）進一步說明如何評量行為（參見表 9.1，此表摘述教師在確認和評量行為時的注意事項）。幼教工作者常感時間有限，因而在介入方案中容易忽略去監測挑戰行為。除非成人有系統地監測幼兒的行為，否則就容易誤判介入方案的成效不彰。幼兒的挑戰行為通常根深蒂固，而挑戰行為的出現頻率係緩慢下降。

表 9.1 監測幼兒的挑戰行為

安排系統性的監測
應處理哪個挑戰行為？
哪些行為在學校不只出現在單一情境？
團隊成員認為須優先處理哪種類型的行為？
家庭對幼兒的行為有何擔憂？
團隊和家庭對此行為的共同描述為何？
應多頻繁、在什麼情境與脈絡中監測行為？
應多頻繁的監測行為（如：一天數次、一週數次、一週一次）？
應在什麼情境中監測行為？
誰來監測行為？
必要時，觀察者應處理此行為嗎？
欲觀察的行為有何特質？
此行為沒有明確的始末。
此行為快速出現而難以察覺，而且反覆無常。
此行為未中斷而難以計次。
此行為通常持續多久？
此行為會出現在某個可能線索、口語提示或事件之後嗎？
如何測量和總結資料？
應使用符號註記、檢核表、文字紀錄、馬表或應用程式嗎？
應將每次的觀察紀錄保存在何處？
哪種圖表和書面摘要最能呈現進步情形？
分析資料時應考量哪些事項？
呈現什麼趨勢和模式？
尚可蒐集什麼訊息來解釋資料的結果？
應擬定哪種方案來改善行為？
此方案應從學校延伸至家庭嗎？
執行行為介入方案時應持續監測行為。
行為隨時間改變了嗎？
哪些策略能有效支持正向行為？
尚須做什麼改變？

資料來源：Classen & Cheatham (2014).

Theresa 環視與會者，說道：「看來我們對介入方案有了共識，對嗎？」看到與會者皆點頭，她繼續說：「現在我們得思考如何得知方案的進展，以及如何相互溝通。你們有何想法？」Phyllis 說：「嗯，我會和 Mary 進一步討論如何在家中使用這個介入方案。到時可以和大家分享我們的想法嗎？我們想聽聽建議，同時確保大家的想法是一致的。」Sharniece 輕拍 Mary 的肩膀，說：「沒錯！你在這時候扮演最重要的角色。同樣身為人母，我知道有時很難兼顧每件事！當你要煮飯又要洗衣服，很難一致地落實介入方案。你要不要在親師聯絡簿記下方案的實施情形？由我和 Karen 監測方案，下次家訪時我們就能討論方案進展。」Mary 得知自己能獲得持續的協助之後鬆了口氣。Theresa 說：「校內監測的部分，由我每週兩次觀察 Lyle 在自由遊戲和遊戲場活動的行為，你們覺得如何？」

第七步：規劃後續的改善方案

除了持續監測挑戰行為，亦須安排後續會議共同評鑑介入方案成效及決定後續行動。此歷程中必須擬定明確且可測量的目標，並以易懂的方式分析和呈現資料。若討論後認為目標已達成，則可降低監測頻率，但仍持續監測行為以確保其穩定性。若目標未達成但有一定程度的進展，則可持續執行原方案；若沒有明顯進展，則得修正原方案。

● 預防挑戰行為

正向行為支持（positive behavior support, PBS）、正向行為介入與支持（positive behavior interventions and supports, PBIS）和全校性正向行為介入與支持（schoolwide positive behavior interventions and supports, SWPBIS）指的是支持所有學生發展社會能力的方案（PBIS, 2009）。許多學校和嬰幼兒教保方案已採用 PBS、PBIS 和 SWPBIS 方案來發展預防挑戰行為的策略。研究顯示挑戰行為可以預防，這讓教師在正向的學習環境中有更多時間專注於教學；當

教師花較少時間處理兒童的不合宜行為，並用更多時間專注在教與學時，才能建立正向的學習環境（Bradshaw, Reinke, Brown, Bevans, & Leaf, 2008）。

提升社會與情緒能力並處理挑戰行為的金字塔模式（Pyramid Model for Promoting Social and Emotional Competence and Addressing Challenging Behavior; Fox et al., 2003；見圖 9.1）提供我們處理幼兒挑戰行為的一種思維。在此多層介入模式中，金字塔的寬大底層為優質的支持性學習環境，使幼兒和成人之間建立相互尊重和敏銳回應的互動關係，以提升全體幼兒的正向學習成果（第一層）。約有 15% 幼兒的需求無法在第一層介入中獲得滿足，他們需

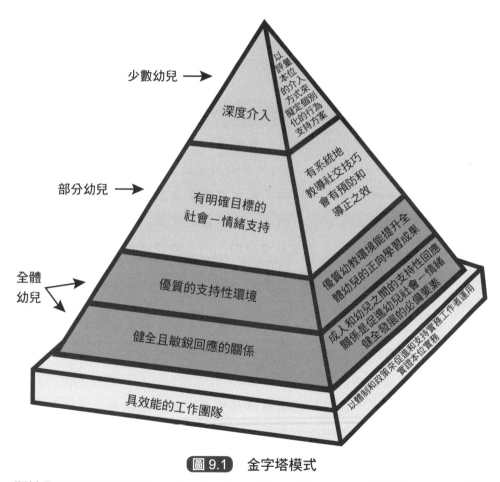

少數幼兒 ➡

深度介入

以評量本位的介入方式來擬定個別化的行為支持方案

有系統地教導社交技巧會有預防和導正之效

部分幼兒 ➡

有明確目標的社會－情緒支持

全體幼兒

優質的支持性環境

優質幼教環境能提升全體幼兒的正向學習成果

健全且敏銳回應的關係

成人和幼兒之間的支持性回應關係是促進幼兒社會－情緒健全發展的必備要素

具效能的工作團隊

以體制和政策來促進和支持實務工作者運用實證本位實務

圖 9.1 金字塔模式

資料來源：Center on the Social and Emotional Foundations for Early Learning. (2002). *Pyramid model for promoting social and emotional competence in infants and young children.* Nashville, TN: Author; adapted by permission.

要第二層有明確目標的社會－情緒介入來確保其發展出社會－情緒能力，就像 Kevin 的調整讓 May 覺得新班級更有家的感覺。約有 5% 的幼兒需要第三層的深度介入，包含個別化的行為支持方案，如同 Lyle 的行為介入方案。

提供有利正向行為的穩固基礎

　　許多幼教工作者深知維持一個令人愉悅且規劃完善的課室環境，讓幼兒覺得受歡迎和被接納、具有安全感並且投入學習，有其重要性。許多固定的班級作息和教學實務支持著班上全體幼兒的正向行為（Dunlap et al., 2013）。請特別留意在成人和幼兒的互動關係中務必保持關心和正向態度。教師對幼兒的正向關注和負向關注的比例通常建議為 5 比 1。教師應安排可預期的活動時間表，久之即成為例行作息。在作息中，教師應直接教導幼兒認識班上各時段和活動中的行為期待。此外，直接教導與同儕互動的社交技巧亦可支持幼兒的社會－情緒能力。

- -

　　Sharniece 使用幼兒的活動照片製作每日的活動時間表，並特別張貼出來。她常提到活動時間表，以協助幼兒理解計畫的重要性，並接受活動時間表的改變。她在學期初常將「我們來看看接著要做什麼事」掛在嘴邊。她和幼兒談論當天會發生的事及做計畫的原因，這讓認識日曆時間（calendar time）看起來更像是計畫時間。「我們使用計時器提醒我們今天要早點收拾，因為圖書館員要來班上。」她與類專業人員及 Theresa 也準備運用時間表作為支持 Lyle 的基礎。她向 Theresa 提到：「你說得沒錯，我們在兩週前小幅更動時間表，以增加使用遊戲場和美勞素材的時間。這對大家來說都是個改變，雖然多數幼兒沒有注意到，但這可能是 Lyle 做出不合宜行為的原因。」Theresa 也注意到，比起其他幼兒，Lyle 較少留意口語提示，且在活動銜接時需要更多的調適時間。這隨即列入 Lyle 在銜接時間鬧脾氣的介入方案。Sharniece 和她的教學團隊也開始使用紅色地毯作為冷靜或放鬆的地方，讓幼兒在此處理情緒。

　　教師可自我評量教室環境，並改善自己與幼兒的互動品質。教室評量系

統（Classroom Assessment Scoring System®, CLASS®）的幼兒園（Pre-K）版本（Pianta et al., 2008）是一套評定教室三大向度的觀察工具。第一個向度為「情感支持」，觀察者可評量正向班級氛圍（師生間的情感連結和尊重）、負向班級氛圍（師生展現的憤怒、敵意或挑釁）、教師敏銳度（教師察覺並回應學生的學業和情意需求），及尊重學生觀點（教師的互動方式能支持學生的興趣、動機和觀點）。教師可用此工具監控自身的教學，判斷自己是否提供有品質的互動和教導，以促進幼兒參與學習並提升社會能力和學業成就。「教室組織」是 CLASS 裡關乎預防挑戰行為的第二個向度，其包含行為管理、生產力和教學形式；CLASS 的第三個向度是「教學支持」，其包含概念發展、回饋品質和語言示範。概念發展意指教師使用教學討論和活動來提升幼兒的高層次思考和認知；回饋品質係指教師提供回饋來擴展幼兒的學習、理解和班級參與度；語言示範則在評量教師運用語言刺激和誘發策略的品質和數量。如果教師以清楚和有吸引力的教學方式促進認知、社會和語言發展，學生通常會更投入學習，且在認知、行為和情緒上更可自我調節（Williford, Whittaker, Vitiello, & Downer, 2013）。

教學金字塔觀察工具（Teaching Pyramid Observation Tool, TPOT™; Fox, Hemmeter, & Snyder, 2014）是另一個實用的自評工具。TPOT 先以一系列的問題引導教育工作者檢視班級的例行作息、活動銜接時間和主要的教學實務；接著引領教育工作者與其教學團隊根據自評結果側面圖及預期行為來擬定計畫。

以問題解決能力作為介入工具

兒童在學前階段若未學習解決問題，往往會以攻擊方式解決人際互動問題，這常導致其被同儕拒絕和潛在的心理健康問題（Joseph & Strain, 2010）。幼教工作者可將人際問題解決能力統整在讀寫、數學、科學或其他課程活動之中，亦可統整於例行作息（如：大團體或小組活動、自由遊戲、戶外活動、點心時間、到園或放學）。幼兒喜歡擔任問題解決者。幼教工作者發現教導幼兒解決社會性問題的步驟，能讓幼兒具備能力去解決班上簡單的人際互動問題。幼兒通常會先看教師張貼的問題解決步驟，並腦力激盪解決方式。第三章介紹過解決社會性問題的步驟：

1. 發生什麼問題？

2. 思考解決問題的各種方式。

3. 討論並選一個最棒的解決方式。

4. 試試看！

5. 有效嗎？

　　圖 9.2 以圖示呈現前述步驟。教師可特意安插機會讓幼兒學習使用問題解決步驟來處理他們在當前活動中遇到的問題。

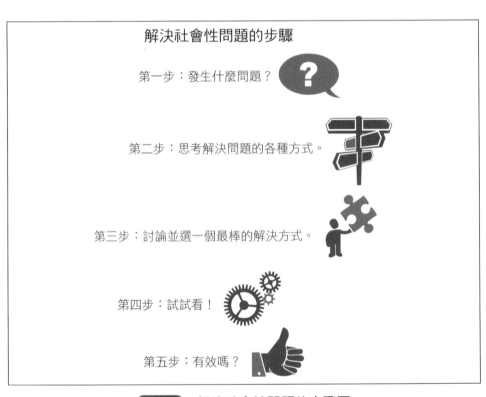

圖 9.2 解決社會性問題的步驟圖

Kevin 在角色扮演活動中介紹問題解決步驟之後，張貼出有視覺提示輔佐的步驟圖。Kevin 發現在幼兒遇到問題時（如：他們想要盪鞦韆，但每個鞦韆都有人在玩），由教師示範並引導幼兒遵循每個步驟，可鼓勵他們使用問題解決步驟。他請幼兒使用此步驟來思考如何幫助 May 理解班級規範和作息流程，號召所有幼兒協助讓 May 有在家的感覺。

「問題解決能力讓幼兒在遇到難題時保持冷靜、快速修復社會關係，並以安全和公平的方式來滿足自身需求」（Joseph & Strain, 2010, p. 39）。

腳本故事

使用腳本故事（scripted stories）是處理挑戰行為的另一種有效策略，例如：《塔克龜花時間縮隱和思考》（*Tucker Turtle Takes Time to Tuck and Think*; Lentini, 2007），可在幼兒社會與情緒發展中心（Center on the Social and Emotional Foundations for Early Learning, CSEFEL）的網站（http://csefel.vanderbilt.edu）下載使用。此故事講述有隻烏龜喜歡和朋友玩但有時會生氣，以此示範如何重塑攻擊行為（如：生氣就打人或踢人）。故事提出「像烏龜般思考」的做法，請幼兒縮進假想的龜殼裡，停止行為、深呼吸三次，並思考如何解決導致生氣的問題。同樣包含一系列的步驟：

1. 覺察自己在生氣。

2. 停止。

3. 縮進殼裡，深呼吸三次。

4. 思考。

通常使用紙本故事就有不錯效果，但有些案例中，插入幼兒的照片做成個人化的故事更有效。部分有挑戰行為的幼兒有聽覺理解的困難，而需特定的視覺提示使其專注。Sharniece 後來注意到 Lyle 非常喜歡故事，因而常用塔克龜的故事協助 Lyle 面對挫折。

視覺時間表

教師常以視覺時間表（visual schedule）呈現當日的活動或作息（參見第

八章），這讓不同年齡和能力的幼兒皆能理解先後順序。教師可說明每日時間表有何改變，並調換圖片順序以調整時間表。一些案例中，除了班級時間表外，泛自閉症幼兒會額外使用個人化的時間表。有時在時間表的每個時段貼上幼兒的照片，有助幼兒清楚知道每個人都應遵循時間表。透過創意和反覆試驗來設計符合個別需求的班級活動時間表，藉此預防挑戰行為。只採用單一的視覺呈現方式不見得管用，須視班級學生的需求而調整，例如：重度障礙幼兒可能無法認出代表特定作息的線畫或插畫，改用班上幼兒實際參與該活動的照片來替代會更好。

視覺提示

教師可以就特定目的隨時發想簡單的視覺提示，例如：Sharniece 的班級將到自然保護區校外教學，Theresa 幫好幾位學生畫了步驟圖讓他們遵循。預先知道即將發生的事情，並在每個步驟出現時打勾確認，這能安撫一部分有挑戰行為的幼兒，也更順利完成活動。須視幼兒的需求來調整步驟。Theresa 對 Sharniece 說：「我以前常花很多時間製作視覺提示，蒐集並護貝彩色圖片，但隨筆的線畫也可達到相同效益，而你在敘述你畫的內容時，可依喜好發揮創意。」

許多幼兒是好聽眾並能聽取成人的多數指令，但在一些案例中，幼兒可能專注於環境的其他面向而漏聽口語提示。同時使用口語和視覺提示，有助幼兒聽到和看見常見的活動指令而減少挑戰行為。即使幼兒具有良好的溝通技能，他們有時也受惠於視覺提示，特別是他們必須長時間記取想法和指令，或參與更加複雜的新活動。Theresa 告訴 Sharniece：「我使用線畫步驟圖和 4 歲的女兒討論旅行或購物計畫，她就能事先知道計畫。這讓家庭的大小事變得更順利。」

大型玩偶作為班級成員

「令人驚嘆的歲月」計畫（The Incredible Years; Webster-Stratton, 2001）運用玩偶來表達感受，並吸引兒童關注難以一語道盡的情緒和問題。這些玩偶是班級成員，而非玩具。玩偶能以兒童觀點傳遞教學，並成為兒童的關注焦點。

教育工作者需決定使用玩偶之目的，包括內容、方式、理由和對象

（Brown, 2005）。成人配音下，玩偶能談論情緒、解決兒童的衝突、聆聽兒童分享害怕和其他情緒，以及鼓勵兒童參與投入班級活動及同儕互動。我們在幼兒園將玩偶用於培養社會－情緒能力和學業領域（如：科學、數學和讀寫活動），以增進幼兒對小組或大團體活動的興趣和參與投入程度。圖 9.3 的 CSS+ 系列活動示例以玩偶支持教師教導能提升幼兒社會能力的重要概念。在 CSS+ 研究中，我們在教室擺放玩偶，讓教師等人運用於教學。我們主要從「令人驚嘆的歲月」計畫的網站線上購得幼兒般大的玩偶。幼兒對班級新成員感到興奮、有趣和特別，尤其是教師使用玩偶說故事、說明社會互動的細節，或談論對事件的感受和情緒反應時。

預防挑戰行為的其他資源

美國教育部特殊教育計畫辦公室於 2002 年設立幼兒社會情緒介入技術支援中心（Technical Assistance Center on Social Emotional Intervention for Young Children, TACSEI; http://www.challengingbehavior.org），其網站有許多資源，供教育工作者和家庭用來共同預防和改善挑戰行為，如：親師溝通系列講義（Backpack Connection Series；譯註：下列網址提供中文版 https://cainclusion.org/teachingpyramid/materials-family.html），此系列講義依主題分類，包括處理挑戰行為、情緒、作息和時間表、社交技巧。此網站尚有先前的報告、製作視覺線索的資訊、社會故事指引，及專業人員培訓的六大模組。

表 9.2 匯集許多可行策略，供教師提升幼兒社會能力和避免挑戰行為的參考。此資料以第一人稱敘寫，讓教師自我評量其教室環境和教學實務。

CSEFEL 的網站為地方政府、訓練者或教練、家庭和教保人員提供英文和西班牙文的資源。CSEFEL 著重在提升出生至 5 歲幼兒的社會－情緒發展和就學準備度。

「預防－教導－增強」模式（Prevent-Teach-Reinforce model; Dunlap et al., 2013）針對挑戰行為提出辨識和介入的策略，其以一系列的步驟作為預防和導正挑戰行為的介入架構，包括：（1）建立團隊並設定目標；（2）蒐集資料；（3）功能性行為評量；（4）介入；（5）運用資料決定後續介入。該模式並配合幼兒案例，以多元的例子詳盡說明實施方式。

活動名稱

問題解決的方式——忽視

課程目標／學習標準

SED.R.p4.7：透過協商或在成人協助下，嘗試獨立解決社會性問題。（堪薩斯州嬰幼兒學習標準；Kansas State Department of Education, 2014）

學習成果

幼兒學會以忽視解決問題，並在真實情境中運用此能力。

素材與器材

Wally（幼兒般大的玩偶）、問題解決步驟卡、問題解決方式（忽視）提示卡

重要語詞

忽視、問題、解決方式

活動內容

（詳述活動內容，強調如何透過師生互動行為的順序安排來支持幼兒主動投入活動。提供活動細節，作為班級的助理老師或代理老師等人實施課程之參考。）

1. 與幼兒回顧問題解決步驟，並告訴幼兒 Wally 在搭建高塔時遇到的問題。「我注意到有些小朋友對 Wally 說不好聽的話並惹他生氣，Wally 開始發怒想推人。但是後來 Wally 反而忽視大孩子，和小小孩走到遊戲場的其他地方去玩。Wally，你記得這件事嗎？」Wally 回答：「記得！我當時非常生氣，很想要伸手推他，但我和我的朋友討論之後覺得移到別的地方會比較好，而不要回應他也不要理他。你們知道什麼是忽視嗎？忽視就是你轉身離開惹你生氣的人，去做別的事（而不要推人或打人）。我和我的朋友就去溜滑梯，玩得好開心。有時候，忽視是好的；因為吼叫、打人和推人是不好的行為，你會因此被要求坐下而浪費遊戲時間，甚至必須提早回教室，這一點也不好玩！」

   教師應套用問題解決步驟來摘述 Wally 說的話：

   a. 發生什麼問題？〔大孩子說 Wally 不喜歡聽的話。〕
   b. 思考解決問題的各種方式。〔忽視〕展示問題解決方式的提示卡。
   c. 討論並選一個最棒的解決方式。〔忽視是最好的方法，因為當時老師忙著幫小朋友推鞦韆。〕
   d. 試試看！
   e. 有效嗎？〔Wally 說：「非常有用！那個小朋友覺得無趣，就去踢足球了。忽視就可以解決問題真好，我也不會因為沒遵守班規而惹麻煩！」〕

2. 讓幼兒兩人一組練習忽視。忽視是什麼樣子呢？〔為全班示範：關上耳朵、轉身，或講別的事情。〕

圖 9.3　運用大型玩偶進行角色扮演的活動計畫

適合全體幼兒的 UDL 重點

（列出實踐 UDL 原則的特定策略。）

1. 表徵方式
   - 使用問題解決方式的提示卡，以視覺和口語描述問題解決方式。
   - 使用各式情境和策略的圖卡，並搭配口語描述。
2. 參與方式
   - 讓幼兒分享傷心的經驗及如何讓心情好轉，以此連結幼兒的經驗。
   - 使用大型玩偶作為同儕楷模。
3. 表達方式
   - 讓幼兒以指認圖卡的方式回答問題。
   - 讓幼兒先個別回應，再齊聲回應。

適合個別幼兒的差異化重點

（依據幼兒參與活動時所需的支持，選擇合適的差異化策略，如：環境支持、素材調整、活動簡化、幼兒喜好、特殊器材、成人支持、同儕支持、隱性支持。簡述如何運用策略支持幼兒。）

- Ted 和 Joey（需認知上的支持）與 May（需同儕支持；英語學習者）

  素材調整：準備額外的「忽視」提示卡放在這三位幼兒身邊。

  活動簡化：務必以教師原本的聲音重述 Wally 說的話，讓事件不只呈現一次。詳述更多訊息，必要時可將幼兒加進事件，以吸引幼兒持續投入活動。

  同儕支持：安排座位時，讓 May 和 Laurie 或其他小幫手在同一組。

適合個別幼兒的嵌入式學習機會（ELOs）

（列出嵌入活動的個別化教學目標。簡述如何依據 ELO 概覽表，將個別幼兒的學習目標嵌入在活動中。）

無。

監測進步情形的機會

（針對進步情形監測工具中的特定技能／目標，找出適合蒐集幼兒學習表現資料的時機。簡述如何蒐集資料。）

之後在回顧所有的問題解決方式時，使用團體紀錄表來追蹤幼兒的進步情形，以及他們說明解決方式或與同儕一同展現解決方式的能力。

註：Wally 大型玩偶可至「令人驚嘆的歲月」計畫的網站購買：http://incredibleyears.com；問題解決方式提示卡可至 http://csefel.vanderbilt.edu/modules/2006/solutionkit.pdf 下載。

表 9.2 省思我的班級和學生社會能力之發展

提供能支持幼兒學習社會－情緒能力的環境。

　　我有注意到不同的嘈雜程度對班上幼兒行為的影響嗎？

　　我有發現不同的視覺刺激對幼兒行為產生不同的影響嗎？

　　我有關注班上的社會互動情形嗎？哪些幼兒喜歡互動？哪些幼兒迴避互動？

　　我有建立可預期的班級作息嗎？

直接教導幼兒應對強烈情緒的策略或方法。

　　我有朗讀書籍和運用故事來辨識或討論情緒嗎？

　　我有代替難以表達感覺的幼兒說出他／她的挫折嗎？

　　我有畫出情緒或使用其他視覺表徵來呈現情緒嗎？

　　我有使用玩偶來討論情緒和社會情境，並鼓勵幼兒與玩偶互動以說明社會情境嗎？

　　我有使用肢體活動作為情緒宣洩的出口嗎？

　　我有增強正向或期待的行為嗎？

提供幼兒處理強烈情緒的策略。

　　我有與教學團隊事先討論如何處理幼兒發脾氣嗎？

　　我會動怒或者我會示範冷靜的行為呢？

　　我有使用會讓某些幼兒做出挑戰行為的物品或活動嗎？

　　我有將幼兒帶離受挫的情境嗎？

　　試著安撫幼兒後，我有告訴幼兒我們會讓他／她再哭一下，但不讓他／她弄傷自己或他人嗎？

　　我有代替幼兒說出感覺或試著協助幼兒說出自己的憤怒嗎？

　　之後，我有提出討論說我們不接受發脾氣，但能理解他／她的挫折感嗎？

　　我有在教室裡提供安全區域，讓幼兒在受挫或需遠離過度強烈的活動或事件時可以前往嗎？

　　幼教工作者可透過下列方法處理班級中的挑戰行為：

- 提升社會能力。
- 支持正向行為。
- 預防挑戰行為。
- 觀察和記錄挑戰行為。
- 運用特定的教學方式來減少挑戰行為。

　　本章介紹社會－情緒能力、談論文化和家庭的影響／家庭面臨的挑戰、提出支持社會－情緒能力的班級策略，並討論如何預防和處理挑戰行為（包括確認和監測這些行為）。最後提供資源和策略來支援教師自我監測、教學，及支持幼兒學習和達成社會－情緒發展里程碑及目標。

學前融合教育課程架構

專業合作

Gretchen D. Butera, Amber Friesen, Eva M. Horn, Susan B. Palmer,
and Potheini Vaiouli

Sharniece 一早就在班上為即將到園的幼兒做最後準備。她快速翻過今天要朗讀的童書，確保自己記得要向幼兒介紹的新詞彙。這些詞彙由她和語言治療師（SLPs）Randall 討論而定；他們也選取能讓少數幼兒額外練習發 /r/ 音的單字，由 Sharniece 用星號註記。Sharniece 提醒自己提問一些能鼓勵幼兒預測故事進展的問題。她將書放回閱讀區的架上時，想起班上幼兒 Matt 難以持續投入故事時間。Matt 的口語能力有限，與班上同儕和成人溝通會遇到困難。助理老師 Anna 花大量時間支持 Matt 參與班級活動；Anna 也負責在他用身體攻擊或破壞學校物品時，保護他和同儕的安全。Matt 在放假回來之後表現得比較好，但上週又開始無故踢同儕。Sharniece 和 Anna 認為他若遇到溝通上的挫折就會攻擊他人，Sharniece 心裡惦記著要問 Randall 如何協助 Matt 表達需求，而非使用攻擊行為。有時難以預測 Matt 的情緒何時爆發，因此 Sharniece 懷疑起自己和 Anna 所假定的攻擊成因，她今天要和 Anna 討論如何處理 Matt 的踢人舉動，且必須和 Matt 的母親談談。Sharniece 今天和 Anna 對調職責，這不僅能讓 Anna 喘口氣，也使 Sharniece 有機會找出可能會觸發 Matt 攻擊行為的情境。

Sharniece 的晨間規劃說明了嬰幼兒教保服務自 1970 年代中期以來的重大改變，這是 Sharniece 開始在啟蒙方案服務的時間點（Barnett & Carolan, 2013; Beatty, 1995）。學前兒童入學人數漸增，且大眾更加意識到若要兒童未來在校成功學習，幼兒教育有其重要性。這些因素再加上公立學校重視兒童學業成就的績效責任，使得「改善嬰幼兒教保課程的品質」成為要務。在美國，多數兒童在就讀幼兒園大班之前曾就學於中心本位式的嬰幼兒教保機構（Epstein & Barnett, 2012）。

隨著幼兒入學人數漸增，嬰幼兒教保機構招收到更多元的幼兒，各有獨特的學習需求。8 歲以下母語非英語的幼兒是美國學生人口之中成長最快速的一群（Garcia, 2012）。融合教育實務的優點廣為人知後，身心障礙幼兒更常融入普通幼兒園（National Professional Development Center on Inclusion, 2011）。認識幼兒所處文化脈絡的特徵、使用適合第二語言學習的教學法，這兩點皆能回應英語學習者的獨特需求（Ladson-Billings, 2014）。身心障礙幼兒能否成功地與一般幼兒一起學習，係與實務工作者的價值觀以及政策和實務的改革有關（Brown et al., 2013; DEC & NAEYC, 2009）。在嬰幼兒教保服務中，重要關係人之間建立夥伴信任關係、交互溝通、共同參與決策及訂定有共識的目標，一直都是確保所有幼兒得以學習和發展的要素（Haines, McCart, & Turnbull, 2013）。

由於嬰幼兒教保服務歷經前述改變，與專業人員合作勢在必行，他們能協助確保所有幼兒參與課程，並針對個別幼兒的獨特需求提供特殊的介入。除非專業人員之間能在班級中進行跨專業領域的合作，否則幼兒會接受到不完整且不連貫的服務，而無法支持他們學習與發展。本章說明專業合作的定義，及特定類型的專業合作在各情境中的適用性。此外，也說明有效合作的特徵，並指出潛在的困難和可行的解決之道。文中使用參與我們研究的幼教工作者之故事，來說明我們對專業合作的想法。

∙∙

Sharniece 和 Anna 深知必須讓班上幼兒做好入幼兒園大班的準備。她們思考如何在顧及與課程標準相關的課程要素時，也試著滿足個別的學習

需求。她們的口號是：「我們的孩子」必須做好升大班的準備。她們每週有一天在幼兒放學後會留下，省思班級事件和規劃未來的活動。她們發現不需花太多時間解釋彼此的觀點，因為她們已經合作一陣子了。

她們試著分工來滿足幼兒的個別需求。舉例來說，如果她們帶著 Matt 加入各式團體活動，他似乎有較佳的表現；她們也確保其中一人能在一天中多次個別化地教導 Matt。她們輪流在數學區促使 Matt 和同儕互動。在自由遊戲時間，當 Sharniece 安排並帶領小組科學活動，Anna 則一對一教導 Matt 進行 Shannon（每週入班兩次的學前特教老師）交代的活動。當 Anna 在放學前為幼兒朗讀時，Sharniece 則和 Matt 及兩位同儕一起拼拼圖。Sharniece 發現自己很依賴她們共同為全班幼兒擬定的計畫，她在心中安慰彼此說：「總之，教導幼兒需要眾人的努力。尤其這一年！」

 # 何謂專業合作？

專業合作（collaboration）可定義為一個有意圖的歷程，由不同專業領域的人士共同確認問題並尋求解決策略（Friend & Cook, 2012）。當個人拋開自身偏好並為團體利益而努力即是合作，眾人的智慧和心力比起個人更有助達到共同目標。不同專業人員對兒童學習與發展的知識和技能所集結成的資源，可能更有助達成目標（Dettmer, Knackendoffel, & Thurston, 2013）。

幼教老師可和他人合作發展符合班上所有幼兒需求的創意教學法，以支持幼兒有成效和有效率地學習與發展。當然，幼教老師也必須和家長合作，因為家庭對自己的孩子有著獨特的了解和認識，而且只能從家庭得知這些訊息（參見第十一章）。本章焦點為幼教老師和其他專業人員間的專業合作。幼教現場中的重要合作夥伴包括一般幼兒和身心障礙幼兒的老師、助理老師和類專業人員，以及相關專業人員（如：醫療照護人員、心理衛生諮商師、語言治療師、職能或物理治療師）。

許多幼教老師為了幼兒的學習和發展，每天都可能與他人進行非正式的專業合作。像 Sharniece 和 Anna 就會固定這麼做，她們通常利用午餐時間為下午活動決定最佳的分組方式。Sharniece 幾乎每天都會與他人進行非正式合作。她和 Anna 通常在家長接送孩子時把握機會與家長建立關係，並分享孩子的訊息。她也持續與 Randall 合作，Randall 為班上一位幼兒提供一些新的視覺提示，並與兩位老師簡短談論這位幼兒學習新詞彙來表達需求的進步情形。Dettmer 等人（2013）指出專業合作涵蓋許多行動，如：與協同教學者討論學生的需求、規劃並實踐可滿足學生需求的做法、蒐集資料並向團隊成員說明學生進步情形、傾聽同事所關注的特定教學情境、針對特定學生的需求推薦替代方案、列舉和分享處理常見問題的資源。這些行動的共通點是皆須積極與他人合作，才能替幼兒提供有效的照顧和教育。

● 專業合作的類型

情境脈絡是判斷專業合作成功與否的要素，因此在不同情境和時間下，成功的專業合作會呈現不同樣貌。

Sharniece 和 Anna 這些年來已學會合作，但並非一路順遂，她們想起過去都笑了出來。和 Anna 一起工作幾個月後，有次放學 Sharniece 送幼兒坐上娃娃車後，回到教室發現 Anna 在哭泣。Anna 啜泣著說：「我做事的方式從來都跟你不同。」Sharniece 訝異地說：「謝天謝地！我可不想教室裡出現兩個我，一個就綽綽有餘了！」這話讓她們都笑了，Sharniece 的輕鬆言談降低緊張氣氛。Sharniece 認為 Anna 漸漸掌握教學訣竅，這使 Anna 恢復信心。之後，她們一致認為彼此應優先詳談教室裡發生的事。她們堅守承諾，盡可能常常討論班級活動。她們也努力讓彼此保持正向態度，勉勵彼此：「我們辦得到！」

專業合作的類型包括**協同教學**（co-teaching）、**團隊運作**（teaming）和**合作諮詢**（collaborative consultation）。這些術語的用意是要區分專業合作在不同情境脈絡下之運用，進一步說明如下。

協同教學

Dettmer 等人（2013）認為協同教學是在最少限制環境中用來教導身心障礙學生的一種教學模式，由普教和特教教師共同規劃和實施教學。多數有關協同教學的資料談論的是普教和特教教師合作促進身心障礙兒童融合，讓他們和一般同儕一起參與學習活動。然而，協同教學一詞很快地被引申來描述普教教師或特教教師如何與助理老師和類專業人員分擔教導學生的責任。共同帶班的 Sharniece 和 Anna 站在同一陣線合作規劃和實施教學，此即說明了教師在協同教學時的角色與職責。

在其他的幼教現場中，協同教學可能是一位幼教老師和一位學前特教老師在整天或部分時段合作教導一群學生，包含身心障礙學生（Friend & Cook, 2012）。協同教學也可能是在部分時段使用不同的教學分組策略，例如：幼兒園普通班和特教班共同進行特定的協同教學活動；或是身心障礙幼兒在不同時段進入普通班，由教師共同分擔教學。幼教工作者、類專業人員、幼兒家庭和相關專業人員之間須合作規劃和實施活動，以確保所有幼兒的需求皆能獲得滿足。

通常會視幼教現場的條件狀況來運用合適的協同教學方式。最常見的方式是兩位老師都在教室裡，一位主要負責帶領活動，另一位則監測學生的表現並個別協助有需要的學生。另一種方式是兩位老師一起設計課程，在教學時將班上學生分成兩組，兩位老師各帶一組學生。此方式有時稱作**平行教學**（parallel teaching），提供更為個別化的教學機會，尤其是特意依據幼兒的特定需求來分組時。幼教現場經常使用的第三種協同教學方式是老師共同規劃分站或分區的教學活動讓幼兒輪流參與；教師可善用班級志工的幫忙，指導他們在班上各區支持幼兒學習，例如：幼教老師把成人在幼兒玩沙時可提問的問題張貼出來。在各區協助幼兒的班級志工亦可提供活動規劃的想法，這才是真正的協同教學。**團隊教學**（team teaching）有時被視為是**協同教學**的同義詞，不過也

能意指幼兒園的全體教師共同為全園幼兒規劃活動（如：特殊活動）。在此協同教學方式下，全體教師共同分擔責任，支持所有幼兒學習（Dettmer et al., 2013; Friend & Cook, 2012）。Sharniece 和 Anna 這些年來試過各種協同教學方式，發現某些方式比較有效。她們建議班級中的兩位老師剛開始協同教學時，可以慢慢嘗試這些方法並省思其經驗。

- -

　　語言治療師 Randall 一週有兩個上午會到 Sharniece 班上服務 Matt 和其他有語言困難的幼兒。九月見面時，Randall 著重與 Sharniece 和 Anna 談論她們如何看待 Matt 參與班級活動的情形。她們面臨的難題是 Matt 的溝通意圖不易理解，還有 Matt 遇到挫折會有攻擊行為。Randall 仔細聽她們說，當他不確定意思或想了解導致 Matt 攻擊的事件細節時則會提問。這三位專業人員想出幾個可行策略來支持 Matt 的溝通意圖，像是使用圖卡表達需求和一些簡單的手語。Randall 教導 Matt 和兩位老師如何使用之後，Matt 看起來真心喜歡這種溝通方式。這些協助 Matt 溝通的想法大都來自 Randall，但他清楚表明自己想聽聽兩位老師的看法，再提供建議和資源。他問兩位老師想如何運用小組活動讓幾位幼兒練習語言治療的目標語音，以確保幼兒將學習類化到班級。他也請兩位老師思考如何嵌入機會讓幼兒練習語用目標（如：提出請求和表達需求）。最後，他希望三人共同思考如何提供多元機會讓幼兒學習和使用新詞彙。之後，Sharniece 將三人所使用的策略與巡迴輔導老師及社區心理健康機構的行為介入專家（針對 Matt 的挑戰行為提供諮詢）分享。如此一來，在 Sharniece 班級裡服務身心障礙幼兒的所有專業人員才會有共識。

團隊運作

　　以團隊方式進行專業合作對身心障礙兒童而言別具意義。IDEA 2004 規定要以團隊合作方式替身心障礙兒童規劃和提供服務，包含進行初始評量和持續評量、發展和持續修正 IEP，及根據 IEP 實施實證本位的教學和介入。IEP 團隊成員包含家庭成員、教育工作者、行政人員和相關專業人員〔如：治療師、

諮詢者（consultant）、醫師〕。

　　幼教老師常使用跨專業（transdisciplinary）團隊運作模式讓專業人員和家庭分享其對幼兒學習與發展之觀點，以求替幼兒評估、規劃和介入時，能統整特定專業領域的知識和技能來發展計畫（Horn & Jones, 2005）。跨專業團隊運作意識到幼兒需求的複雜性和相互關聯性，非僅從單一觀點看待單一需求。例如：Randall 協助兩位老師關注 Matt 在班級活動裡的溝通需求，而非將 Matt 帶離班級獨自進行個別服務。Sharniece 與其他專業人員合作時（包括巡迴輔導老師和行為介入專家），亦採用跨專業團隊運作模式來處理 Matt 的溝通問題和挑戰行為。他們運用計畫性活動，在各式情境中（包括學校和家庭）使用多元方法滿足 Matt 的需求。早期療育和學前特教領域推薦使用跨專業團隊運作模式，以避免服務重疊，視幼兒的學習和發展為一體，並在談論幼兒的學習與發展時，強調將家庭視為夥伴的重要性（DEC, 2014）。

· ·

　　Sharniece 思索如何協助 Shannon 分享教學想法。Shannon 每週有兩天會在上午入園服務 Matt 和其他身心障礙幼兒，她將幼兒帶離班級，到玄關的小桌子那裡一對一的互動。Sharniece 不曉得 Shannon 和幼兒在這個時段進行哪些活動，因為她總忙著教學而沒機會問 Shannon。Shannon 也曾入班觀察 Matt，但 Sharniece 和 Anna 沒什麼機會和她討論觀察結果。Shannon 總看起來「馬不停蹄」，因為她每週必須到訪許多學校，時間對她來說好像非常寶貴。她總是交代一些課程，由兩位老師在她未入園的時候教導 Matt，但她們通常不確定這些活動的實際用意。由於 Shannon 提供許多要使用剪刀和膠水的活動，或許她認為 Matt 應練習精細動作技巧。Anna 認為可致電 Shannon 談論 Matt 的學習需求並詢問活動意圖，她們或許能找到一些更好的策略來協助 Matt 參與班級活動。

合作諮詢

　　學前班級有時需要特定專業知識來處理某些問題並發展解決策略。Sheridan（1992）指出，若諮詢有助求詢者（consultee）發展解決當前問題的

能力，並將此能力類化運用在未來可能出現的其他情境，則諮詢即是專業合作的類型之一。合作諮詢具互動性，且求詢者須主動參與，運用諮詢者提供的專業知識來充實適合所有幼兒的教學或介入策略。幼教諮詢包括一位諮詢者（如：治療師、醫師、教育工作者）和多位求詢者（如：家庭、教育工作者）合作處理某個關切事項或攸關幼兒需求的目標（Friesen et al., 2014）。

合作諮詢可分為間接或直接兩種模式（Sheridan, 1992）。在間接模式中，共同解決問題時由諮詢者提供專業知識給求詢者，接著在諮詢者的支持下，由求詢者實施商定的策略，例如：行為介入專家與幼教工作者和家庭成員共同規劃回應幼兒攻擊行為的方式。行為介入專家分享特定情境中的有效介入方式，並由團隊成員共擬計畫，以在班級和幼兒家中落實行為介入專家的建議。幼教工作者和家庭成員接著執行計畫，再與諮詢者定期討論進展和遇到的挑戰。

在直接諮詢模式中，諮詢者提供專業建議給求詢者，並且在執行計畫時擔任主動參與者。學前特教巡迴輔導教師通常使用此合作諮詢模式，以支持融合班級中身心障礙幼兒的學習與發展。他們會直接與身心障礙幼兒互動，嘗試新的教學策略來協助幼兒學習，或實施評量以監測幼兒的進步情形。有時則為幼教老師示範特定的教學策略。另外也會提供間接的諮詢，以自己對身心障礙幼兒的專業知識作為資源，來協助園方教職員和家長解決問題，並確保身心障礙幼兒能完全且積極地參與融合班級。

● 專業合作的特徵

專業合作的關鍵特徵如下所述。Friend 和 Cook（2012）指出，檢視關鍵特徵讓我們更能體會和認識專業合作。

專業合作是自願行動

誠如 Sharniece 和 Anna 的案例，專業人員是團隊的一員，為幼兒和家庭提供服務，但可能難以落實專業合作，端視後勤支援和人格特質而定。專業人員通常會認定自己的角色和職責，並直接承擔而未與他人多做討論。然而，當專業人員開始實踐角色並與他人合作完成職責時，專業合作就此展開。我們可以選擇不同的共事方式，但只有在真正共享訊息和策略的情況下，才稱為專業

合作。儘管無法經常達到真正的專業合作，專業人員仍應持續力邀最沒有空或最不願合作的人員，以確保達到有利幼兒的成效。

· ·

　　雖然 Sharniece 和 Anna 被安排在一起工作，但隨著時間進展，她們發現自己和班上幼兒都因為她們更常合作而受益。Sharniece 知道自己能從 Anna 的觀察獲益，並能尋求她的看法；Anna 樂於接受諮詢，且她也覺得能從 Sharniece 豐富的幼兒教學經驗中學習。這兩位專業人員承擔各自的角色並完成職責，而非奉命合作，這充分說明專業合作歷程中的自願本質。

專業合作以平等為基礎

　　真正的專業合作是讓合作夥伴覺得平等、貢獻程度相等，並在歷程中感受到自己的價值和重要性。平等（parity）在此意指個體之間的均等感受，而不論職位高低；平等也確保每位參與者在歷程中皆有權力和責任。簡言之，合作夥伴帶來各自的專業知識，即使他們沒有相同的地位或待遇。就像 Sharniece 和 Anna 分擔教學和班務，但顯然 Sharniece 是主教老師。Anna 清楚知道自己想向 Sharniece 學習，而 Sharinece 看重 Anna 擅長與班上說西班牙語的幼兒及其家庭建立關係的特殊專業能力。

· ·

　　Randall 打從開始就決定與 Sharniece 和 Anna 進行專業合作。這或許容易實踐，因為他擁有相關資源且願意與兩位老師分享。Randall 由學區聘任且受過碩士層級的語言病理學培訓，他具備專業知識、有較高的專業地位，且薪資待遇比兩位老師高。他特別去了解兩位老師訂定的目標，並將特定的語言目標嵌入計畫性活動中，以讓個別幼兒在班上達成目標。Randall 具備專業知識，但他在專業合作時並不獨裁。反之，三人關係中的平等程度讓他們處在有利專業合作的互動中，並知會彼此的決定。

專業合作須有共同目標

　　有效的專業合作是合作夥伴之間必須討論合作的整體目的，而非由個人斷定。共識有助所有人朝共同目標努力。此歷程的第一步是確認並清楚描述問題。幼兒、教師、班級和社區是相當多元化的，因此某環境脈絡出現的問題或某人遇到的問題，不見得是其他環境脈絡或其他人的問題。此外，身心障礙幼兒不必然有學習和行為問題，也不是所有身心障礙幼兒都需要教師替其大幅改變班級教學。但是不論身心障礙與否，許多幼兒會需要差異化教學或特定的教學調整，以利其參與既有課程，進而與同儕一起有效地學習。描述問題的情境等同在確認學校和家庭的學習環境，以確保幼兒得以接近和積極參與課程。

　　Sharniece 關切如何更密切地與 Shannon 合作是相當合理的。可惜的是，教導 Matt 和其他身心障礙幼兒時，兩位老師與 Shannon 之間缺乏專業合作，這是許多幼教方案也會經歷的常態。Dettmer 等人（2013）指出兒童接受兩種不同方案時，老師們有可能很少溝通學生的狀況。此外，如果 Shannon 受限於服務學生人數和交通路程而沒有時間溝通，就算 Sharniece 努力和 Shannon 聯繫也不一定會成功。如果 Sharniece 的努力促成他們之間有更多溝通（這很有可能辦得到），他們接著得談論各自認為 Matt 應當優先學習的目標，並合作擬定共同目標。Shannon 可能會認為 Matt 需優先學習某些 IEP 目標，因為她不知道 Matt 的挑戰行為對於其班級表現的影響；然而，Sharniece 和 Anna 很有可能優先列出與啟蒙方案課程及標準有關的課程目標，而較少關切 IEP 當中的特定發展需求。在此情況下顯然需要溝通，與 Matt 受教相關的重要人士才能得到共同目標，以指引他們合作規劃並為 Matt 做好後續合作的準備。

專業合作包括為重要決定共同分擔責任，以及為結果共同承擔績效責任

　　幼教工作者與其他專業人員合作時，每個人須負責不同層面，才能高效善用各自的專業知識。此外，做重要決定時要共同分擔責任，也要為結果共同承擔績效責任。也就是說，所有成員一同迎接成功和挑戰，也要繼續合作——「我們接下來要試著做什麼？」Sharniece 有做到這點，像是與 Randall 合作時，她依據兩人的共同決定，將語言活動嵌入故事時間。另外，她也持續與 Anna 討論班級規劃，尤其是她會思考兩人接著該做什麼嘗試來處理 Matt 的攻

擊行為（踢人）。

　　Sharniece 不確定如何促進與 Shannon 之間的專業合作。專業合作團隊的價值在於團隊成員擁有資源（包括專業知識），並針對問題提供資源，否則其他人難以獲得這些資源。分享資源也會促生歸屬感（sense of ownership）及對團隊的承諾。Sharniece 留意到 Shannon 願意分享資源，因為她交代一些活動讓兩位老師和 Matt 一起進行，以滿足其學習需求。然而，Sharniece 和 Anna 確實需要 Shannon 提供教導身心障礙幼兒的整體專業知識，而不僅針對 Matt。如果沒有更多機會與 Shannon 溝通，她們顯然沒辦法獲得此資源。

　　Sharniece 觀察到 Shannon 常在趕時間，使得她們無法發揮相互溝通的能力。幼兒教育方案之間在許多層面上有著極大差異，這會影響身處其中的幼兒和老師，本書的案例正說明此點。幼兒教育方案各有其目的和實務做法。各方案招收的幼兒和家庭不同，而其結構特徵也有差異，例如：行事排程、班級人數、師生比、教職員進用資格和薪資。此外，方案之間尚有以下差異：可獲得的相關服務、督導和績效責任的程序、採用的課程、慣用的教學實務（Brown et al., 2013; Early et al., 2005）。這些差異影響幼教工作者的工作方式，且很有可能影響彼此合作的方式。局外人通常難以識別這些因素。Sharniece 可能沒有意識到 Shannon 的特殊工作境況，而 Shannon 也可能不知道啟蒙方案對 Sharniece 和 Anna 的要求。Shannon 或許不太能掌控工作排程和每天服務的學生人數。Sharniece 和 Anna 想和 Shannon 建立起如 Randall 般的專業合作關係會有難度，且在如此境況下幾乎做不到。然而，Sharniece 努力和 Shannon 討論其關心的事，或許能幫助自己得知可行的做法。

專業合作會隨時間逐漸浮現

　　有效的專業合作需要時間。時間能醞釀相互信任和尊重，如此合作夥伴才願意提出想法、承擔想法可能失敗的風險，且在專業合作經驗不盡完美時仍可維持自信。營造專業合作的氛圍並維持其成效所需的立基不易形成。探討如何產生和維持新做法的研究人員指出，培養執行能力包含改變所有相關人員的思維與行動。成功的專業合作若要成為嬰幼兒教保方案的共通實務做法，那麼教職員、園主任與管理者，及整個體系的主管和各層級的決策者（包括幼兒的家

長和照顧者）皆須許下承諾（Duda, Fixsen, & Blasé, 2013）。Buysee 與 Wesley 指出，各種專業合作模式都期望能「帶來正向改變，不僅僅對個案（如：兒童），尚包含求詢者（如：教師）、方案（如：課程或學習環境），也可能是整個體系」（2005, p. 5）。通常需要改變組織的氛圍，這樣新的運作方式才可行，並得到重視和支持（Duda et al., 2013）。

　　與他人建立專業合作關係時，心中要謹記一些可能會不斷變化的要素。專業合作遇到困難時，須仔細思考當中涉及的問題，而困難會出現正是因為組織氛圍仍在改變當中。Sharniece、Anna 和 Shannon 嘗試提升專業合作的品質時須意識到這點。同樣重要的是，她們三人都要倡導專業合作在嬰幼兒教保服務中的價值。如此一來，發展必要的合作立基來支持她們共事，才有機會成為機構組織和個人的首要任務。

　　許多有關幼兒教育專業職責的工作較適合幼教老師獨自執行，未必適合以專業合作方式執行。雖然多數教師願意分享資源和協助同事，但在某些時候和情況下，教師偏愛擁有工作自主權，且需要獨自思考的機會（Dettmer et al., 2013）。例如：幼兒的家人出於信任而將特殊的生活境遇告訴老師，老師就不便再與他人分享；教師在初次實施新的課程活動時，也可能會想獨自作業。然而，在支持幼兒的發展和學習時，幼教老師之間或與其他專業人員的合作很有可能帶來有利的結果。對許多人而言，人際溝通能力的培養與運用或許是專業合作裡最難的層面。然而，專業合作團隊成員之間相互支持和溝通的關係卻是成功的要素。發揮純熟的溝通能力、建立和諧的關係和運用傾聽技巧都很重要；同樣重要的還有一定程度的個人自信，這讓我們有機會表達想法、感受和觀點，卻不會侵犯他人的權利、感受或觀點。圖 10.1 提供專業合作的訣竅，這是參與 CSS+ 研究計畫的幼教老師順利發展專業合作關係的心得。

　　Sharniece 主動協調班上所有成人的工作，因為她預想自己是個經驗豐富的老師，善用所有資源來支持全班幼兒的學習與發展。她努力當個能幹的合作夥伴，因為她相信分享和蒐集他人的訊息會帶來力量，且她擅長人際溝通。她反思其他合作夥伴的個人優勢和專業知識，並接受情境中的限制（如：學校的例行作息、師生比、每位成人待在其班級的時數、與她合作的每位專業人

1. 盡可能認識合作夥伴的工作內容，包括樂趣、滿足感及挑戰。
2. 找機會定期談論你們共同分擔的工作，即使只有一兩分鐘。
3. 傾聽合作夥伴對於教與學的觀點，並以此為基礎來討論問題和需求。
4. 為會議做準備，列出欲討論問題的本質。自己先想出一些問題解決策略，並對他人想法保持開放態度。
5. 避免使用專業術語；避免提出和學校、方案或機構政策不符的建議；避免提出和合作夥伴認同的實務做法相抵觸的建議。
6. 記錄與合作夥伴間的討論。記下自己和他人的承諾，並在團隊中分享。
7. 實事求是並熟知合作夥伴肩負的使命。
8. 為小小成就喝采，而事物若順利運作則無須修正。
9. 著眼當下。聚焦在當前出現的問題，避免討論過往。
10. 實現自己答應的事。如果發現自己辦不到，向合作夥伴致歉。
11. 依據自身情況，提議進行以溝通、問題解決、衝突管理為焦點的專業成長。體認到即使無法百分之百成功，仍要以此為目標。
12. 持續嘗試並為小小成就喝采。

圖 10.1 增進專業合作的 12 個訣竅

員有著不同的知識和技能，且為了幼兒利益而合作的意願也不同）。Sharniece 的領導促進了專業合作，且幼兒和成人都因大夥的努力而受惠。附件 10A 和 10B 是 Sharniece 與他人合作的計畫表。

 結語

多數人與他人共事的經驗有好有壞。若仔細回想正向經驗出現的情境，你可能會發現，與他人合作時，時間扮演重要角色。扣除例行的教保工作，每天所剩的時間屈指可數。然而，若需有效的介入方式來滿足幼兒的個別需求，即使是一、兩個月對幼兒來說也很重要。此外，幼教領域的合作夥伴通常會分享目標，提供幼兒最佳的學習與發展機會。幼教工作者若有共同目標和急迫感，則能克服合作的阻礙。

- 由於進入嬰幼兒教保方案的幼兒更多元化且人數更多，因此逐漸要求專業人員間的專業合作，以確保為所有幼兒帶來有益的結果。
- 專業合作須兩人以上一起努力解決共同認定的問題。
- 專業合作的類型包含協同教學、團隊運作和合作諮詢。
- 通常需透過跨專業團隊運作來滿足身心障礙幼兒在嬰幼兒教保服務中的獨特學習需求。
- 成功的專業合作是自願行動、有賴平等和共同目標、須共同分擔責任和績效責任，且隨時間逐漸浮現。

目的

為什麼事合作？_____

誰來合作？_____

為何合作？_____

_____

何時合作？_____

結果

結果如何？

• 需要安排下一次會議

• 達到目的

省思_____

_____

_____

後續行動

後續行動為何？

_____

_____

_____

取自：盧明、劉學融（譯）（2020）。學前融合教育課程架構：以全方位學習（UDL）為基礎支持幼兒成功學習（原作者：Eva M. Horn, Susan B. Palmer, Gretchen D. Butera, & Joan A. Lieber）。新北市：心理。

班級內部的合作計畫

改善計畫的背景脈絡

誰是參與者？

___

哪些事情順利合作？

___

哪些事情需要改變？

___

___

欲採取的行動

___

___

何時行動？

___

結果

與外部人員合作的計畫

行動計畫的背景脈絡

與誰聯繫？

___

聯繫什麼事情？

___

何時聯繫？

___

欲採取的行動

___

___

結果

取自：盧明、劉學融（譯）（2020）。學前融合教育課程架構：以全方位學習（UDL）為基礎支持幼兒成功學習（原作者：Eva M. Horn, Susan B. Palmer, Gretchen D. Butera, & Joan A. Lieber）。新北市：心理。

家園合作

Gretchen D. Butera, Amber Friesen, Alina Mihai, Potheini Vaiouli, and Jill Clay

早晨時，Sherry 看到班上幼兒下娃娃車走到教室，她笑了笑。大部分幼兒緊抓一個保麗龍碗，上面以各種方式貼了一些勞作紙或硬紙板。Sherry 認出這些碗是幼兒與家人一起做的烏龜作品。幼兒談論著自己生氣或遇到挫折時，要如何像烏龜一樣縮進殼裡、深呼吸三次，接著伸出殼思考問題解決方式。幼兒在家與家人製作烏龜時，他們分享在學校聽到的塔克龜故事，老師鼓勵家人協助孩子在家練習此動作。Sherry 每幾週就會安排家庭方案（family projects），像是這次的烏龜創作，以試著將學校的學習連結家庭的學習機會，讓幼兒在家和家人一同參與。烏龜作品顯然裝不進幼兒的書包，他們只好緊抓在手上，Sherry 因而笑了。她看到兩個女孩互相展示烏龜作品。經過走道的高低不平處時，助理老師 Ann 幫忙推 Terence 的輪椅，Terence 興奮地高舉烏龜作品給 Ann 看。助理老師 Bob 協助另一位學生抓牢裝在紙袋裡的烏龜作品。Sherry 心想：「我猜他們為自製的烏龜感到驕傲。我們班有各式各樣的烏龜作品。」她期待在團討時聽到幼兒分享心得。

幼教工作者可用許多方法來連結幼兒在家和在校的學習與發展，Sherry 和幼兒即將分享的家庭方案為方法之一。幼兒為未來學習做準備時，家庭和學校

皆扮演重要角色，且多數的幼教專業人員都明白建立家庭與學校的連結有其重要性。NAEYC 和 DEC 皆強調家庭在幼兒發展上的重要性，以及幼兒教育方案必須建立和強化其與家庭之間的合作夥伴關係。做出與孩子有關的決定、支持家庭達成其為孩子和家人設定的目標時，DEC（2014）的建議實務優先著重家庭的主動參與。NAEYC（2009）的發展合宜教學實務（DAP）強調家庭成員必須看重自己對孩子的認識，而教師應積極與家庭建立合作關係，讓彼此成為學習社群的成員。

由來已久的啟蒙方案是扶助貧困幼兒與家庭的全國性幼兒教育方案，此示範方案強調幼兒就學準備度和家園合作兩者間的關係。從 1965 年開始實施起，啟蒙方案認為幼兒成效與家庭成效密切相關，並全面性地改善幼兒及其家庭的境遇。Zigler 與 Styfco 認為啟蒙方案具備「家長參與和全面性服務兩大獨特的基礎支柱」（2010, p. 339）。啟蒙方案強調家庭參與各層面的決策；此外，還替學生的低收入家人提供就業培訓和工作機會，鼓勵他們擔任方案的志工，並優先聘僱他們就任合適的職缺。啟蒙方案政策持續強調家庭參與整個方案的重要性，推廣方法來訂定能影響親子關係、家庭參與和社區連結的計畫（Office of Head Start, 2011b）。

自 1990 年代起，幼教專業人員對於「最有益的家園關係」之看法有了重大改變（Powell, 2002; Weiss, Lopez, & Rosenberg, 2010）。家庭成員不再只被當作助手來協助教師執行學校或方案的待辦事項，而是逐漸強調在家庭－學校夥伴關係中共同決定幼兒的學習經驗（Powell, 2002; Weiss et al., 2009）。家園合作和分享訊息時，家庭與學校之間的溝通是雙向、及時且持續的。家園合作設定幼兒的學習目標時，重點在營造和維持能橫跨家庭與學校的學習（Epstein et al., 2009; Halgunseth, Peterson, Stark, & Moodie, 2009）。

本章說明親師夥伴關係的重要性，並提供與家庭聯繫幼兒學習事宜的策略，這是我們與幼兒園合作時發現的實用策略。本章亦說明如何與面臨困境的家庭合作，並提供「家庭方案」範例，這是 CSS+ 研究計畫所發展出的策略之一。家庭方案旨在連結幼兒在家與在校的學習。為達此目的，每個方案皆應與家庭分享訊息，說明班級課程的目標和活動，讓家庭知道如何支持孩子

的就學準備度。此外，要以適合家庭的方式來提供訊息，並讓家庭和幼兒根據個人喜好、資源和家庭脈絡來選擇完成方案的方式。針對家庭和幼教工作者對於 CSS+ 家庭方案的知覺評量顯示，家庭和幼教老師同樣重視此方案，將其視為連結在家與在校學習的一種方式（Friesen, Butera, Clay, Mihai, & Vaiouli, 2014）。本章提供發展家庭方案的具體建議，使其與課程結合並達到家園合作支持幼兒學習之效。

與家庭建立連結的重要性

幼兒進到教室後，Sherry 加入 Ann 和 Bob 一同協助幼兒把書包和外套放進工作櫃。三週前剛從早期療育服務方案轉銜入學的兩位 3 歲幼兒拿著烏龜作品給 Sherry 看，她停下來欣賞並大聲稱讚：「好棒的烏龜！我很高興牠們今天來上學！」有語言發展遲緩的 Jerry 對 Sherry 說：「媽媽做的。」Jerry 咬字發音不清楚，所以 Sherry 不確定他說了什麼，她才正要開始認識他。三位老師引導幼兒先如廁，再到方形地墊坐下準備進行晨間團討。在幼兒分享與家長共同創作的經驗時，Sherry 決定要善用 Jerry 想談論烏龜作品的強烈動機。這是 Jerry 就讀三週以來，第一次在班上主動展開對話。

Sherry 班上的幼兒為自己的烏龜作品自豪，他們也喜歡分享家庭和班級的共通事件。家庭是幼兒發展和在校成功學習的重要立基，這點眾所皆知。多數兒童是在家庭環境中開始認識世界，且兒童在此脈絡中習得日後學習的先備能力（Bronfenbrenner, 1979）。幼兒在家的時間比在學校還長，且家庭持續存在幼兒生命中，因此家庭成員最了解自己的孩子。研究指出，比起其他非家庭的因素，家庭教養對幼兒發展有較大影響力（Chazan-Cohen et al., 2009）。家庭能提供教師許多訊息，而家庭對孩子的熟悉度和獨特認識，十分有助教師為幼兒規劃有意義的課程，並讓教師更完整地認識幼兒。

除了因為家庭能提供訊息協助教師認識幼兒，還有其他重要的原因值得我們為幼兒建立家庭和學校的連結。有些家庭能欣然接受他人指導，以確保親子互動足以支持孩子的學習。有研究檢視家庭在兒童發展中的角色，其提出充分證據說明親子間正向的回應式互動會影響就學準備度，且會為孩子帶來終身的好處（Chazan-Cohen et al., 2009; Henrich & Gadaire, 2008; Reynolds, 2000）。當家庭參與並協助學校，他們就有機會看到其他成人如何與幼兒互動以支持幼兒的學習。家長若有教養上的正向楷模，則可能修正自己常用的教養策略，或許因而改善親子互動品質，進而導出正向的幼兒成效（Knoche, Cline, & Marvin, 2012）。此外，會參與孩子幼兒園教育的家庭比較可能會繼續參與日後的教育。家庭和幼兒園之間穩固而正向的關係，通常能確保孩子在成長和求學的過程中可延續幼兒教育的正向成效（Ou, 2005; Reynolds & Shlafer, 2010）。

誠如兒童是家庭的一部分並在家庭展開重要的早期學習，家庭亦鑲嵌在社區和文化中，而社區和文化可能影響家人之間及其與學校的互動。第九章 May 的案例恰能說明這點。May 是來自台灣的小女孩，她在新班級裡的獨特行為被認為與其轉銜至新學校遇到困難有關，她掙扎於要去理解他人用英語說的要求。她的老師 Kevin 在家訪時帶了一位翻譯員，試著克服語言差異並認識家庭的文化期待，而翻譯員也幫 Kevin 說明園方的期待。為了促進家庭和學校的連結，認識和欣賞不同的觀點是重要的。

人類發展的社會文化論認為兒童仰賴社區人士和家人的引導式參與（guided participation）來中介其學習（Rogoff, 1991; Vygotsky, 1978）。兒童係在家庭和社區的文化脈絡中發展其能力（Rogoff, 1991）。當兩個重要環境（如：家庭和學校）的文化脈絡之間有明顯差異，可能導致兒童混淆並影響其學習成效。必須理解兒童如何覺知和解讀兩個環境間的差異（Bronfenbrenner, 1979）。幼教專業人員若想有效與家庭合作以支持幼兒的學習，則須廣泛認識幼兒及其家庭所處的社會文化脈絡。

🛖 具挑戰性的親師夥伴關係

晨間團討前，Bob 確定了每位幼兒都帶著烏龜作品前去集合。他也額外準備一些他這幾天和幼兒完成的烏龜作品。每當 Sherry、Bob 和 Ann 安排家庭方案，他們會特別重視此事，因為不是每位幼兒都會完成家庭方案。

Sherry 才剛認識 Jerry 和他的家庭。她在初次的 IEP 會議與 Jerry 的母親 Tammy 和外婆 Charlene 碰面，但認識還不深。非裔美國人 Tammy 是個單親媽媽，她在夜間擔任服務生努力養活自己和三個孩子；Charlene 最近喪偶後搬來和他們同住，Tammy 上班時就由她幫孩子準備晚餐並哄他們睡覺。他們在會中表示在晚餐和睡覺時間照顧這三個孩子相當費力。孩子們都非常想念外公，他比 Charlene 更叫得動他們。Jerry 和哥哥 Ronnie 一起就讀啟蒙方案的下午班，Ronnie 的溝通發展遲緩且有時會做出挑戰行為。外公過世後，Jerry 的挑戰行為出現的頻率和強度增加。Jerry 還有個妹妹 Ella 在一年前出生，她是早產兒且發展似乎有些遲緩。Ella 和媽媽接受 IDEA 法案 C 部分的早期療育服務，亦參與早期啟蒙方案（Early Head Start）。IEP 會議之後 Sherry 和 Tammy 就沒機會再聊過，但 Sherry 認為如果 Jerry 沒有完成家庭方案是可以理解的，因為他的家庭可能正面臨壓力。

Jerry 和其家庭面臨到的許多挑戰，對家有幼兒的美國家庭而言並不陌生。自 1990 年代起，兒童和家庭隨著社會環境而有重大轉變。約四分之一兒童只與母親同住，且近 550 萬名兒童生活在祖父母當家的家庭（Children's Defense Fund, 2014）。過去幾十年來，國民收入中位數（median incomes）減少而商品和服務卻漲價。美國中等收入者減少，而富裕和貧窮家庭增加（DeNavas-Walt, Proctor, & Smith, 2013）。勉強維持生計的低收入家庭通常難有時間和資源去參與會議或學校活動。他們可能沒有托育預算且通常缺乏交

通工具。他們可能也沒有充足時間協助兒童做作業或家庭方案。如果家長難以滿足兒童的基本需求，他們會覺得自己沒能力。家庭成員可能對校長、諮商師、教師，以及混亂的特殊教育和普通教育系統深感畏懼（Kroth & Edge, 2007）。

此外，美國家庭的族群語言多元性增加是有案可稽且值得關注的。美國人口普查局（U.S. Census Bureau, 2011）公布全美的種族和族群分布情形如下：非西班牙語裔高加索人（63.7%）、西班牙語裔／拉丁裔（16.2%）、非裔美國人／黑人（12.2%）、亞裔（4.7%）、美洲原住民和阿拉斯加原住民（1%），以及夏威夷原住民／其他太平洋島嶼住民（<1%）。西班牙語裔／拉丁裔家庭的數量擴展且快速成長，預估到 2050 年有 39% 的兒童來自這些家庭（Federal Interagency Forum on Child and Family Statistics, 2012）。此外，居住美國的西班牙語裔／拉丁裔約有四分之一並非公民，許多人非法入境美國。兒童若為非裔美國人／黑人或西班牙語裔／拉丁裔，則特別有可能過著極度貧困的生活（Children's Defense Fund, 2014）。非裔美國人和西班牙語裔家庭的幼兒過著貧困生活的可能性甚至是非西班牙語裔高加索幼兒的三倍之多。在此情況下，為幼兒的學習而與家庭建立連結，成為許多幼教工作者的難題（Epstein et al., 2009; Friesen, 2012）。若幼兒家庭本身面臨多重挑戰，Sherry 等幼教工作者則較難與家庭建立連結。

Jerry 的母親 Tammy 上夜班，她白天不用照顧小女嬰的時間通常在睡覺，所以較難和 Sherry 碰到面。Tammy 和 Charlene 希望孩子在學校好好學習，所以在這樣的家庭境遇下他們仍勉力完成烏龜勞作。Tammy 有空也會擔任班級志工，且試著參與會議。然而，她通常因為工作和照顧三個孩子而累到分身乏術。此外，她在小時候也經歷過學習困難，因而接受特教安置，最後在高中輟學。她在讀寫時依舊吃力，且難以理解學校發回的文件資料。她常覺得受到人生境遇的限制，沒有信心為自己和孩子做出好的決定，這是可以理解的。她常怯於與專業人員開會，且專業人員提到她不喜歡聽的話時，她有時會生氣地抨擊。她特別敏覺 Ronnie（Jerry 的

哥哥）的行為問題（behavior problems），且在孩子的外公過世後更加惡化。她試著處理自己的失落感，認為孩子的行為問題與悲傷有關，並覺得老師的管教缺乏同情心。

　　幼教老師嘗試與面臨挑戰的家庭建立連結時（如：Tammy 一家人），必須試著理解家庭境遇。即使與家庭之間溝通不良，尤其是家庭不想主動接近學校或教育方案時，也要持續提供家庭和學校建立連結的機會。教師須提供讓家庭容易親近的書面資料（如：容易閱讀、為使用其他語言的家庭翻譯）。同樣地，若家人礙於工作時間無法隨時出席會議，教師則須彈性安排開會時間，或是使用不同的聯繫方式（如：電子郵件、文件資料、通電話）。若要幼兒在校成功學習，就須找到與家庭定期聯繫的方法，以連結幼兒在家和在校的學習。

　　最後，幼教專業人員須以正向態度面對幼兒家庭，而非假定家庭不想幫助孩子在校成功學習。如果家庭不便依循往例參與會議及親師溝通，教師則須以替代方式與家庭合作，而非假定家庭不願參與。我們容易假定家庭會遇到挑戰是因為其缺乏技能與知識，或沒有參與孩子的學習，而非起因於體制不完善或社會不平等（Ishimaru, 2014）。因此重要的是教師要質疑這些假定，並且提倡下述觀點：家庭是孩子學習路上的資源和合作夥伴（Gutierrez, 2006）。

　　幼教專業人員必須明白，避免評價與自身觀點不同的育兒信念和做法，才能與幼兒家庭建立真正的夥伴關係。認識每個家庭的獨特觀點，看看他們如何支持孩子的學習，是家庭增能和促進家園合作的關鍵。幼教專業人員亦須了解家庭生活的社區脈絡，包括有助家庭處理困難境遇的可用資源。教師可以開始確認不同家庭的復原力，並提倡以支持幼兒學習和善用家庭優勢為基礎的家庭－學校夥伴關係。表 11.1 提供其他建議協助教師與家庭建立連結。

表 11.1 省思具挑戰性的親師夥伴關係

問題	建議
你的個人經驗如何影響你與幼兒家庭的互動？	• 省思自己的家庭，以及家庭經驗如何影響你對家庭的看法。 • 與幼兒家庭合作時可能須盡力避免評價他們。
家庭所處的社區和文化脈絡如何影響其對孩子的期待？	• 思考如何讓學校的期待與家庭、社區及文化的期待保持一致。 • 思考如何與家庭合作以達成幼兒的學習目標。
親師共同支持孩子學習時，家庭面臨的困難境遇如何影響其合作能力？	• 思考如何視不同的家庭境遇而調整你對家庭參與的期待。 • 思考如何提供實用策略讓家庭支持孩子在家的學習，這些策略要容易使用且不會對缺乏時間和資源的家庭造成負擔。
你如何使用學校和社區資源來滿足家庭需求和支持正向的教養方式？	• 思考如何與學校和社區的其他專業人員合作，以提供資源讓家庭滿足其需求。 • 思考如何支持家庭在必要時尋求額外協助。
你如何開始改善具挑戰性的夥伴關係？	• 思考家庭的育兒優勢，並以此作為溝通和互動的起點。 • 思考如何支持家長積極參與孩子的學習，並體會到參與的價值。

與家庭建立連結的策略

　　就像其他幼教老師一樣，Sherry 每週會用班刊向家庭分享班級活動和預告即將舉辦的活動。她在第一期班刊加入簡單的調查，藉此蒐集家庭的背景和興趣，及家庭對於班級活動的建議和想法。她取得每個家庭同意後，向班上所有家庭分享彙整過的訊息。她分享每週班級活動的簡要紀實，及活動所強調的知識和技能。她試著放入一、兩張活動照片及藝術作品，並附上幼兒正在學習的兒歌或童謠。她亦針對家庭例行活動方式提出有助孩子學習的建議。

● 建立家庭和學校間的溝通

建立定期雙向溝通的有效程序，能穩固學校和家庭之間的連結，讓幼教專業人員和家庭成員提出想法、關切事項和建議。學校教職員也須特別對家庭提供的觀點表達明確的謝意，並盡可能採用家庭的建議和想法。

· ·

班刊是 Sherry 與班上幼兒家庭定期溝通的管道，她會同時寄出電子郵件並發下紙本讓幼兒帶回家。她也發現到，有些家庭不太喜歡書面溝通，因此她會定期打電話給這些家庭。她知道有些家庭認為老師來電代表特別關注，所以她會確保在電話中分享孩子的進步情形或轉述有趣事件的頻率，和討論問題的頻率差不多。例如：Jerry 將烏龜作品帶來學校的那天下午，Sherry 打電話和 Charlene 述說他如何與同儕分享作品，且他還會跟 Sherry 說烏龜是他和「媽媽做的」。

Sherry 在每學年初的第一期班刊列出可供家庭自願入班協助的事項，因此每年通常會有一些家庭成員持續定期地（即每週、每兩週）或在特殊活動時入班協助。班上多了一兩位成人協助，讓老師們有機會給予幼兒一些額外的個別關注。Sherry 很高興今年有一對祖父母每週入班一次，他們在每週三上午十時左右到園陪伴幼兒度過休息時間，像是和每位幼兒說說話、幫他們推鞦韆或是協助他們進沙坑玩。休息時間過後，他們喜歡為幼兒朗讀故事，且通常會在小組活動時間提供個別協助。

● 提供入班協助的機會

Sherry 和教學助理很珍惜祖父母的自願付出，他們為這個班級注入極佳的資源。雖然祖父母不是孫子女的唯一照顧者，這卻說明了家庭通常包含延伸和非傳統的家族成員。Sherry 也意識到許多家庭沒辦法抽空到班上。越來越多雙親家庭是父母都有工作，且許多家庭就連偶爾舉辦的特殊活動也很難請假參加。然而，教師知道家庭成員在看到班級的課程活動後，會更容易將班級的學

習概念連結至家中的學習。

- -

　　Sherry 鼓勵家庭隨時到訪，且家庭通常會幫忙支援特別的課程活動或是陪同校外教學。例如：在測量的單元中，有位爸爸被找來分享他的建築工作，他前來說明「三思而行」的重要性，並給孩子看他的捲尺且讓孩子測量一些小木塊。Sherry 也找出可供家庭自願入班協助的其他事項，像是發點心、幫忙蒐集素材，或致電班級新生的家庭以表達歡迎之意。

　　幼教老師重視投身班級活動的家庭成員，並感謝他們的付出。然而，許多家庭缺乏資源和彈性的時間，而未能定期參與。有時，即使是經常定期幫忙的家庭成員也會因為花了許多時間入班協助而需要休息。Kroth 與 Edge 提醒我們，幼兒教育方案不應濫用志工家長，因為「他們容易過度工作。就像教師一樣，家長也會筋疲力盡」（2007, p. 32）。

● 傾聽家庭的心聲

　　熟練的聽者會盡力理解說者的意思，主動試圖理解他人的視角或觀點（Hanson & Lynch, 2013）。許多幼教工作者還得增進傾聽技巧，特別是當他們與幼兒家庭對談，及試著獲知家庭成員對於孩子學習的獨特觀點時。而在多數的當面對談中，教師說的話遠比家庭成員多。因此，幼教老師應鼓勵家庭成員說話，並加以傾聽。

- -

　　由於 Ann 會隨娃娃車接送幼兒，她每天會有機會和幼兒的家人聊聊。她每次與家庭成員打招呼都用名字稱呼，並簡短閒聊天氣或社區活動。然而，某天早上 Terence 的媽媽生氣地跟她打招呼，抱怨「發生在那裡」的事，命令她叫 Sherry「立刻打電話給我」，否則就要到辦公室「向校長檢舉她」。試著安撫的同時，她向 Terence 的媽媽保證會請 Sherry 致電。Terence 那天沒去上學。Sherry 稍後在電話中得知 Terence 的輪椅壞了，而媽媽認為是在學校弄壞的。家庭沒有資源可以修復輪椅。即使有預

算，Terence 的媽媽也不知道要上哪維修，Sherry 便轉介她到社區機構維修輪椅。幾天後，Terence 的媽媽向 Ann 致歉，並寫張字條感謝 Sherry 的幫忙。

Ann 和 Sherry 與 Terence 媽媽的溝通經驗說明了主動傾聽家庭心聲的重要性，藉以澄清含糊的訊息。Kroth 和 Edge（2007）指出，疲勞和物理環境會影響一個人成為好聽者的能力，且家庭和教師間的對談可能會勾起強烈的情緒。他們建議教師思考要在什麼情境下和家庭討論可能引爆情緒的話題。重要的是要細心安排這些討論，並先排練談話的內容和方式。

· ·

除了班刊，Sherry 還提供成套的資源給班上幼兒的家庭。實質上，Sherry 的班級就是家庭的資源中心，對於接受校內和社區各式專業服務的身心障礙幼兒家庭而言更是如此。Sherry 習慣向不同的社區服務提供者蒐集宣傳簡介，並放在教室外玄關角落的小書架上，讓家長方便拿取。Ann 通常會蒐集幾本班上朗讀過的童書及遊戲組或拼圖，放在大致成形的班級圖書館讓家長借用。幾年前有位家長捐贈幾張扶手椅擺在這個角落，Ann 和 Sherry 將此定為家庭角落。Bob 捐獻一台咖啡機，且每週為家長泡好幾次咖啡，讓他們在接送孩子時能彼此聊聊。Sherry 也會將幼兒每月的學習進展提供給家長，以學習檔案搭配家庭易懂的簡要描述來呈現幼兒的進步情形。她在簡要描述中總會針對幼兒在家的學習提出一些具體建議。

● 提供資訊給家庭

研究顯示，教師用來鼓勵家庭主動參與兒童學習的實務做法，是家庭投入學校學習的最佳預測因子（Brand, Marchand, Lilly, & Child, 2014; Henderson & Mapp, 2002）。如果幼兒家庭受到鼓勵而扮演主動的角色，他們更可能持續支持孩子未來在校的學習。針對身心障礙兒童，聯邦法律明定在特定的時間點，家庭和專業人員須就兒童的安置和學習計畫來交流資訊。持續提供資訊

給家庭是幼兒教育和學前特教領域一致推崇的實務做法（DEC, 2014; NAEYC, 2009）。就這點而言，Sherry 主動扮演家庭的資訊提供者，說明了她知道學前特教教師的角色。家庭需要資訊以支持孩子的學習。除了提供資源、資訊和學習進展，Sherry 發回家的家庭方案讓家庭能定期且明確了解班級課程活動。這些方案也有助家庭成員知道如何運用自身專長來支持和擴展孩子的學習。本章最後提供關於 CSS+ 家庭方案的具體建議。

⊕ CSS+ 家庭方案的簡介

　　家庭方案是連結幼兒在校與在家學習的一種方式。CSS+ 家庭方案旨在補充班級的課程內容和活動。每個 CSS+ 家庭方案皆包含課程主題簡述、家庭活動選項、必備素材，及擴展孩子學習的小訣竅。當中也為教師提供建議，讓其擴展 CSS+ 家庭方案，並提供更多機會給家長參與班級課程活動。最後，請家長持續提供回饋以評鑑家庭方案。圖 11.1 是家庭方案範例；圖 11.2 為家庭回饋單，教師可用以蒐集家庭對於家庭方案的回饋。

　　有篇 CSS+ 研究檢視在啟蒙方案中執行家庭方案兩年後的成效，結果顯示家庭方案大有可能連結幼兒在校與在家的學習。提供必要的素材、充足的時間、給家庭和教師的方案說明單是基本要素。家庭表示他們喜歡這些方案，這些方案促進他們與孩子間的正向互動，且有機會看看孩子在班上的學習和活動讓他們受益良多。家庭在回饋單裡分享孩子在家的學習和活動，通常著重在他們觀察到的學業、自理能力或社會－情緒發展。有些家庭也表示想到孩子班上延續家庭方案。此外，教師表示每個家庭方案皆可統整在班級活動中，並作為課程的補充活動（Friesen et al., 2014）。

給家庭的訊息

我會測量！

我們正在學著當一位科學家，並學習如
何測量！我們也在學習字母 P、T、K 的
名稱、字形和聲音，並想想不同單字的
組成字母、長度和發音。

在家庭方案 3 當中，我們鼓勵您進行下列活動之一：

選項一：完成附件的「我會測量！」海報，包括：描出並測量腳掌輪廓、尋找身邊的測量工具，以及
　　　　用尺來測量。

選項二：自製測量工具，例如：您可以用雷根糖或迴紋針做一把尺。試著使用自製工具來測量，記錄
　　　　您的發現以便與全班分享。讓孩子將自製的測量工具帶到學校分享。

我們向來都願意接受其他想法，如果您有想到其他選項請不吝告知。

完成此方案後，我們鼓勵您花時間和孩子討論：

• 您在家和社區中使用測量工具的用途：像是參照食譜、確認天氣，或計算要為車子加多少油。
• 如何理解事物的運作方式或如何解決問題，就像科學家所做的事。
• 測量工具上面的數字，以及如何計數。
• 家中哪些東西的名稱裡有字母 P、T、K：鼓勵孩子用自己的方式試著書寫這些字母。
• 為什麼單字有著不同的長度、字母和發音：告訴孩子英文單字之間有空格，而且能從左讀到右。

請於_____前將家庭方案 3 帶回學校。

給班級的訊息

我會測量！

目前的重點是讓幼兒學習當科學家，
並學習如何測量。同時也強調字母 P、
T、K 的名稱、字形和聲音，並想想不同
單字的組成字母、長度和發音（字詞覺
識）。

在家庭方案 3 當中，我們鼓勵家庭和孩子一同測量，可以依循海報的活動或者自製測量工具。當幼兒
繳回成果時，可考慮進行下述活動：

• 在團討時，請幼兒向大家展示其海報或自製工具，並分享如何完成及請誰陪同完成。
• 當你在班上繼續談論測量時，可持續提問幼兒在家測量的經驗，讓他們想起家庭方案。
• 設置測量區，並示範如何使用不同的測量方式。鼓勵幼兒將自製的測量工具放到此學習區。
• 寫張便箋給有參與活動的家庭，感謝他們花時間一同參與。
• 可考慮在下次班親會時，陳列或展示不同的海報和測量工具給家長看。

思考如何獲知家庭的專業，並讓他們在這段期間有意義地投身班級活動，像是：

• 邀請家庭成員入班分享他們在家或在工作時如何測量：舉例來說，邀請愛好烹飪或烘焙的家人帶著
　最喜歡的食譜到班上分享。或者，邀請巧手或熟悉機械的家人來分享釘釘子或車輛加油前要測量的
　原因。
• 詢問家庭成員孩子在家學到什麼，並思考如何在班上強調孩子在家學到的東西。

圖 11.1　以「測量」為主題的家庭方案範例

我會測量！

由＿＿＿＿＿＿＿完成這張海報

我會測量腳掌！
在下方描出你和一位家人的腳掌輪廓。

我會用尺測量！
用尺來測量家裡的物品。
1. 我的牙刷是
   ＿＿＿＿公分。
2. 我的拇指是
   ＿＿＿＿公分。
3. 我撿到的落葉是
   ＿＿＿＿公分。
4. 我的杯子是
   ＿＿＿＿公分。

誰的腳掌比較長？
＿＿＿＿＿＿＿＿

誰的腳掌比較短？
＿＿＿＿＿＿＿＿

我會在家測量！
畫出或拍下你在家中測量的模樣。

我會用線測量！
我們朗讀過 Keith Baker（2009）寫的《長線可以拉多長？》這本書。
1. 你會用長線做什麼事？
   ＿＿＿＿＿＿＿＿
2. 你會用短線做什麼事？
   ＿＿＿＿＿＿＿＿
3. 英文單字 string 當中有幾個字母？
   ＿＿＿＿＿＿＿＿

活動說明

我會測量腳掌！
享受描出孩子腳掌輪廓的樂趣。接著一起在旁邊描出另一位家人的腳掌。談論誰的腳掌比較長，誰的比較短。在最下方的底線填上答案。

我會用尺測量！
協助孩子找到此處提及的物品。一起測量這些物品，花些時間示範如何把尺對齊物品、如何計數尺上的數字，以及如何在底線填入數字。關於最後一項物品，請和孩子一起選擇特別的杯子，並請孩子畫在下方的空行裡。

我會在家測量！
畫出或拍下孩子在家使用測量工具的模樣，像是使用時鐘、量杯或量匙、溫度計、尺、秤等。接著一起在底線寫上一句話來描述孩子在測量什麼物品。

我會用線測量！
我們在班上朗讀過 Keith Baker（2009）寫的《長線可以拉多長？》（*Just How Long Can a Long String Be?*）這本書。故事談到線有不同用途，因而需要不同長度的線（如：風箏線、毛線球的線、鳥巢的線）。詢問孩子會用長線和短線做什麼事。此外，花點時間看看 string 這個單字，談論其中包含的字母及其發音。支持孩子發展字詞覺識能力有助其學習閱讀！

圖 11.1 以「測量」為主題的家庭方案範例（續）

對此家庭方案，您有什麼想法？

您的姓名：＿＿＿＿＿＿＿＿＿＿＿

教師姓名／班級：＿＿＿＿＿＿＿＿＿

1. 誰和孩子一起完成此方案？
2. 您最喜歡此方案的哪個部分？
3. 您覺得此方案最困難／最有挑戰性的是哪個部分？
4. 您未來想要參與哪些方案？
5. 孩子在家正在學習或做什麼令您振奮的事嗎？

填表人簽名＿＿＿＿＿＿＿＿＿＿＿＿＿＿＿＿

下一個家庭方案的焦點是「建構」。您有興趣到班上協助我們建構並分享您在家中或在工作時的建構物嗎？＿＿＿＿有　＿＿＿＿無

圖 11.2　家庭回饋單

　　大部分的幼兒教育課程皆可作為家庭方案的設計基礎。若要設計和實施有意義的家庭方案，可參考下述建議：

- 善用你對家庭的認識來編擬家庭方案，盡可能結合家庭喜歡的活動和技能。可透過非正式問卷或親師討論來了解家庭喜歡和孩子在家做什麼事。

- 抽空與校內同事（如：類專業人員、協同教學者、相關專業人員）分享你對家庭方案的遠景，包括一般方案和特殊方案的目標。

- 介紹和發下家庭方案的相關訊息時，廣泛使用**家庭**（family）一詞。目的是讓幼兒和其在家或社區裡同住或共處的人員一起完成方案，包括家長、手足、保母、祖父母、大哥哥／大姊姊（Big Brothers/Big Sisters）及寄養父母。鼓勵各方人員參與也會讓家庭方案更有可能完成，且使家長以外的家庭成員為孩子的學習盡一份力。對於家中沒人可協助的幼兒，想想如何在學校提供時間或支持，使其仍可參與家庭方案。

- 嘗試將家庭方案的內容結合班上著重的各領域內容和活動。附上說明頁，告訴家庭如何延伸活動或談論孩子在校的學習。說明頁可包含班級

朗讀書籍的書摘、班級目前著重的特定技能（如：字母認讀、數數），以及家庭成員可用以延伸孩子學習的問題或討論主題。

- 提供選項讓家庭挑選最適合家庭情境的活動。其中一個選項比較容易理解和完成，而另一個開放的選項則鼓勵家庭運用自身專業來完成。

- 試著提供必要的素材，使家庭輕鬆完成方案，不因缺乏資源而綁手綁腳。

- 給予充足時間讓家庭完成方案。方案之間要間隔時間、訂出家庭方案的完成日期，並重視他們的努力，提供分享時間和陳列方案作品。

- 思考如何延伸家庭方案。例如：邀請家庭成員入班分享與家庭方案主題有關的技能和專業知識，包括談論他們的工作或嗜好、鼓勵他們在學習區或活動中發揮專長，或前往他們的工作場域校外教學。

- 提供機會讓家庭給予回饋，像是非正式的對談或簡單的問卷。設計未來的家庭方案時，務必參考家庭提出的建議。

家庭方案示例

依據不同的主題和技能來設計家庭方案，並融入各式活動。可參考下述範例：

- 若班級主題為「測量」，可在家庭方案中鼓勵家庭在家測量並分享生活中的測量用途。選項之一是製作海報，鼓勵家庭描出腳掌輪廓並做測量、找出家中的測量工具，並用隨方案附上的紙尺測量物品。另一個選項是製作須量測食材的食譜，或是自製測量工具。可邀請家庭成員入班分享在家或工作時如何測量（如：烹飪、車輛維修）。「測量」主題的家庭方案範例詳見圖 11.1。

- 若班級主題為「建構」，可在家庭方案中鼓勵家庭談論生活周遭的建構物，並共同建構。鼓勵家庭使用學校發回的棉花軟糖和牙籤進行創意建構。可邀請家庭成員入班分享他們的建構物、和全班一起建構，或是陪同孩子到施工現場校外教學。

- 若班級主題為「社區」，可在家庭方案中鼓勵家庭外出走走，並看一看、聽一聽身邊的事物。提供空白小書以引導幼兒畫下身邊的事物，並辨認他們聽到的不同聲音。可邀請家庭成員帶一小群幼兒散步到公園或社區。

重點摘要

　　由於家庭對孩子的學習扮演強而有力的重要角色，學校須與家庭建立連結。幼教老師須持續努力與家庭建立連結，以給予幼兒最多的學習機會。與家庭建立連結也讓教師有機會認識幼兒和家庭所處的社會文化脈絡，使課程更貼近幼兒的生活，並對生活帶來更大意義。連結幼兒在家與在校學習的策略包括：

- 與家庭溝通。
- 讓家庭成員擔任班級志工。
- 傾聽家庭的心聲。
- 提供資訊給家庭。

　　CSS+ 家庭方案是連結幼兒在家與在校學習的方式之一。

學前融合教育課程架構

Chapter 12

總結
CSS+ 課程架構

Gretchen D. Butera, Eva M. Horn, Susan B. Palmer, and Joan A. Lieber

漫長的一天快結束時，Sherry 坐在教室角落的小桌子旁回想當天的活動。她在桌邊放了噴霧瓶和乾淨抹布準備清潔桌子，但她決定先給自己幾分鐘的緩衝時間。助理老師 Ann 和 Bob 放學時送下午班幼兒上娃娃車後，邊走邊聊地回到教室。看到 Sherry 坐在角落，Ann 也坐了下來笑著說：「我猜你跟我們一樣累！我們今天肯定太認真工作了！」Bob 彎著身坐在桌旁的小椅子，加入話題說：「沒錯，但是 Jimmy 漸入佳境，除了他的硬漢態度。娃娃車開走時，他有向我揮手道別。」

Sherry 嘆了口氣。Jimmy 是班上的新生，轉銜得不順利。她向 Ann 和 Bob 提到：「他的寄養媽媽說他在家裡也會惹麻煩。遵循指令對他來說似乎很難。我想明天可以讓他和 Lucy 同組坐在這。Lucy 隨時都願意助人，並告訴別人接著要做什麼事，她的魅力無法擋。你們認為這樣做有幫助嗎？」Bob 和 Ann 都笑著點頭。Ann 說：「Sherry，你還記得去年的 Lilly 嗎？當初難以遵循指令的小女孩。有天她的大班老師告訴我，她表現很好！」Sherry 微笑著說：「沒錯。我認為過去幾年用來規劃活動的課程架構真能確保我們回應所有幼兒的需求。當我們試著實踐時，你們兩人的堅持功不可沒。若能持續規劃，我想就能像協助 Lilly 般的協助 Jimmy。」

📍 運用 CSS+ 課程架構有目的地規劃和實施活動

正如 Sherry 和兩位助理老師的對話，若要兼顧個別學習者的需求（如：Lilly 和 Jimmy）和整體的教與學目標，可用 CSS+ 課程架構來規劃活動。有目的地規劃幼兒園教學有其重要性。我們希望 CSS+ 課程架構有助幼教工作者規劃教學方式，讓全班幼兒皆有所學習。本書旨在提供有彈性的規劃指南，使教師的課程規劃和實施讓所有幼兒都能接近並學習重要的課程內容，同時回應每位幼兒的獨特能力和學習困難。誠如本書提及的案例，CSS+ 課程架構可運用於不同的幼教現場，包括啟蒙方案、公立幼兒園，和其他的社區式幼兒園。

● 具挑戰性的幼兒教育課程

CSS+ 課程架構的核心是實施具挑戰性的幼兒教育課程。兒童發展研究指出，幼兒能學習和做到許多曾被認為太困難的事情，特別是在有意義的真實情境中學習各領域的知識和技能。大部分幼兒有興趣認識周遭的世界，且由於動植物隨處可見，自然科學即適合作為建立課程活動的起點。幼教老師亦可善用自己及幼兒皆有興趣的課程領域作為框架，接著使用州級或方案的嬰幼兒學習標準來嵌入跨領域的學習活動，包括讀寫、數學、科學、社會－情緒、藝術、律動與身體活動，讓幼兒為未來學習做準備並持續在校成功學習。

使用幼兒感興趣的課程活動

善用幼兒的興趣來規劃具挑戰性的課程活動是重要的。幼教老師為給幼兒學習成就，有時會過度簡化課程，特別是針對特殊需求幼兒，但這是不妥的做法。在培養深層和創意思考、增進獨立性，且給予選擇機會的課程中，幾乎所有學習者皆能從中獲益。

各年齡層的學習者對於有趣的事物會感興趣並願意付出努力。興趣會激發學習，人通常會專注投入感興趣的事物，且在充分支持下願意學習有點困難的事。提供有趣且具挑戰性的課程內容無損發展合宜教學實務（DAP）的重要性。幼兒教育界逐漸關注有助幼兒投入學習的有趣且具挑戰性的課程內容。教師可視需要採用 CSS+ 課程架構，透過全方位學習、差異化教學和嵌入式學習

機會來規劃連貫且完整的課程內容。

提供幼兒充分的支持

　　結合挑戰性課程內容和充分支持，以回應不同學習者的需求，是許多幼教老師關注的議題。CSS+ 課程架構簡述教師如何規劃教學以支持幼兒的各種學習需求，以及如何運用全方位學習原則、差異化教學和嵌入式學習機會。教師若能運用各種教學形式，包括教師引導的大團體和小組活動、幼兒遊戲的機會和例行作息（如：點心、午餐和活動銜接時間），顯然幼兒會有最佳學習，因為他們能在這些情境裡練習剛剛習得的技能。如果一開始就使用全方位學習原則規劃教學，就更有機會透過前述的教學形式落實差異化教學和嵌入式學習機會。

　　監測幼兒進步情形的主要用意是協助幼教老師認識不同幼兒所需的支持。教師可在預定的日常活動中進行非正式的監測，或是特別安排時間針對特定的班級目標和課程目標進行正式的監測。有系統地觀察幼兒，方能記錄他們隨時間的進步情形、提供訊息給家庭，並確保幼兒在嬰幼兒學習標準上有所進步。

　　幼教工作者亦須與幼兒家庭建立有意義的夥伴關係並維持開放的溝通。家庭為幼兒提供最初且最重要的互動關係和學習情境。家庭對孩子的經驗、能力和學習困難有獨到的認識。我們鼓勵幼教老師邀請幼兒家庭積極參與課程的規劃，藉此擴展和家庭間的互動關係。家庭主動投入班級的能力各有不同；而當家庭投入時，預先規劃的活動較能連結幼兒的真實生活。此外，家庭會在孩子的幼兒教育階段首次體認到自己於孩子在校學習上的重要角色。支持家庭積極參與班級課程的規劃，是家庭持續投入孩子在校學習的根基。

　　最後，幼教工作者和其他重要人員不再是各自獨立教導幼兒。須與定期入班的專業人員合作，包括特教老師、語言治療師、職能治療師和社區心理健康專家等人。成功的專業合作相當費時，但往往時間有限。然而，維持有生產性的專業合作關係是值得的，如此更有可能根據幼兒的個別需求來規劃和實施活動。專業人員之間若有成功的專業合作，方能提供最佳的教育機會。

● 一身百為的幼教工作者

本書案例裡的幼教專業人員認為須花時間規劃，整個 CSS+ 課程架構方能順利就緒。Sherry、Ann 和 Bob 經常在一天當中既教導全班幼兒，又為部分幼兒提供差異化教學及個別化教學。他們亦在同一天安排小組活動和監測進步情形。而 Sherry 有時會著重與其他共事者之間的合作關係，因為她想確實與幼兒家庭建立連結、與入園的專家討論，及與各個重要人員取得聯繫。在這些時候，她會請 Ann 和 Bob 分擔部分的師生互動。Sherry 體認到，安排每日工作的優先順序能確保她完成龐雜的工作任務。

如同 Sherry，幼教工作者常覺得自己好像同時在半空旋轉許多盤子，試著不讓盤子停下來（見圖 12.1）。從參與 CSS+ 研究計畫的幼教專業人員身上，我們得知每天時時刻刻一貫地安排課程活動，事實上幾乎不可行。然而，幼教專業人員覺得使用 CSS+ 課程架構有助他們確實為有需要的幼兒提供支持，並定期監測進步情形以得知規劃活動的最佳方式。CSS+ 課程架構也提供框架促使專業人員以單一班級、多個班級或是整個幼兒園為單位進行合作。合作時有著共同的架構是很重要的，藉以達到「教導全班幼兒」這個目標。

圖 12.1　一身百為的幼教工作者

圖片設計者：Anne E. Rodeheaver

參與 CSS+ 研究計畫的幼教專業人員有時會覺得工作量超過負荷，但他們仍持續努力。當他們在班級中試行 CSS+ 課程架構時，令人相當敬佩。許多幼教老師努力協助幼兒為未來學習做準備，讓人印象深刻，我們讚揚他們的創新、獨創性、觀點、動機、問題解決能力、耐性和勤奮。

● 來自前人的鼓勵

參與 CSS+ 研究計畫的幼教專業人員針對有心採用 CSS+ 課程架構的幼教老師提出以下建議。

與相關人員建立夥伴關係

CSS+ 的專業人員建議幼教專業人員試著實踐新的課程規劃方式時，持續與其他專業人員維繫關係（如：方案協調者、校長、社區人士、家庭）。受國家和州級的規定和新措施、預算限縮、完整培訓人員短缺等因素的影響，這些專業人員面對事物的優先次序會不斷改變，因而對於最佳做法會有不同觀點。與園內其他人建立和維繫正向而尊重的關係，方能確保自己獲得教學支持。可考慮與相關人員定期在園內共進午餐，或者安排在研討會或工作坊中碰面。舉辦特殊活動時，安插一些社交互動和建立人脈的時間，有助與相關人員建立社交關係。如果你與同事持續維持正向關係，遇到問題時比較容易獲得他們協助，這點不言而喻。幼教老師每天工作繁忙，有時難以撥出額外時間。建議你抽身檢視眼前的班級日常工作，自然就會找到空檔。聯繫相關人員，與他們討論班級事件和你的工作，均衡分享你的勝利和成功，以及你的問題和擔憂。

條理組織、預先規劃、排列次序

時間對每個專業來說皆是重要之寶，在幼教現場更是如此，這是我們都非常了解的事。教室充滿了熱情的幼兒，老師多數時間都在回應他們當下的需求，少有時間做別的事。預先備妥教學素材、分配成人職責皆會讓一天呈現不同樣貌。規劃之初既耗時又耗力，但多數幼教工作者隨時間、隨著對址上幼兒的認識加深，進而找到規劃的捷徑。CSS+ 的專業人員承認剛開始很難將各式活動差異化、個別化，但他們堅信會漸漸變簡單。此外，預先規劃的活動較有可能成功，成功會使幼教工作者增能且更有教學自信。

還記得圖 12.1 的雜耍盤嗎？這張圖有助你思考如何讓你的盤子持續在半空旋轉。建議你排列「盤子」或「必做之事」的優先次序，並請他人分擔責任。運用 CSS+ 課程架構的六項步驟來組織、規劃、排序攸關課程與教學的工作。CSS+ 課程架構中的活動計畫和系列活動簡述活動的規劃步驟。而完善規劃的活動能確保教學效益，最後你會覺得教學更成功了。

與班上的成人合作

CSS+ 的專業人員強調專業合作的重要性。第十章專述專業合作，因為這是優質幼教課程的發展基礎。你不可能總是和共事者建立完美的合作關係。CSS+ 的專業人員表示自己很少被徵詢要與誰合作，即使在分配助理老師時也一樣。他們苦笑說，就算有機會選擇班級的新搭檔，也很難知道哪個候選人比較合適。完全無法保證新搭檔善於溝通，或是一開始就能支持你完成班級任務。建立專業合作關係得花時間，而且你通常須花時間確認新的助理老師理解工作目標。試著持續維繫正向和支持的關係，以求有效的教學。

CSS+ 的專業人員也說到，他們有時難以和入班服務個別幼兒的專家溝通。這些專家以不同方式盡其職責，有些專家定期入班提供服務並樂於分享專業知識，有些則將幼兒抽離服務且較少提供建議。CSS+ 的專業人員建議幼教老師持續試著和專家定期溝通。Sherry、Ann 和 Bob 有時會共同分擔與專業人員聯繫的責任。他們明白專家因到訪不同學校而有時間壓力，而他們想確保自己有機會向專家學習。如同 Ann 開玩笑說著：「沒有說到話就不許離開。」

發揮創意找資源

CSS+ 的專業人員發覺班級活動的素材和資源常不夠用，然而他們足智多謀，如同多數的幼教工作者。他們常將素材回收、再次加工、重複使用，並改作其他用途。所有的家庭廢棄物都可能成為班級活動的素材。可以請同事、社區人士和朋友提供不需要的二手書和雜誌，或是向在地企業募集物資（如：顏料、蠟筆或白報紙）。

幼教老師常會讓家庭和其他相關人士知道班級所需的特殊和常用素材。Sherry 表示如果家庭無法抽空入班協助，為班級募集用品是許多家庭可以主動付出的方式。Sherry 舉例說：「Jerry 的媽媽將我們需要的用品清單陳報給她

的老闆，而且老闆樂意贊助。我有時會特別將幼兒使用這些用品做出來的作品範例送去公司，Jerry 的媽媽說他們會貼在公司的布告欄。」

如果幼兒園提出容易達到的明確請求，許多社區單位會願意協助。當教學主題是「社區」時，Sherry 的班級會定期參訪消防局和警察局，並看看他們的裝備。大部分 CSS+ 的專業人員會與來自當地大專院校的志工合作，可請他們協助尋求教學素材或資源。網際網路和社區圖書館是幼教老師蒐集想法、免費資源和訊息的另一種方式。商請志工蒐集教學素材和資源，特別是班上已有足夠的幫手時。發揮創意，你的班級就能擁有豐富資源，並成為有效的學習環境。

· ·

那天下午放學後，Sherry、Ann 和 Bob 討論如何協助 Jimmy 學習遵循指令。隔天早上 Sherry 為小組幼兒朗讀童書（Baker, 2009）之後，趁幼兒查看圖畫裡的小鳥和螞蟻如何就不同目的使用線段時，她環視著教室。Ann 在美勞區和幼兒用毛線和膠水創作，她提供一些作品範例讓部分幼兒仿作，其他幼兒則能自行創作。Ann 給坐在輪椅的 Samuel 一張已貼有一些毛線的紙張，她接著拿出其他毛線並協助他選擇喜歡的毛線，再以肢體帶領他黏貼毛線。同時間，Bob 讓幼兒跳遠並標示落地處。他協助幼兒用碼尺測量距離，並用圖表記錄在白報紙上。他鼓勵多數幼兒比較距離，並練習使用**遠**、**比較遠**、**最遠**等詞彙。Ann 觀察到 Lucy 牽起 Jimmy 的手說：「快來吧，Bob 老師要你跳遠，這樣我們才能測量你跳的距離。我會和你一起跳。」Jimmy 害羞地笑了，並和 Lucy 一起跳遠。Bob 笑著說：「Jimmy 和 Lucy 跳得真好。」Bob 用膠帶標示 Jimmy 的落地處時，與 Sherry 對到眼並比了個讚。Sherry 點頭示意，笑著回他個讚。

學前融合教育課程架構

參考文獻

Adams, M.J., Foorman, B.R., Lundberg, I., & Beeler, T. (1998). *Phonemic awareness in young children: A classroom curriculum.* Baltimore, MD: Paul H. Brookes Publishing Co.

Agran, M., Alper, S., & Wehmeyer, M. (2002). Access to the general curriculum for students with significant disabilities: What it means to teachers. *Education and Training in Mental Retardation and Developmental Disabilities, 37*(2), 123–133.

Ainsworth, M.D.S. (1982). Attachment: Retrospect and prospect. In C.L. Parkes & J. Stevenson-Hinde (Eds.), *The place of attachment in human behavior* (pp. 3–30). New York, NY: Basic Books.

Bailey, D., Bruder, M.B., & Hebbeler, K. (2006). *Guidance for states in documenting family outcomes for early intervention and early childhood special education.* Retrieved from http://ectacenter.org/eco/assets/pdfs/guidance_for_states.pdf

Baker, K. (2009). *Just how long can a long string be?* New York, NY: Scholastic.

Barnett, W.S., & Carolan, M.E. (2013). *Trends in state funded preschool programs: Survey findings from 2001-2002 to 2011-2012.* New Brunswick, NJ: National Institute for Early Education Research. Retrieved from http://nieer.org/sites/nieer/files/Trends%20in%20State%20Funded%20Preschool%20Programs_0.pdf

Barnett, W.S., Carolan, M.E., Squires, J.H., Clarke Brown, K. & Horowitz, M. (2015). *The state of preschool 2014.* New Brunswick, NJ: National Institute for Early Education Research. Retrieved from http://nieer.org/yearbook

Beatty, B. (1995). *Preschool education in America: The culture of young children from the colonial era to the present.* New Haven, CT: Yale University Press.

Bodrova, E., & Leong, D.J. (2007). *Tools of the mind* (2nd ed.). Columbus, OH: Merrill/Prentice Hall.

Boothroyd, J. (2007). *What is a liquid?* Minneapolis, MN: Lerner Publishing.

Bosse, S., Jacobs, S., & Anderson, T.L. (2009). Science in the air. *Young Children, 64*(6), 10–14.

Bowlby, J. (1969). *Attachment and loss: Vol. 1: Attachment.* New York, NY: Basic Books.

Bowman, B.T., Donovan, M.S., & Burns, M.S. (2000). *Eager to learn: Educating our preschoolers.* Washington, DC: National Academies Press.

Bradely, B.A., & Jones, J. (2007). Sharing alphabet books in early childhood classrooms. *The Reading Teacher, 60*(5), 452–463.

Bradshaw, C., Reinke, W., Brown, L., Bevans, K., & Leaf, P. (2008). Implementation of school-wide positive behavioral interventions and supports (PBIS) in elementary schools: Observations from a randomized trial. *Education and Treatment of Children, 31,* 1–26.

Brand, S.T., Marchand, J., Lilly, E., & Child, M. (2014). Home-school literacy bags for twenty-first century preschoolers. *Early Childhood Education Journal, 42*(3), 163–174.

Bransford, J.D., Brown, A.L., & Cocking, R.R. (2000). *How people learn: Brain, mind, experience, and school.* Washington, DC: National Academies Press.

Bredekamp, S. (2014). *Effective practices in early childhood education: Building a foundation* (2nd ed.). Columbus, OH: Merrill/Prentice Hall.

Bricker, D., & Waddell, M. (2002). *Assessment, Evaluation, and Programming System (AEPS®) for infants and children: Curriculum for three to six years* (2nd ed.). Baltimore, MD: Paul H. Brookes Publishing Co.

Bronfenbrenner, U. (1979). *The ecology of human development: Experiments in nature and design.* Cambridge, MA: Harvard University Press.

Bronson, M.B. (2002). *Self-regulation in early childhood.* New York, NY: Guilford Press.

Brown, B. (2005). *Combating discrimination: Persona dolls in action.* Trowbridge, Wiltshire, United Kingdom: Cromwell Press.

Brown, E.D., Benedett, B., & Armistead, M.E. (2010). Arts enrichment and school readiness for children at risk. *Early Childhood Research Quarterly, 25*(1), 112–124.

Brown, W.H., & Conroy, M.A. (2011). Social-emotional competence in young children with developmental delays: Our reflection and vision for the future. *Journal of Early Intervention, 33,* 310–320.

Brown, W.H., Knopf, H.T., Conroy, M.A., Googe, H.S., & Greer, F. (2013). Preschool inclusion and response to intervention for children with disabilities. In V. Buysse, E.S. Peisner-Feinberg, & H.P. Ginsburg (Eds.), *Handbook of response to intervention in early childhood* (pp. 339–354). Baltimore, MD: Paul H. Brookes Publishing Co.

Burns, M.K., & Gibbons, K.A. (2008). *Implementing response-to-intervention in primary and secondary schools: Procedures to assure scientific-based practices.* New York, NY: Routledge.

Butera, G. (2005). Collaboration in the context of Appalachia: The case of Cassie. *Journal of Special Education, 39*(2), 106–116.

Butera, G., Friesen, A., Palmer, S.B., Horn, E.M., Lieber, J., Hanson, M., & Czaja, C. (2014). I can figure this out! Integrating math problem solving and critical thinking in early childhood curriculum. *Young Children, 69*(1), 70–77.

Butera, G., Horn, E.M., Palmer, S.B., Friesen, A., & Lieber, J. (in press). Understanding science, technology, engineering, arts, and mathematics (STEAM) within early childhood special education. In B. Reichow, B.A. Boyd, E.E. Barton, & S. Odom (Eds.), *Handbook of early childhood special education.* New York, NY: Springer.

Butera, G., Palmer, S.B., Lieber, J., & Schneider, R. (2011). Helping preschool children learn about mathematics: Lessons learned from Children's School Success. In N.L. Gallenstein & D Hodges (Eds.), *Mathematics for all: Instructional strategies to assist students with special learning needs* (pp. 121–129). Olney, MD: Association for Childhood Education International.

Buysse, V., Peisner-Feinberg, E.S., Soukakou, E., LaForett, D.R., Fettig, A., & Schaaf, J.M. (2013). Recognition & response: A model of response to intervention to promote academic learning in early education. In V. Buysse, E.S. Peisner-Feinberg, & H.P. Ginsburg (Eds.), *Handbook of response to intervention in early childhood* (pp. 69–84). Baltimore, MD: Paul H. Brookes Publishing Co.

Buysse, V., & Wesley, P.W. (2005). *Consultation in early childhood settings.* Baltimore, MD: Paul H. Brookes Publishing Co.

Cabell, S.Q., DeCoster, J., LoCasale-Crouch, J., Hamre, B.K., & Pianta, R.C. (2013). Variation in the effectiveness of instructional interactions across preschool classroom settings and learning activities. *Early Childhood Research Quarterly, 28,* 820–830.

Center for Applied Special Technology. (2009). *What is universal design for learning?* Retrieved from http://www.cast.org/research/udl/index.html

Center on the Social and Emotional Foundations for Early Learning. (2002). *Pyramid model for promoting social and emotional competence in infants and young children.* Nashville, TN: Author.

Center on the Social and Emotional Foundations for Early Learning. (2013). *Preschool training modules: Promoting social and emotional competence.* Retrieved from http://csefel.vanderbilt.edu/resources/training_preschool.html

Chazan-Cohen, R., Raikes, H., Brooks-Gunn, J., Ayoub, C., Pan, B.A., Kisker, E. E.,… Fuligni, A.S. (2009). Low-income children's school readiness: Parent contributions over the first five years. *Early Education and Development, 20*(6), 958–977.

Chess, S., & Thomas, A. (1996). *Temperament: Theory and practice.* New York, NY: Brunner/Mazel.

Children's Defense Fund. (2014). *The state of America's children 2014 report.* Retrieved from http://www.childrensdefense.org/library/state-of-americas-children/2014-soac.html?referrer=https://www.google.com

Classen, A., & Cheatham, G.A. (2014). Systematic monitoring of young children's social-emotional competence and challenging behaviors. *Young Exceptional Children, 18(2),* 1–19. doi: 10.1177/1096250614523970

Clements, D.H. (1999). Geometric and spatial thinking in young children. In J.V. Copley (Ed.), *Mathematics in the early years* (pp. 66–79). Reston, VA: National Council of Teachers of Mathematics.

Clements, D.H., & Sarama, J. (2003). *DLM early childhood express math resource guide.* New York, NY: SRA/McGraw-Hill.

Clements, D.H., & Sarama, J. (2007). *SRA real math: Pre-K building blocks.* New York, NY: SRA/McGraw-Hill.

Clarke, P.J., Truelove, E., Hulme, C., & Snowling, M.J. (2014). The poor comprehender profile. In P.J. Clarke, E. Truelove, & C. Hulme (Eds.), *Developing reading comprehension* (pp. 13–26). New York, NY: Wiley.

Coleman, M.R., Buysse, V., & Neitzel, J. (2006). *Recognition and response: An early intervening system for young children at-risk for learning disabilities. Full Report.* Chapel Hill, NC: University of North Carolina at Chapel Hill, FPG Child Development Institute.

Committee for Children. (1991). *Second step: A violence prevention curriculum, preschool-kindergarten.* Seattle, WA: Committee for Children.

Conezio, K., & French, L. (2002). Capitalizing on children's fascination with the everyday world to foster language and literacy development. *Young Children, 57*(5), 12–18.

Conley, D.T. (2014). *Common core: Development and substance.* Ann Arbor, MI: Society for Research in Child Development.

Conn-Powers, M., Cross, A.F., Traub, E.K., & Hutter-Pishgahi, L. (2006, September). The universal design of early education: Moving forward for all children. *Beyond the journal: Young children on the web.* Retrieved from http://journal.naeyc.org/btj/200609/ConnPowersBTJ.pdf

Copley, J.V. (2000). *The young child and mathematics.* Washington, DC: National Association for the Education of Young Children.

Copley, J.V. (2010). *The young child and mathematics* (2nd ed.). Washington, DC: National Association for the Education of Young Children.

Copple, C. (2012). *Growing minds: Building strong cognitive foundations in early childhood.* Washington, DC: National Association for the Education of Young Children.

Copple, C., & Bredekamp, S. (2009). *Developmentally appropriate practice in early childhood programs serving children from birth through age 8* (3rd ed.). Washington, DC: National Association for the Education of Young Children.

Cutler, K.M., Gilkerson, D., Parrott, S., & Bowne, M.T. (2003). Developing math games based on children's literature. *Young Children, 58*(1), 22–27.

DeNavas-Walt, C., Proctor, B.D., & Smith, J.C. (2013) *Income, poverty, and health insurance coverage in the United States: 2012.* Retrieved from https://www.census.gov/prod/2013pubs/p60-245.pdf

Dettmer, P., Knackendoffel, A., & Thurston, L.P. (2013). *Collaboration, consultation and teamwork* (7th ed.). New York, NY: Pearson Education.

Diamond, K.E., Justice, L.M., Siegler, R.S., & Snyder, P.A. (2013, July). *Synthesis of IES research on early intervention and early childhood education.* Washington, DC: National Center for Special Education Research, Institute of Education Sciences, U.S. Department of Education.

Dichtelmiller, M.L. Jablon, J.R., Dorfman, A.B., Marsden, D.B., & Meisels, S.J. (2001). *Work sampling in the classroom: A teacher's manual.* New York, NY: Pearson Education.

Dickinson, D.K., Golinkoff, R.M., & Hirsh-Pasek, K. (2010). Speaking out for language: Why language is central to reading development. *Educational Researcher, 39*(4), 305–310.

Dickinson, D., & Porche, M. (2011). Relation between language experiences in preschool classrooms and children's kindergarten and fourth grade language and reading abilities. *Child Development, 82*(3), 870–886.

Dinnebeil, L.A., Spino, M., & McInerney, W.F. (2011). Using goal attainment scaling to monitor the developmental progress of young children with disabilities. In M. McLean & P. Snyder (Eds.), *Young exceptional children monograph No. 13: Gathering information to make informed decisions: Contemporary perspectives about assessment in early intervention and early childhood special education* (pp. 157–172). Longmont, CO: Sopris West Educational Services.

Division for Early Childhood. (2007). *Promoting positive outcomes for children with disabilities: Recommendations for curriculum, assessment, and program evaluation.* Retrieved from http://dec.membershipsoftware.org/files/Position%20Statement%20and%20Papers/Prmtg_Pos_Outcomes_Companion_Paper.pdf

Division for Early Childhood. (2014). *DEC recommended practices in early intervention/early childhood special education: 2014.* Retrieved from http://www.dec-sped.org/recommended practices

Division for Early Childhood & National Association for the Education of Young Children. (2009). *Early childhood inclusion: A joint position statement of the Division for Early Childhood (DEC) and the National Association for the Education of Young Children (NAEYC).* Chapel Hill, NC: University of North Carolina, FPG Child Development Institute.

Dodge, D.T., Aghayan, C., Berke, K., Bickart, T., Burts, D.C., Colker, L., … Tabors, P.O. (2010). *The creative curriculum for preschool* (5th ed.). Bethesda, MD: Teaching Strategies.

Downer, J.T., & Pianta, R.C. (2006). Academic and cognitive functioning in first grade: Associations with earlier home and child care predictors and with concurrent home and classroom experiences. *School Psychology Review, 35*(1), 11–30.

Drake, S.M., & Burns, R.C. (2004). *Meeting the standards through integrated curriculum.* Alexandria, VA: Association for Supervision and Curriculum Development.

Duda, M.A., Fixsen, D.L., & Blasé, K.A. (2013). Setting the stage for sustainability: Building the infrastructure for implementation capacity. In V. Buysse, E.S. Peisner-Feinberg, & H.P. Ginsburg (Eds.), *Handbook of response to intervention in early childhood* (pp. 397–414). Baltimore, MD: Paul H. Brookes Publishing Co.

Duncan, G.J., Dowsett, C.J., Claessens, A., Magnuson, K., Huston, A.C., Klebanov, P.,…Japel, C. (2007). School readiness and later achievement. *Developmental Psychology, 43,* 1428–1446.

Dunlap, G., dePerczel, M., Clarke, S., Wilson, D., Wright, S., White, R., & Gomez, A. (1994). Choice making to promote adaptive behavior for students with emotional and behavioral challenges. *Journal of Applied Behavior Analysis, 23,* 515–524.

Dunlap, G., Wilson, K., Strain, P.S., & Lee, J.K. (2013). *Prevent-Teach-Reinforce for young children: The early childhood model of individualized positive behavior support.* Baltimore, MD: Paul H. Brookes Publishing Co.

Early Childhood Technical Assistance Center. (n.d.). *Outcomes measurement: Child outcomes summary process.* Retrieved from http://www.ectacenter.org/eco/pages/outcomes.asp#ProfessionalDevelopment

Early, D., Barbarin, O., Bryant, D., Burchinal, M., Chang, F., Clifford, R.,…Barnett, W.S. (2005). *Pre-kindergarten in eleven states: NCEDL's multi-state study of pre-kindergarten and study of state-wide early education programs (SWEEP).* Retrieved from http://fpg.unc.edu/resources/pre-kindergarten-eleven-states-ncedls-multi-state-study-pre-kindergarten-study-state-wide-

Eisner, E. (1998). Does experience in the arts boost academic achievement? *Arts Education Policy Review, 100,* 32–39.

Epstein, A.S. (2009). *Me, you, us: Social emotional learning in preschool.* Ypsilanti, MI: High Scope Press.

Epstein, A.S. (2014). *The intentional teacher: Choosing the best strategies for young children's learning.* Washington, DC: National Association for the Education of Young Children.

Epstein, A.S., Gainsley, S., Lockhart, S.D., Marshall, B., Neill, P., & Rush, K. (2009). *Small-group times to scaffold early learning.* Ypsilanti, MI: High Scope Press.

Epstein, A.S. & Hohmann, M. (2009). *The HighScope preschool curriculum set.* Ypsilanti, MI: High Scope Press.

Epstein, D.J., & Barnett, W.S. (2012). Early education in the United States: Programs and access. In R.C. Pianta (Ed.), *Handbook of early childhood education* (pp. 3–20). New York, NY: Guildford Press.

Epstein, J.L., Sanders, M.G., Sheldon, S.B., Simon, B.S., Salinas, K.C, Jansorn, N.R.,…Williams, K.J. (2009). *School, family, and community partnerships: Your handbook for action* (3rd ed.). Thousand Oaks, CA: Corwin Press.

Federal Interagency Forum on Child and Family Statistics. (2012). *America's children in brief: Key national indicators of child well-being*. Retrieved from http://childstats.gov/pdf/ac2012/ac_12.pdf

Federal Register. (2006). *Department of Education 34 CFR parts 300 and 301 assistance to states for the education of children with disabilities and preschool grants for children with disabilities: Final rule, 71*(156), 46540–46845.

Fiester, L. (2010). *Early warning! Why reading by the end of third grade matters.* Retrieved from http://www.aecf.org/~/media/Pubs/Initiatives/KIDS%20COUNT/123/2010KCSpecReport/AEC_report_color_highres.pdf

Fox, L., Dunlap, G., Hemmeter, M.L., Joseph, G., & Strain, P. (2003). The Teaching Pyramid: A model for supporting social competence and preventing challenging behavior in young children. *Young Children, 58*(4), 48–53.

Fox, L.K., Hemmeter, M.L., & Snyder, P. (2014). *Teaching Pyramid Observation Tool (TPOT™) for preschool classrooms* (Research ed.). Baltimore, MD: Paul H. Brookes Publishing Co.

French, L. (2004). Science as the center of a coherent, integrated early childhood curriculum. *Early Childhood Research Quarterly, 19*, 138–149.

French, L., & Conezio, K. (2015). *ScienceStart!* Rochester, NY: LiteraSci/LMK Early Childhood Enterprises, Ltd.

Friend, M., & Cook, L. (2012). *Interactions: Collaboration skills for school professionals* (7th ed.). Upper Saddle River, NJ: Pearson.

Friesen, A. (2012). *Understanding families' early literacy beliefs and practices within a Head Start community* (Unpublished doctoral dissertation). Indiana University, Bloomington, IN.

Friesen, A., Butera, G., Clay, J., Mihai, A., & Vaiouli, P. (2014). *Initiating family literacy projects within a Head Start community: A two-year qualitative study.* Paper presented at the American Educational Research Association Annual Meeting, Philadelphia, PA.

Friesen, A., Butera, G., Kang, J., Palmer, S., Horn, E., & Lieber, J. (2014). Collaboration in preschool to promote early literacy: Lessons from CSS. *Journal of Educational and Psychological Consultation, 24*(2), 149–164. doi: 10.1080/10474412.2014.903189

Friesen, A., Hanson, M., & Martin, K. (2014). In the eyes of the beholder: Cultural considerations in interpreting children's behaviors. *Young Exceptional Children*, 1–12. doi: 10.1177/1096250614535222

Garcia, E.E. (2012). Language, culture and early education. In R. Pianta (Ed.), *Handbook of early childhood education* (pp. 137–157). New York, NY: Guildford Press.

Gay, M-L. (2010). *Stella, queen of the snow.* Toronto, Ontario, Canada: Groundwood Books.

Gilliom, M., Shaw, D.S., Beck, J.E., Schonberg, M.A., & Lukon, J.L. (2002). Anger regulation in disadvantaged preschool boys: Strategies, antecedents, and the development of self-control. *Developmental Psychology, 38*, 222–235.

Goldstein, H. (2011). Knowing what to teach provides a roadmap for early literacy intervention. *Journal of Early Intervention, 33*(4), 268–280.

Goosen, M.D. (2007). *KSELD and OSEP early childhood outcomes aligned.* Parsons, KS: Kansas Inservice Training System.

Graham, B. (2003). *"Let's get a pup" said Kate.* Somerville, MA: Candlewick Press.

Greenwood, C.R., Carta, J.J., Atwater, J., Goldstein, H., Kaminski, R., & McConnell, S.R. (2012). Is a response to intervention (RTI) approach to preschool language and early literacy instruction needed? *Topics in Early Childhood Special Education, 33*(8), 48–64.

Greenwood, C.R., Carta, J.J., Baggett, K., Buzhardt, J., Walker, D., & Terry, B. (2008). Best practices in integrating progress monitoring and response-to-intervention concepts into early childhood systems. In A. Thomas, J. Grimes, & J. Gruba (Eds.), *Best practices in school psychology V* (pp. 535–548). Washington, DC: National Association of School Psychology.

Grimm, K.J., Steele, J.S., Mashburn, A.J., Burchinal, M., & Pianta, R.C. (2010). Early behavioral associations of achievement trajectories. *Developmental Psychology, 46*, 976–983.

Grissmer, D.W., Grimm, K.J., Aiyer, S.M., Murrah, W.M., & Steele, J.S. (2010). Fine motor skills and early comprehension of the world: Two new school readiness indicators. *Developmental Psychology, 46*(5), 1008–1017.

Gutierrez, K. (2006). *Culture matters: Rethinking educational equity.* New York, NY: Carnegie Foundation.

Haines, S.J., McCart, A., & Turnbull, A. (2013). Family engagement within early childhood response to intervention. In V. Buysse, E.S. Peisner-Feinberg, & H.P. Ginsburg (Eds.), *Handbook of response to intervention in early childhood* (pp. 313–324). Baltimore, MD: Paul H. Brookes Publishing Co.

Halgunseth, L.C., Peterson, A., Stark, D.R., & Moodie, S. (2009). *Family engagement, diverse families and early childhood education programs: An integrated review of the literature.* Washington, DC: National Association for the Education of Young Children.

Hall, T. (2002). *Differentiated instruction* [Online]. Wakefield, MA: CAST. Retrieved from http://www.principals.in/uploads/pdf/Instructional_Strategie/DI_Marching.pdf

Hallam, S. (2010). The power of music: Its impact on the intellectual, social and personal development of children and young people. *International Journal of Music Education, 28*(3), 269–289.

Halle, T., Forry, N., Hair, E., Perper, K., Wandner, L., Wessel, J., & Vick, J. (2009). *Disparities in early learning and development: Lessons from the early childhood longitudinal study- birth cohort (ECLS-B).* Washington, DC: Child Trends.

Halle, T., Martinez-Beck, I., Forry, N.D., & McSwiggan, M. (2011). Setting the context for a discussion of quality measures: The demographic landscape of early care and education. In M. Zaslow, I. Martinez-Beck, K. Tout, T. Halle, H.P. Ginsburg, & M. Hyson (Eds.), *Quality measurement in early childhood settings* (pp. 3–10). Baltimore, MD: Paul H. Brookes Publishing Co.

Hanson, M.J., & Lynch, E.W. (2013). Communicating and collaborating with families. In M.J. Hanson & E.W. Lynch (Eds.), *Understanding families: Supportive approaches to diversity, disability, and risk* (2nd ed., pp. 223–254). Baltimore, MD: Paul H. Brookes Publishing Co.

Hatch, J.A. (2012). Developmental theory and its relationship to curriculum and instruction in early childhood education. In N. File, J.J. Mueller, & D.B. Wisneski (Eds.), *Curriculum in early childhood: Re-examined, rediscovered, renewed* (pp. 42–53). New York, NY: Routledge.

Henderson, A.T., & Mapp, K.L. (2002). *A new wave of evidence: The impact of family, school, community connection on school achievement.* Austin, TX: Southwest Educational Development Laboratory.

Henrich, C., & Gadaire, D. (2008). Head Start and parental involvement. *Infants and Young Children, 21*(1), 56–69.

Heroman, C., Burts, D.C., Berke, K., & Bickart, T.S. (2010). *Teaching Strategies GOLD objectives for development & learning: Birth through kindergarten.* Washington, DC: Teaching Strategies, Inc.

Hong, S., & Diamond, K.E. (2012). Two approaches to teaching young children science concepts, vocabulary, and scientific problem-solving skills. *Early Childhood Research Quarterly, 27,* 295–305. doi:10.1016/j.ecresq.2011.09.006

Horn, E.M., & Banerjee, R. (2009). Understanding curriculum modifications and embedded learning opportunities in the context of supporting all children's success. *Language, Speech, and Hearing Services in Schools, 40,* 406–415. doi: 10.1044/0161-1461 (2009/08-0026)

Horn, E.M., Butera, B., Kang, J., Palmer, S.B., Lieber, J., Friesen, A., & Mihai, A. (in review). *Universal design for learning in planning and designing inclusive early education curriculum.*

Horn, E.M., & Jones, H. (2005). Collaboration and teaming in early intervention and early childhood special education. In E.M. Horn & H. Jones (Eds.), *Young exceptional children monograph series No. 6: Interdisciplinary teams* (pp. 11–20). Longmont, CO: Sopris West Educational Services.

Horn, E.M., & Kang, J. (2012). Supporting young children with multiple disabilities: What do we know and what do we still need to learn? *Topics in Early Childhood Special Education, 31,* 241–248.

Horn, E.M., Lieber, J., Sandall, S., Schwartz, I., & Li, S. (2002). Supporting young children's IEP goals in inclusive settings through embedded learning opportunities. *Topics in Early Childhood Special Education, 20,* 208–223.

Horn, E.M., Lieber, J., Sandall, S., Schwartz, I., & Wolery, R. (2002). Classroom models of individualized instruction. In S.L. Odom (Ed.), *Widening the circle: Including children with disabilities in preschool programs* (pp. 46–60). New York, NY: Teachers College Press.

Horn, E.M., Palmer, S.B., Lieber, J., & Butera, G. (2010). *Children's School Success Plus early intervention and early childhood special education. Goal 2: Development project.* Washington, DC: U.S. Department of Education, Institute of Education Sciences.

Howes, C., Burchinal, M., Pianta, R., Bryant, D., Early, D., Clifford, R., & Barbarion, O. (2008). Ready to learn? Children's pre-academic achievement in pre-kindergarten programs. *Early Research Quarterly, 23*(1), 27–50.

Individuals with Disabilities Education Improvement Act (IDEA) of 2004, PL 108-446, 20 U.S.C. §§ 1400 *et esq.*

Ishimaru, A.M. (2014). Rewriting the rules of engagement: Elaborating on model of district-community collaboration. *Harvard Educational Review, 84*(2), 188–216.

Joseph. G.E., & Strain, P.S. (2010). Teaching young children interpersonal problem-solving skills. *Young Exceptional Children, 13,* 28–40.

Kansas State Department of Education. (2013). *Kansas Early Learning Standards: Building the foundation for successful children.* Retrieved from http://www.ksde.org/Default.aspx?tabid=529

Kansas State Department of Education. (2014). *Kansas Early Learning Standards: Building the foundation for successful children.* Retrieved from http://www.ksde.org/Portals/0/Early%20Childhood/Early%20Learning%20Standards/KsEarlyLearningStandards.pdf

Karger, J. (2005). *Access to the general curriculum for students with disabilities: A discussion of the interrelationship between IDEA '04 and NCLB.* Wakefield, MA: National Center on Accessing the General Curriculum. Retrieved from http://aem.cast.org/about/publications/2005/ncac-curriculum-access-idea04-nclb.html

Kiresuk, T.J., Smith, A., & Cardillo, J.E. (1994). *Goal attainment scaling: Application, theory, and measurement.* Mahwah, NJ: Lawrence Erlbaum Associates.

Knoche, L.L., Cline, K.D., & Marvin, C.A. (2012). Fostering collaborative partnerships between early childhood professionals and the parents of young children. In R.C. Pianta (Ed.), *Handbook of early childhood education* (pp. 370–392). New York, NY: Guilford Press.

Kogel, L., Singh, A., & Kogel, R. (2010). Improving motivation for academics in children with autism. *Journal of Autism and Developmental Disorders, 40,* 1057–1066.

Korfmacher, J. (2014) *Infant, toddler, and early childhood mental health competencies: A comparison of systems.* Retrieved from http://www.zerotothree.org/public-policy/pdf/infant-mental-health-report.pdf

Kroth, R.L., & Edge, D. (2007). *Communicating with parents and families of exceptional children.* Denver, CO: Love Publishing.

Ladson-Billings, G. (2014). Culturally relevant pedagogy 2.0: a.k.a. the remix. *Harvard Educational Review, 84*(1), 74–84.

Landy, S. (2009). *Pathways to competence: Encouraging healthy social and emotional development in young children* (2nd ed.). Baltimore, MD: Paul H. Brookes Publishing Co.

Lennox, S. (2013). Interactive read-alouds—an avenue for enhancing children's language for thinking and understanding: A review of recent research. *Early Childhood Education Journal, 41*(5), 381–389.

Lentini, R. (2007). *Tucker turtle takes time to tuck and think: A scripted story to assist with the "turtle technique."* Retrieved from http://csefel.vanderbilt.edu/resources/strategies.html

Lobo, Y.B., & Winsler, A. (2006). The effects of a creative dance and movement program on the social competence of Head Start preschoolers. *Social Development, 15,* 501–519.

Mace, R.L., Hardie, G.L., & Place, J.P. (1996). *Accessible environments: Toward universal design.* Raleigh, NC: North Carolina State University.

Mann, T.L., Powers, S., Boss, J., & Fraga, L.M. (2007). Infusing mental health supports and services into infant and toddler environments. In D.F. Perry, R.K. Kaufmann, & J. Knitzer (Eds.), *Social and emotional health in early childhood: Building bridges between services and systems* (pp. 257–280). Baltimore, MD: Paul H. Brookes Publishing Co.

Marson, S.M., Wei, G., & Wasserman, D. (2009). A reliability analysis of goal attainment scaling (GAS) weights. *American Journal of Evaluation, 30*(2), 203–216.

Martinez-Beck, I. (2011). Introduction: Why strengthening the measurement of quality in early childhood setting has taken on new importance. In M. Zaslow, I. Martinez-Beck, K. Tout, T. Halle, H.P. Ginsburg, & M. Hyson (Eds.), *Quality measurement in early childhood settings* (pp. xviii–xxiv). Baltimore, MD: Paul H. Brookes Publishing Co.

Marulis, L.M., & Neuman, S.B. (2010). The effects of vocabulary training on word learning: A meta-analysis. *Review of Educational Research, 80*(3), 300–335. doi: 103102/0034654310377087

McEvoy, M., Neilson, S., & Reichle, J. (2004). Functional behavioral assessment in early education settings. In M. McLean, M. Wolery, & D.B. Bailey (Eds.), *Assessing infants and preschoolers with special needs* (3rd ed., pp. 236–261). Upper Saddle River, NJ: Pearson.

McLean, M. (2014). Assessment and its importance in early intervention/early childhood special education. In M.E. McLean, M.L. Hemmeter, & P. Snyder (Eds.), *Essential elements for assessing infants and preschoolers with special needs* (pp. 1–36). Upper Saddle River, NJ: Pearson.

Mellard, D.F., Stern, A., & Woods, K. (2011). RTI school-based practices and evidence-based models. *Focus on Exceptional Children, 43*(6), 1–15.

Mihai, A., Friesen, A., Butera, G., Horn, E. Lieber, J., & Palmer, S.B. (2014, May). Teaching phonological awareness to all children through storybook reading. *Young Exceptional Children.* Retrieved from http://yec.sagepub.com/content/early/2014/05/21/1096250614535221.citation. doi: 10.1177/1096250614535221

Moomaw, S. (2013). *Teaching STEM in the early years: Activities for integrating science, technology, engineering, and mathematics.* St. Paul, MN: Redleaf Press.

Morris, A. (2000). *Families.* New York, NY: HarperCollins Children's Books.

Nation, K. (2005). Connections between language and reading in children with poor reading comprehension. In H.W. Catts & A.G. Kamhi (Eds.), *The connections between language and reading disabilities* (pp. 41–54). Mahwah, NJ: Lawrence Erlbaum Associates.

National Academy of Sciences. (2011). *A framework for K–12 science education: Practices, crosscutting concepts, and core ideas.* Washington, DC: National Academies Press.

National Association for the Education of Young Children. (2002). *Position Statement on early learning standards: Creating the conditions for success.* Retrieved from http://www.naeyc.org/files/naeyc/file/positions/position_statement.pdf

National Association for the Education of Young Children. (2009). *Developmentally appropriate practice in early childhood programs serving children from birth through age 8: Position statement.* Retrieved from www.naeyc.org/positionstatements/dap

National Association for the Education of Young Children & National Association of Early Childhood Specialists in State Departments of Education. (2003). *Early childhood curriculum, assessment, and program evaluation.* Retrieved from http://www.naeyc.org/positionstatements/cape

National Center for Quality Teaching and Learning. (2012). *Choosing a preschool curriculum.* Retrieved from http://eclkc.ohs.acf.hhs.gov/hslc/tta-system/teaching/docs/preschool-curriculum.pdf

National Center on Child Care Quality Improvement. (2014). *State/territory early learning guidelines.* Fairfax, VA: Administration for Children and Families, Office of Child Care.

National Council of Teachers of Mathematics. (2000). *Principles and standards for school mathematics.* Retrieved from http://www.nctm.org/standards

National Council of Teachers of Mathematics & National Association for the Education of Young Children. (2010). *Position statement on early childhood mathematics: Promoting good beginnings.* Retrieved from http://www.naeyc.org/positionstatements/mathematics

National Early Literacy Panel. (2008). *Developing early literacy: Report of the National Early Literacy Panel: A scientific synthesis of early literacy development and implications for intervention*. Retrieved from http://www.researchconnections.org/childcare/resources/15316

National Institute for Early Education Research. (2009, March). *Math and science in preschool: Policies and practice*. Retrieved from http://nieer.org/resources/policybriefs/20.pdf

National Institute of Child Health and Human Development. (2000). *Teaching children to read*: An evidence-based assessment of the scientific research literature on reading and its implications for reading instruction. Retrieved from http://www.nichd.nih.gov/publications/pubs/nrp/Pages/smallbook.aspx

National Professional Development Center on Inclusion. (2011). *Research synthesis points on practices that support inclusion*. Chapel Hill: Author. Retrieved from http://npdci.fpg.unc.edu/resources/articles/NPDCI-ResearchSynthesisPointsInclusivePractices-2011

National Research Council. (2001). *Eager to learn: Educating our preschoolers*. In B.T. Bowman, M.S. Donovan, & M.S. Burns (Eds.), *Commission on behavioral and social sciences and education*. Washington, DC: National Academies Press.

National Research Council. (2009). *Mathematics learning in early childhood: Paths to excellence and equity*. Washington, DC: National Academies Press.

National Science Teachers Association. (2014). *NSTA position statement: Early childhood science education*. Retrieved from http://www.nsta.org/about/positions/earlychildhood.aspx

Neitzel, J., & Wolery, M. (2009). *Steps for implementation: Least-to-most prompts*. Chapel Hill, NC: National Professional Development Center on Autism Spectrum Disorders, Frank Porter Graham Child Development Institute, The University of North Carolina. Retrieved from http://autismpdc.fpg.unc.edu/evidence-based-practices

Nelson, L.L. (2014). *Design and deliver: Planning and teaching using universal design for learning*. Baltimore, MD: Paul H. Brookes Publishing Co.

Neuman, S.B. (2006). The knowledge gap: Implications for early education. In D.K. Dickinson & S.B. Neuman (Eds.), *Handbook of early literacy research* (pp. 29–40). New York. NY: Guilford Press.

Neuman, S.B., & Dickinson, D.K. (Eds.). (2011). *Handbook of early literacy research* (3rd ed.). New York, NY: Guilford Press.

Neuman, S.B., & Kaefer, T. (2013). Enhancing the intensity of vocabulary instruction for preschoolers at risk. *Elementary School Journal, 113*(4), 589–608.

New, R.S. (2005). An integrated early childhood curriculum. Retrieved from http://www.kskits.org/publications/NewslettersPDF/fall05.pdf

Notari-Syverson, A., & Schuster, S. (1995). Putting real-life skills into IEP/IFSPs for infants and young children. *Teaching Exceptional Children, 27,* 29–32.

Odom, S.L., Diamond, K., Hanson, M., Horn, E., Lieber, J., Butera, G., & Palmer, S.B. (2003). *Children's School Success: An experimental study of a school readiness curriculum*. Bloomington, IN: Indiana University.

Office of Head Start. (2011a). *The Head Start child development and early learning framework: Promoting positive outcomes in early childhood programs serving children 3–5 years old*. Retrieved from http://eclkc.ohs.acf.hhs.gov/hslc/hs/sr/approach/cdelf

Office of Head Start. (2011b). *The Head Start parent, family, and community engagement framework: Promoting family engagement and school readiness, from prenatal through age 8*. Retrieved from https://eclkc.ohs.acf.hhs.gov/hslc/standards/im/2011/pfce-framework.pdf

Ou, S.R. (2005). Pathways of long-term effects of an early intervention program on educational attainment: Findings from the Chicago longitudinal study. *Journal of Applied Developmental Psychology, 26*(5), 578–611.

Paris, S. (2005). Reinterpreting the development of reading skills. *Reading Research Quarterly, 40*(2), 184–202.

Paris, S. (2011). Developmental differences in early reading skills. In S.B. Neuman & D.K. Dickinson (Eds.), *Handbook of early literacy research* (3rd ed., pp. 228–241). New York, NY: Guilford Press.

Perry, D.F., Holland, C., Darling-Kuria, N., & Nadiv, S. (2011, November). Challenging behavior and expulsion from child care: The role of mental health consultation. *ZERO TO THREE*, 4–11. Retrieved from http://main.zerotothree.org/site/DocServer/32-2_Perry.pdf?docID=12901

Phillips, B.M., Clancy-Menchetti, J., & Lonigan, C.J. (2008). Successful phonological awareness instruction with preschool children. *Topics in Early Childhood Special Education, 28*(1), 3–17.

Pianta, R.C., La Paro, K.M., & Hamre, B.K. (2008). *Classroom Assessment Scoring System® (CLASS®) manual, Pre-K.* Baltimore, MD: Paul H. Brookes Publishing Co.

Positive Behavioral Interventions and Supports. (2009). *Is school-wide positive behavior support an evidence-based practice?* Retrieved from https://www.pbis.org/research

Powell, D.R. (2002). *Notes on engaging families.* Unpublished manuscript, Indiana University, Bloomington, IN.

Powell, D.R., Diamond, K.E., Burchinal, M.R., & Koehler, M.J. (2010). Effects of an early literacy professional development intervention on head start teachers and children. *Journal of Educational Psychology, 102,* 299–312. doi: 10.1037/a0017763

Pullen, P.C., & Justice, L.M. (2003). Enhancing phonological awareness, print awareness, and oral language skills in preschool children. *Intervention in School and Clinic, 39*(2), 87–98.

Reynolds, A.J. (2000). Educational success in high-risk settings: Contributions of the Chicago longitudinal study. *Journal of School Psychology, 37*(4), 345–354.

Reynolds, A.J., & Shlafer, R.J. (2010). Parent involvement in early education. In S.L. Christenson & A.L. Reschly (Eds.), *Handbook of school–family partnerships* (pp. 158–174). New York, NY: Routledge.

Riley, D., San Juan, R.R., Klinkner, J., & Ramminger, A. (2008). *Social and emotional development: Connecting science and practice in early childhood settings.* St. Paul, MN: Redleaf Press.

Roach, A.T., & Elliot, S. N. (2005). Goal attainment scaling: An efficient and effective approach to monitoring child progress. *Teaching Exceptional Children, 37*(4), 432–437.

Rogoff, B. (1991). *Apprenticeship in thinking: Cognitive development in social context.* Oxford, United Kingdom: Oxford University Press.

Rose, D.H., & Meyer, A. (2006). *A practical reader in universal design for learning.* Cambridge, MA: Harvard Education Press.

Roskos, K.A., Tabors, P.O., & Lenhart, L.A. (2009). *Oral language and early literacy in preschool: Talking, reading, and writing* (2nd ed.). Retrieved from http://www.sciencestart.com

Sandall, S., Hemmeter, M.L., Smith, B.J., & McLean, M.E. (2005). *DEC recommended practices: A comprehensive guide for practical application in early intervention/early childhood special education.* Longmont, CO: Sopris West.

Sandall, S.R., & Schwartz, I.S. (2008). *Building blocks for teaching preschoolers with special needs* (2nd ed.). Baltimore, MD: Paul H. Brookes Publishing Co.

Scarborough, H.S. (2009). Connecting early language and literacy to later reading (dis)abilities: Evidence, theory, and practice. In F. Fletcher-Campbell, J., Soler, & G. Reid (Eds.), *Approaching difficulties in literacy development: Assessment, pedagogy, and programmes* (pp. 23–28). Thousand Oaks, CA: Sage Publications.

Schickedanz, J.A. (2008). *Increasing the power of instruction: Integration of language, literacy, and math across the preschool day.* Washington, DC: National Association for the Education of Young Children.

Schickedanz, J.A., Dickinson, D.K., & Charlotte-Mecklenburg Schools. (2005). *Opening the world of learning (OWL): A comprehensive early literacy program.* Parsippany, NJ: Pearson Early Learning.

Schuele, C.M., & Boudreau, D. (2008). Phonological awareness intervention: Beyond the basics. *Language, Speech, and Hearing Services in Schools, 39,* 3–20.

ScienceStart! (2008). *ScienceStart! curriculum.* Rochester, NY: LMK Early Childhood Enterprises, Ltd.

Scripp, L. (2007). The Conservatory Lab Charter School—NEC Research Center: Learning through music partnership (1999–2003). *Journal for Music-in-Education, 1,* 202–223.

Sheridan, S.M. (1992). What do we mean when we say "collaboration?" *Journal of Educational and Psychological Consultation, 3*(1), 89–92.

Simeonsson, R.J., Bailey, D.B., Huntington, G.S., & Brandon, L. (1991). Scaling and attainment of goals in family-focused early intervention. *Community Mental Health Journal, 27,* 77–83.

Snyder, P., Hemmeter, M.L., McLean, M.E., Sandall, S.R., & McLaughlin, T. (2013). Embedded instruction to support early learning in response to intervention frameworks. In V. Buysse, E.S. Peisner-Feinberg, & H.P. Ginsburg (Eds.), *Handbook of response to intervention in early childhood* (pp. 283–298). Baltimore, MD: Paul H. Brookes Publishing Co.

Storch, S.A., & Whitehurst, G.J. (2002). Oral language and code-related precursors to reading: Evidence from a longitudinal structural model. *Developmental Psychology, 38,* 934–947.

Success for All. (2014). *Curiosity corner.* Retrieved from http://successforall.org/Early-Childhood/Powerful-Instruction/Curiosity-Corner

Taylor-Cox, J. (2003). Algebra in the early years? Yes! *Young Children, 58*(1), 14–21.

Teaching Strategies. (2011). *Teaching Strategies GOLD: Fast facts for decision-makers.* Retrieved from https://shop.teachingstrategies.com/content/pageDocs/teaching-strategies-gold-assessment-FAQs.pdf

The Incredible Years. (2003). *The Incredible Years child training program: Classroom dinosaur school.* Seattle, WA: Author.

Thomas, A., Chess, S., & Birch, H.G. (1968). *Temperament and behavior disorders in children.* New York, NY: New York University Press.

Tomlinson, C.A. (2000). *Differentiation of instruction in the elementary grades.* Retrieved from http://permanent.access.gpo.gov/websites/eric.ed.gov/ERIC_Digests/ed443572.htm

Tomlinson, C.A. (2003). *Fulfilling the promise of the differentiated classroom: Strategies and tools for responsive teaching.* Alexandria, VA: Association for Supervision and Curriculum Development.

Tomlinson, C.A. (2004). *How to differentiate instruction in mixed-ability classrooms* (2nd ed.). Upper Saddle River, NJ: Prentice Hall.

Tomlinson, H.B., & Hyson, M. (2009). Developmentally appropriate practice in the preschool years—ages 3–5: An overview. In C. Copple & S. Bredekamp (Eds.), *Developmentally appropriate practice in early childhood programs* (pp. 111–148). Washington, DC: National Association for the Education of Young Children.

Tompkins, V., Guo, Y., & Justice, L.M. (2013). Inference generation, story comprehension, and language skills in the preschool years. *Reading and Writing, 26*(3), 403–429.

Torgesen, J.K. (2002). The prevention of reading difficulties. *Journal of School Psychology, 40*(1), 7–26.

Trentacosta, C.J., & Shaw, D.S. (2009). Emotional self-regulation, peer rejection, and antisocial behaviour: Developmental associations from early childhood to early adolescence. *Journal of Applied Developmental Psychology, 30,* 356–365.

Turnbull, A., Turnbull, R., Erwin, E., Soodak, L., & Shogren, K. (2015). *Families, professionals, and exceptionality.* Upper Saddle River, NJ: Pearson Education.

U.S. Census Bureau. (2011). *Statistical abstract of the United States: 2012.* Retrieved from http://www.census.gov/compendia/statab/2012/tables/12s0012.pdf

Vitiello, V.E., Booren, L.M., Downer, J.T., & Williford, A.P. (2012). Variation in children's classroom engagement throughout a day in preschool: Relations to classroom and child factors. *Early Childhood Research Quarterly, 27,* 210–220.

Vygotsky, L.S. (1962). *Thought and language.* Cambridge, MA: The MIT Press.

Vygotsky, L.S. (1978). *Mind in society: The development of higher psychological processes.* Cambridge, MA: Harvard University Press.

Wasik, B. (2008). When fewer is more: Small groups in early childhood classrooms. *Early Childhood Education Journal, 35,* 515–521.

Webster-Stratton, C. (1999). *How to promote children's social and emotional competence.* Thousand Oaks, CA: Sage Publications.

Webster-Stratton, C. (2001). *Incredible years.* Retrieved from http://incredibleyears.com

Wehmeyer, M.L., with Sands, D.J., Knowlton, H.E., & Kozleski, E.B. (2002). *Teaching students with mental retardation: Providing access to the general curriculum.* Baltimore, MD: Paul H. Brookes Publishing Co.

Weiss, H.B., Lopez, M.E., & Rosenberg, H. (2010). *Beyond random acts: Family, school, and community engagement as an integral part of education reform.* Cambridge, MA: Harvard Family Research Project.

Whitehurst, G.J., & Lonigan, C.J. (1998). Child development and emergent literacy. *Child Development, 69*(3), 848–872.

Williford, A.P., Whittaker, J.E.V., Vitiello, V.E., & Downer, J.T. (2013). Children's engagement within the preschool classroom and their development of self-regulation. *Early education and Development, 24,* 162–187. doi: 10.1080/10409289.2011.628270

Winton, P., & Bussye, V. (2005). NCEDL pre-kindergarten study. *Early Developments, 9*(1), 1–31.

Wolery, M., & Ledford, J. (2014). Monitoring intervention and children's progress. In M.E. McLean, M.L. Hemmeter, & P. Snyder (Eds.), *Essential elements for assessing infants and preschoolers with special needs* (pp. 383–400). Upper Saddle River, NJ: Pearson.

Worcester, J.A., Nesman, T.M., Mendez, L.M.R., & Keller, H.R. (2008). Giving voice to parents of young children with challenging behavior. *Exceptional Children, 74,* 509–525.

Zigler, E., & Styfco, S. (2010). *The hidden history of Head Start.* Oxford, United Kingdom: Oxford University Press.

Zill, N., Sorongon, A., Kim, K., Clark, C., & Woolverton, M. (2006). *Children's outcomes and program quality in Head Start.* Retrieved from http://www.acf.hhs.gov/sites/default/files/opre/research_2003.pdf

國家圖書館出版品預行編目（CIP）資料

學前融合教育課程架構：以全方位學習（UDL）為基礎支
持幼兒成功學習 / Eva M. Horn 等著；盧明, 劉學融譯.
-- 初版 . -- 新北市：心理, 2020.02
　　面；　　公分 . --（障礙教育系列；63161）
譯自：Six steps to inclusive preschool curriculum: a UDL-
　　based framework for children's school success

ISBN 978-986-191-897-6（平裝）

1. 融合教育　2. 學前教育

529.5　　　　　　　　　　　　　　　　　　　　109000141

障礙教育系列 63161

學前融合教育課程架構：
以全方位學習（UDL）為基礎支持幼兒成功學習

作　　者：Eva M. Horn, Susan B. Palmer, Gretchen D. Butera, & Joan A. Lieber
譯　　者：盧明、劉學融
執行編輯：陳文玲
總 編 輯：林敬堯
發 行 人：洪有義
出 版 者：心理出版社股份有限公司
地　　址：231026 新北市新店區光明街 288 號 7 樓
電　　話：(02) 29150566
傳　　真：(02) 29152928
郵撥帳號：19293172　心理出版社股份有限公司
網　　址：https://www.psy.com.tw
電子信箱：psychoco@ms15.hinet.net
排 版 者：龍虎電腦排版股份有限公司
印 刷 者：龍虎電腦排版股份有限公司
初版一刷：2020 年 2 月
初版三刷：2023 年 8 月
I S B N：978-986-191-897-6
定　　價：新台幣 300 元